民国政坛上的八大奇人

左玉河◎著

九州出版社

图书在版编目（CIP）数据

民国政坛上的八大奇人/左玉河著．—北京：九州出版社，2008.3

ISBN 978-7-80195-818-1

Ⅰ．民…　Ⅱ．左…　Ⅲ．政治家—生平事迹—中国—民国　Ⅳ．K827＝6

中国版本图书馆 CIP 数据核字（2008）第 034777 号

民国政坛上的八大奇人

作　　者	左玉河
出版发行	九州出版社
出 版 人	徐尚定
地　　址	北京市西城区阜外大街甲 35 号（100037）
发行电话	（010）68992190/2/3/5/6
网　　址	www. jiuzhoupress. com
电子信箱	jiuzhou@jiuzhoupress. com
印　　刷	北京旺鹏印刷有限公司
开　　本	710×1000 毫米　16 开
印　　张	17
字　　数	400 千字
版　　次	2008 年 5 月第 1 版
印　　次	2008 年 5 月第 1 版　第 1 次印刷
书　　号	ISBN 978-7-80195-818-1/K・132
定　　价	32. 00 元

目录
MULU

他能书善画，文字功力深厚，他的表陈屡屡得蒋青睐；他处理文书敏捷周到，更得蒋的欢心与宠信。他是蒋介石的心腹干将，执掌着权重一时的“国府军机处”。

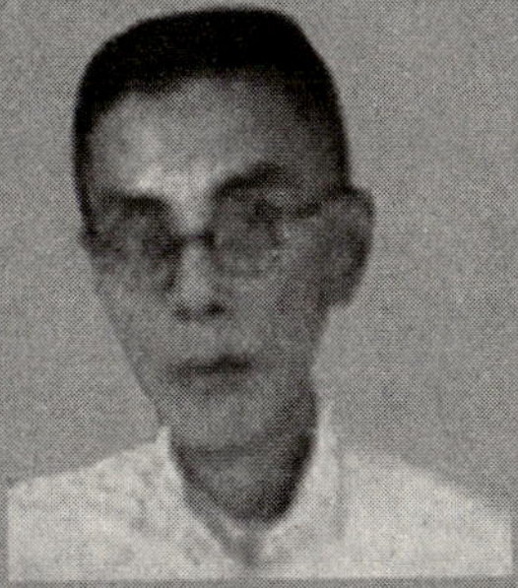

第一章 国朝“帝师”——张静江

他是20世纪前叶中国政坛的风云人物，孙中山视他为“革命圣人”，蒋介石尊其为“导师”。他实际上充当着蒋家王朝“帝师”的角色，在最关键的时刻，点拨着蒋介石走上权力的顶峰，度过最危急的关头。

一、豪侠仗义的“革命圣人”

提起国民党元老张静江，人们不能不对他肃然起敬。他曾多次倾其所能为革命捐款，得到孙中山的高度评价，称其为“革命圣人”，并亲题“丹心侠骨”四字相赠，在革命党内有着崇高的威望。在经济上，他多年从事古董、丝绸、茶叶等经销活动，获利巨丰，成为江浙财团的主要人物之一，可谓富甲一方，影响全国。

张静江，字人杰，1878 年出生于浙江吴兴南浔镇一个富豪家庭。早年在南浔镇一次火警中，为保全张家市房，亲率救火队上房救火，不慎跌伤了脚，成为残疾。但自幼病弱的他，却有着倔犟的性格，身残志坚，豪爽仗义，决心干出一番惊天动地的事业。一次偶然的机会，使他结识了中国革命的先行者孙中山，为他施展才华提供了契机。

张静江巧遇孙中山，是其一生的转折点。关于张静江与孙中山结识的经过，有多种说法。

一种说法是：1902 年 5 月，张随孙宝琦出使法国，在轮船上遇到了孙中山先生，两人一见如故。孙中山以真名实姓和进行革命推翻清廷等主张相告，张静江认为革命是大势所趋，表示赞同。当孙告诉张将经由欧洲到美国等地向华侨募捐时，张立即向孙表示，愿意先以 3 万两白银帮助孙的革命，并当即写了亲笔信给美国纽约通运公司经理、自己的妻舅姚叔兰，凭信一次照付。正处于困境中的孙中山，被这位热血青年的豪气感动，从此结为莫逆之交。

孙中山到美国后，凭着张静江的信果然取得了 3 万两白银。萍水相逢，张静江竟然能如此热心革命，深深地感动了孙中山。

另外一种说法是：张静江与孙中山初次见面是 1905 年冬，在开赴法国的轮船上。孙中山向张静江介绍了同盟会的纲领，并邀请张静江参加革命；张静江欣然同意，并表示愿以自己的家产资助革命。他诚恳地对孙中山说：“余亦深信非革命不能救中国，近数年在法经商，获资数万，甚欲为君之助，君如有需，请随时电知，余当悉力以应。”双方约定通电暗号：需款数目以 ABCDE 为序，A 为 1 万元，余次为 2 万元、3 万元、4 万元、5 万元。此时的孙中山，虽感其雄风侠骨，然而并未敢深信。直至 1907 年东京同盟会本部经费吃紧，孙中山偶尔忆起那次谈话，遂试发一电，文中标个“C”字，数日后果然从巴黎汇来了 3 万法郎，孙中山始信其真，倍感真诚。次年 3 月，因筹集两粤及云南起义经费，孙中山又先后以 A、E 字致电张静江，电发后数日，亦分别收到

1 万和 5 万法郎。张多次以巨资资助革命，孙中山给予高度评价。1914 年，孙中山在日本组建中华革命党，即任命张静江为财政部长，张毅然受命，只因不便赴日就职，乃由次长廖仲恺代理。

随后，张静江旅居巴黎，向孙表示：除了效忠革命外，愿意继续输财相助！他以浙江商人特有的精明能干，做起古董书画生意，大发横财，源源不断地为孙中山提供宝贵的经费。孙中山则委任张负责筹划和掌管同盟会基金。

还有一种说法是：1905 年春夏间，一位 20 多岁的青年对孙中山说："请问先生姓孙吗?"

孙回答："是的!"他激动地握着孙的手说："久仰先生大名，今天总算有幸遇见了！我是张静江，对先生的革命主张，一向钦佩万分！事实上现在中国已是非革命不可了!"

孙中山以为他是一位留学生，张静江连连说："我不是留学生，是驻法使馆的商务随员。先生在巴黎的活动情形我都知道，只因为我是使馆工作人员，有所不便，所以没有参加革命组织。"

最后张静江说："钱财要用在有意义的事情上，才有价值，先生以后如有所需，请随时打电报来，我一定悉力以应。"

对于这一点，孙中山曾不止一次地说："自同盟会成立以来，出资最多而勇者，张静江也，倾其巴黎之店所得六七万元，尽以助饷。"以后，孙中山又多次对国民党人说："静江为人，只尽义务而不问权利，三十余年如一日。"

在辛亥革命时期，张静江与同盟会的主要领袖保持了密切的联系，并与同乡陈其美等人结下了深厚的友谊。当张静江积极为创建民国而奔走时，蒋介石只不过是革命党中的一个小人物。

名不见经传的蒋介石，能够结识革命圣人张静江，还是通过盟兄弟陈其美的关系。

1906 年，蒋介石第一次东渡日本，结交了浙江籍的同盟会会员陈其美。陈其美的豪侠之气，深深地吸引着蒋介石。从此，蒋介石开始追随陈其美走上了革命的道路，加入同盟会，密谋江浙起义、运动新军，在光复杭州时冲锋陷阵，初露头角。通过陈其美的关系，蒋介石认识了张静江；但此时的蒋介石资历威望还很浅，张静江对这位小老弟并没有太深的印象。蒋介石还没有机缘与张静江深交。

蒋介石与张静江的深交，是在"二次革命"失败之后。

当时，由于讨袁战争失败，革命党人被迫纷纷逃匿，或流亡国外，或隐藏真身，大都垂头丧气，缄口不谈革命。孙中山看到这种现状，决定在日本重新组建政党——中华革命党。陈其美、张静江等首先加入这个组织，分别负责军事和财政。在国内的蒋介石闻讯后，立即按照规定的入党手续，1913 年 10 月

蒋介石赠送张夫人的戎装照

29日在上海加入了中华革命党，成为较早加入中华革命党的党员之一。鉴于与陈其美的盟兄弟情谊，及其在党内的地位与作用，张静江早为蒋介石所垂青，在加入中华革命党时，蒋介石专门请张静江做监誓人。

对于这位气度不凡的年轻军人，张静江开始有了好感。这是蒋介石与张静江的最初结识机缘。

蒋介石加入中华革命党后，受孙中山派遣回上海，发动反袁起义。蒋介石联络了一些革命党人，制订了一个夺取上海的军事作战计划，准备兵分三路攻占上海。然而，起义未始便被淞沪镇守使郑汝成破坏，蒋介石成为第一个通缉对象。被迫无奈，蒋介石只好躲藏到张静江家中。

当蒋匆忙逃到张家时，恰逢张静江外出，蒋只好到别处躲藏。这期间革命党人内部出现了叛徒，北洋军警早已知道张静江与蒋介石的密切关系，将张宅团团围住。当蒋介石再次回到张宅时，已发现了张宅周围隐藏着许多陌生人。凭着多年从事地下革命的警觉，他知道形势不妙，立即走开，才避免了一次厄运。

当张静江听说此事后，真为这位小老弟的机警感到欣慰。

1916年5月18日，对蒋介石有知遇之恩的盟兄陈其美被张宗昌收买的叛徒刺杀，暴尸街头。蒋介石闻讯赶到，冒着生命危险，将陈的尸体运回到自己的寓所，入殓祭奠。

在北洋军阀十分嚣张的险恶环境中，蒋介石不顾个人安危，为盟兄祭奠的壮举，令人感动。一向以刚强著称的张静江，也暗自佩服蒋介石的胆识，佩服蒋介石的仗义。

然而，陈其美的死，对蒋介石犹如晴天霹雳，在心灵上、在感情上顿失平衡。

蒋介石追忆说："陈其美死后，我觉得好像天塌了下来，这样的打击似已改变了我对生命的看法。"

正当此时，"革命圣人"张静江向蒋介石伸出了援救之手，改变了他的命运。

陈其美死后，蒋介石冒着生命危险，将他安葬。蒋介石的侠肝义胆深深打动了陈的盟兄张静江。他既为陈其美有这样一位仗义的盟兄弟而感到高兴，又

暗自敬佩蒋介石。

张静江以一个精明的政治商人的眼光，敏感地意识到：蒋介石是一位有着很大发展潜力的人才，只要加以指点，一定会大有出息的。

正因如此，他决定帮助正处于困苦中的蒋介石。

正在此时，失意的蒋介石又来到了被称为冒险家乐园的上海，拜见了张静江。

1916年9月的一天，当沮丧的蒋介石无精打采地出现在张家的时候，张静江拍着他的肩膀安慰说：

“其美老弟死了，真是可惜，这是咱们弟兄们的最大损失。我满指望他将来飞黄腾达，朋友们也可以捞点光彩，唉！人死不能复生，你受他照护最久，也不必过分伤感啦！你我都是其美的知己，我们可以继续合作，我看你文武都行，也见过世面，目前虽然不大顺利，将来一定前途无量。怎么样？我们合作！”

张静江的一番话，如一支强心针，使沉浸在悲痛中的蒋介石慢慢恢复了往日的自信。他敏锐地感觉到：自己的革命领路人陈其美死了，但以万贯家财资助革命的张静江，将是自己可依靠的一棵大树。

蒋介石立即接着张静江的话说：“真没有想到其美大哥会有这种结局，我非给他报仇不可！将来一旦出头，我想替他造一个纪念塔，并且把他的名字命做一条路名。”

豪爽仗义的张静江，看着同样豪爽仗义而又雄心勃勃的蒋介石，内心深处顿时产生了一种强烈的认同感。

凭着商人的精明和敏感的政治嗅觉，张静江断定：蒋介石是一位可以造就的政治奇才。

孤单、无靠的蒋介石，凭着自己的直觉也感到：尽管与张静江的交往远没有与陈其美深，但相似的豪情，一定会成为患难与共的知己的。

凭着张静江在革命党中的崇高政治地位和雄厚经济实力，完全有能力引导自己走上成功。

这样，蒋介石和张静江，由于陈其美的关系，由于有着相似的性情，彼此都感到对方可信、可依赖、可利用，于是便结为拜把兄弟。1916年9月，张静江、蒋介石和许崇智，在上海张宅，结为异性盟弟兄，按年龄张静江为老大，许崇智为老二，蒋介石为老三。

蒋介石能结识许崇智，并与之结拜，也是通过张静江的引见。许崇智可谓军界的前辈，当时任广州国民政府军务部长，主持中华革命党部军事，成为孙中山第一军事助手。蒋介石与许结拜后才得以在军界崭露头角。

如果说，蒋介石结识陈其美，是自己走上革命道路开始的话，那么，蒋介石与张静江结拜，则成为他后来发迹腾飞的起点。

正是在张静江的举荐、训诫、资助之下，蒋介石的地位才一步一步上升，最后集国民党党政军权于一身，建立了南京国民政府。

二、甘为盟弟做月老红娘

张静江与蒋介石结拜后，关系日渐密切。张宅成了蒋介石随意出入的避难之所。张静江不仅在经济上给到处为革命奔波的蒋介石以资助，而且急蒋介石之所急，在个人家庭生活上也给予照顾，甚至不惜亲自出面，为蒋介石做月老红娘，成全一桩好事。

张静江与蒋介石结拜时，蒋介石已有二妻一妾，可是由于浪迹上海滩多年，在个人生活上仍不停地"追求"，张静江常常以一个兄长的身份关心他。

1919年，蒋介石不满于侍妾姚怡诚的地方日渐增多，打算与之两断。张静江得知此事后，多次劝解蒋介石，让他不要意气用事，要从长计议。加上姚氏当时抚养蒋纬国，蒋介石才没有马上与姚氏分道扬镳。

在上海滩，蒋介石经常光顾张静江家。1919年的某一天，蒋介石陪同孙中山去张静江家。恰巧张静江的新夫人朱逸民的一个女朋友在张家闲聊，张便把夫人的女朋友介绍给蒋介石等人。

不料，这次会面竟酿成一桩婚事。

张家的这位女客姓陈，人称阿凤，此时在张家做家庭教师，与张夫人朱逸民关系很好。朱逸民长陈小姐5岁。陈小姐年仅13岁，身材瘦长，面庞清秀，似一个大姑娘的样子。当张静江把陈小姐介绍给孙中山、蒋介石等人后，蒋介石被陈小姐纯真可爱的样子迷住了，用他自己的话说："心差点跳上天了。"

那一天见面以后，蒋介石曾几次试探性地向陈小姐发起"攻击"，怎奈陈小姐以年龄尚小来搪塞。虽然单独接触过几次，可一连吃了好几次"闭门羹"。

没有办法，蒋介石想到了张静江。

陈小姐是张家的常客，又与张夫人关系很好，让张夫人和张静江出面肯定会成功的。于是，蒋介石对张静江及其夫人朱逸民说："我爱陈小姐爱得不得了，得不到她，我会心碎而亡，请盟兄和盟嫂帮助小弟。"

张静江见蒋盟弟对陈小姐如此迷恋，感到他真是一个有情义的人，表示愿意出面充当"红娘"，促成这件美事。于是，张静江先让自己的夫人朱逸民出面游说陈小姐。

一见到陈小姐的面，张夫人便告诉陈小姐："阿凤，你可别生我的气。张先生叫我来告诉你，蒋先生太爱你了，一直缠着他，让他做媒。蒋先生想和你订婚，他真是个痴心的人，你就行行好，考虑一下他的请求吧！如果你同意，他会正式找个媒人来向你母亲提亲；如果你不同意，他大概会心碎而死的。”

陈小姐红着脸说：“我告诉过你很多次了，我不想结婚，你怎么老是提这件事？”

“我知道、我知道，是张先生叫我来的。你现在不必结婚，可以先订婚，等半年或一年以后再谈结婚的事。不过你不能让我在张先生面前丢脸……”朱逸民认真地说。

“唉，逸民，请你别再说了，别再说了！”陈小姐有点不耐烦了。

张静江夫妇

“不说可以，但我得转告你张先生对我说的话。他说，蒋先生是他的结拜兄弟，他，陈其美和蒋先生早就决心献身革命，为统一中国而奋斗。蒋先生是个正直的人，既然他爱你爱得发狂，你不如先和他订婚，然后嫁给他。张先生认为蒋先生前程远大，又是国民党里的新秀，能有这样一个人‘拜倒裙下’也不容易。你要是拒绝这件事，实在是让张先生失面子。”朱逸民说。

但陈小姐仍然没有同意。

当朱逸民向张静江汇报了提亲遭到拒绝的情况后，张静江对朱逸民说：“你再去一趟，不过不是直接向阿凤提亲，而是找她的母亲谈谈。”

一个礼拜后，张夫人便向陈母说：“本来应该张先生亲自来，但他身体不好，让我来与你谈谈阿凤与蒋先生的婚事。大部分旧式的女孩子，谈起婚姻大事，即使心里想，嘴上也总说不愿意。”

“我见过蒋先生，也知道他是张先生的好朋友，但他是做什么的呢？”陈母问。

“他是个革命党！”朱逸民答道。

“可是前程如何？”

“前程远大得很！”朱逸民立刻赞叹说，“张先生和孙先生正推荐他到陈炯明的军队里，去当作战参谋，他真是前途无量。张先生要我向你保证，这是一桩美满的婚姻，希望你答应。你要是不答应，会叫我们张家丢脸的。”

张家多年从事商业活动，可谓富甲一方，其在上海的地位是可想而知的了。把张家与求婚联系起来，一方面可以看出张家与蒋介石的关系非同一般，另一方面有点近似于逼婚了。

"我很感谢张先生来做'月下老人'，可是这件事我要好好考虑一下。我的女儿才13岁，做母亲的不能不照传统规矩，请人查查对方的身家，然后再作答复。你放心，这件事我会郑重考虑的。同时请你代我谢谢张先生的好意。"

张静江听说陈母同意考虑一下，并要调查蒋介石的身世，感到问题有点麻烦。因为蒋介石此时已经有一妻一妾，尽管早已感情不和而分居，但毕竟还保持着夫妻名分。这样的家庭状况如果让陈家知道了，陈家一定不会同意与蒋介石的婚事。

蒋介石闻讯非常着急，他用急切的目光看着自己的盟兄，道出了心中的秘密："我自从母亲过世后，定下了三项目标：第一，娶陈小姐为妻；第二，赢得革命领袖孙中山的信任，使我最终能做他的继承人；第三，成为一个最伟大的军事领袖，把全中国统一在一个中央政府之下。现在，第一项目标都实现不了，还谈什么远大抱负。"

张静江暗自为蒋介石所抱的远大目标而欣慰，但也的确明白这桩婚事的难度。他安慰蒋介石说："老弟，要实现自己的目标可不是一件容易的事，必须持之以恒而不懈怠。这有5000块大洋，你先与长住苏州的姚氏结束关系，具结离异协议书，然后我亲自出马去当说客。"

为了盟弟实现自己的第一个目标，张静江决定亲自出马，充当"月老"了。

张静江对陈母说："蒋先生对令爱一往情深，他的心意坚定不移，不为拒婚所动。"接着，他向陈母出示一份蒋先生与侍妾姚怡诚离异的协议书，对陈母解释说，"他的元配毛氏已经皈依佛门，不问世事，那件婚事是他母亲王太夫人做的主，虽然生有一个儿子，但夫妻之间没有爱情可言。一妾姚氏已同意离异。所以他的妻妾都不是问题了。内人逸民与令爱是极要好的朋友，我们都喜欢阿凤，蒋先生也是我的好朋友，对令爱异常倾倒，请我做媒。他非要我做这件事不可，我只好来拜访你，请你答应他追求令爱。"

"请你告诉我，蒋先生到底是什么样的人?"陈母问。

"蒋先生是一位心地很好的人，也是一位绝对忠诚的革命同志。陈夫人，我相信他也一定会成为令爱的好丈夫。不过我也得坦白说，他的个性非常冲动，主见强而又意气用事，他唯一的缺点就是喜欢冒不必要的风险。作为我们团体的新进成员，我们欣赏他的绝对忠实，但并不常常采纳他的意见或建议。革命党人不能冲动和意气用事，必须经常保持冷静镇定。"

"孙先生对所有新同志都保持距离，因此最初并不太注意蒋先生。"张静江接着说，"为了接近领袖，蒋先生成为陈其美的忠实追随者，以赢得领袖的好感。"

“那么孙先生后来是不是和蒋先生很友善了呢?”陈母关切地问。

“倒不是马上友善,”张静江答道,“但蒋先生很有办法,他请陈其美和我做他的结拜兄弟;由于我们都已献身革命,所以三个人就举行了结拜仪式,宣誓为国家生死与共。陈其美和我是孙先生最信任的助手,但结拜以后蒋先生还是未能改变孙先生的态度。孙先生始终对蒋先生漠不关心,知道陈其美遇害时仍然如此。不过蒋先生是个足智多谋的人,这点我佩服他。他看到孙中山对他仍然冷漠,就一不做二不休,直接写信给孙先生,说他过去一心为陈其美效命,如今只要孙先生允许,他打算以同样的忠诚来效命孙先生;可是他抱怨这几年孙先生对他不睬不理,并未像陈其美那样待他为至友。他说:‘一个铜钱不响’,希望孙先生对他更友爱些,当他是一个忠实的追随者。这封坦白的信发生了作用,孙先生不久便请他去畅谈革命大计了。”

“这真是有意思,”陈母显然对蒋先生刮目相看了,“这个人果然是既机智又有毅力,可以做一名好领袖。”

“的确如此,”张静江一面点头,一面说,“今天我们就是缺乏诚实正直的领袖,如果他继续坚持革命的热情,未来的前途一定光明。所以,回答你的问题,我讲的都是实话。我不想只说好的来欺骗你,他的缺点我也提了。你知道我也有女儿,以后我调查未来的女婿时,也会希望听到像我所说的这种坦白的回答。”

当陈母问起蒋介石未来的发展时,张静江非常兴奋,滔滔不绝。他向陈母保证陈炯明的军队里正有一份工作等着蒋介石,只要他愿意,随时都能去做。

“革命党人都得到我们团体的资助,”他对陈母说,“所以金钱和工作不必担心。我只希望介石能定下心来,可是他现在就是心不定。我希望他专心从事孙先生和我为他安排的革命工作,到陈炯明军中任职,但介石太迷恋令爱了,没有心绪做别的事。真是如此。”

他若有所思地说:“令爱现在对他的影响力太大了,我相信令爱和他成婚以后,他的心绪就会安定下来,甚至坏脾气也会慢慢改好。我敢预言令爱能帮他为国家做出大事,只看你是否同意。”

张静江与陈母的一席话,果然产生了奇特的效果。

张静江毕竟是一位上海滩很有影响的大人物,陈母把他亲自到陈家来说媒,看做是全家一件光荣的事。能有这样一位大人物为蒋介石打包票,婚事还会成问题吗?

蒋介石得知陈家已经答应了婚事,非常高兴。他由衷地感激自己的盟兄,并且给陈小姐起了一个新名字:“陈洁如”。

在张静江和陈母的筹办下,1921 年 12 月 5 日,蒋介石和陈洁如在上海永安大楼大东旅馆的大宴客厅内举行了半西化的婚礼。月下老人张静江自然当上了证婚人。婚礼上，证婚人向新郎新娘致了简短的贺词。

蒋介石与陈洁如

蒋介石得到如意夫人后，不久便离开上海，又开始了追随孙中山的革命生涯，陈洁如则随蒋介石跑遍大江南北。二人的感情一直很好，后来由于宋美龄的出现，二人才分了手。然而值得说明的是，张静江亲做月老，促成了蒋陈的婚姻，后来蒋让陈离国赴美，也是通过张静江来促成的。

1926 年 7 月 30 日，蒋介石给张静江写信，请他做陈洁如的工作，让陈离国赴美。信中云："二兄大鉴：洁如之游心比年岁而增大，既不愿学习，又不知治家……请嘱其不管闲事，安心学习五年，或出洋留学，将来为我之助……"

实际上，"将来为我之助"只是一个托词，让其离国是真。如果说，张静江在蒋陈婚姻上当月老是个美差，而劝其离就是离异，则无论如何是不好做的差事。但盟兄处处为盟弟着想，只要有利于盟弟之事，即使是刀山火海也要闯的。

这大概也是解铃还须系铃人的缘故吧。

1927 年 8 月，陈洁如在张静江的女儿黛瑞莎和海伦的陪同下，乘"杰克逊总统"号轮船赴美。陈在美国的生活比较拮据，除了蒋介石一次付给她 10 万大洋外，每月仅支付给陈生活费 175 元，这些对又要读书的陈洁如无论如何是不够的。

自 1928 年 3 月以后，陈洁如多次写信给张静江，请这位"月下老人"代寄生活费。张静江做媒的这门亲事，真使他感到难堪。

更让张静江难堪的是：当蒋介石一脚踹走张静江做媒的陈洁如后，还将向宋美龄提亲的差事托给了张静江。蒋介石致信张静江：让他再次充当月下老人，成全自己与宋美龄的婚事。

这一次，张静江可没有动心思去帮蒋老弟的忙。他虽然对蒋介石与宋家结亲的政治意义能够理解，但一向爱面子的张静江却无法接受蒋老弟一脚踹掉阿凤的事实。

心情不好的张静江哪里还有心思再次充当"月下老人"？

故此，他致函蒋介石："信中所言甚为不妥……总之，她认为这是政治，

不是爱情，就一口回绝了。”

蒋介石接信后，暴跳如雷：“什么政治！什么爱情！张静江真是昏庸之辈！这点事情都做不成！”

等蒋介石冷静下来后，也感到张静江确有他的难处。

三、关键时刻指点迷津

蒋介石几年来为革命东走西奔，经济上主要靠革命活动经费；而这些革命经费，多由盟兄张静江控制，所以，蒋介石直接从张静江的手中得到了一笔笔活动经费。可是上海的生活五彩斑斓，要想过上花天酒地、纸醉金迷的生活，这样一点点活动津贴无论如何是不够的。张静江也担心蒋介石、戴季陶等人会因此坐吃山空，便想出了一种生财之道——开办证券物品交易所。

1920年12月15日，张静江、蒋介石、戴季陶、陈果夫等为了在交易所中共同赚钱，订了一个“集合资本经营上海证券交易所之经纪人事”的合同契约，规定牌号为“恒泰号”，营业范围以代客买卖各种证券及棉纱两项为限。蒋介石和戴季陶都认为自己是革命家，不屑于做具体的“抢帽子”的事情，而张静江则有的是银子，不在乎证券所交易的那几个小钱，于是，便由张静江的侄子张秉三任经理，由陈果夫具体执行。

蒋介石在“恒泰号”成立时，身无分文，连入股金4000元都拿不出来。盟兄张静江一手扶持，代他交纳。对此，蒋介石很是感激张静江。1921年10月，蒋介石在《与张静江书》中写道：“日来闲居无事，常以弄墨自娱，愧无进步，不能当大雅一睐。七日教言，顿悉一是。代认恒泰股份，甚感！请为签字。”

在成立“恒泰号”的合同上，张静江、戴季陶和陈果夫等各股东都在自己名下盖章，而因蒋介石正在老家休息，无章可盖，便由张静江在蒋介石的名下代签了“中正”两个字。可见，张静江不仅为蒋介石代认股份，就连合同上的签字也是由张静江代劳的。

上海证券物品交易所开业之初，在上海社会上获得信用，营业一天好似一天，场内熙熙攘攘，门庭若市，股票行情不断上涨。蒋介石、张静江等人的买卖愈做愈大，不及半年就获利颇丰，狠赚了一把。

交易所开张后仅半年，蒋介石就获利50多万元。有人说蒋介石在投机事业上也是一位常胜将军，“经营不到半载，迭获巨利，母子相加，竟达数十万元，俨然富商矣。”

不仅如此，张静江当初提议创办交易所的目的，除了加强张静江与蒋介石、戴季陶等人的关系外，还想借此让蒋介石等人结识江浙财团的领袖人物虞洽卿、郭外峰等人。所以当交易所成立后，他向蒋介石引见了虞洽卿、郭外峰等人，并通过虞洽卿认识了上海青帮头子黄金荣。

然而，蒋介石虽靠白手起的家，但好景不长，只昙花一现。

到1921年夏秋之交，因信交风潮，许多交易所纷纷倒闭。"恒泰号"也因没有充足的保证基金，苟延残喘到1922年春便彻底垮台。蒋介石一夜之间，由大富翁变成了穷光蛋，而且还欠了一屁股债。债主们整天逼上门来，逼得他东躲西藏，无处藏身。在走投无路的情况下，还是盟兄张静江出面代他还了一部分债。

但这样也不是办法。张静江建议蒋介石：通过同乡虞洽卿的关系，投奔到青帮头子黄金荣门下，仰仗他的威望以解债主相逼之围。

此招果然奏效。自从蒋介石投到黄金荣的门下后，便无人再敢逼债，蒋介石遂得以脱身。

交易所的这段经历，是蒋介石与张静江经济上合作的开始，是张静江扶植、资助和点拨蒋介石的开端。在这断断续续的几年交易之中，蒋介石不仅学会了商场上的空手翻云覆雨、见风使舵、投机取巧和尔虞我诈等习气，更重要的是为张静江以后在政治上支持蒋介石，并且与之合作打下了坚实的基础。

而且，在交易所的活动，使他又进一步结识了江浙财团的其他重要人物如虞洽卿等，他们后来成为蒋介石发动反革命政变的主要经济基础；结交青帮头子黄金荣，则为他发动反革命政变找到了打手。

可以说，张静江和蒋介石的这段交易所合作的历史，对蒋介石以后的发迹，确实获益匪浅。

张静江与蒋介石等合作经营的证券物品交易所蚀本倒闭之后，张静江劝蒋介石重返广州，投奔孙中山，还为蒋介石筹措了去广州所需的资金。

张静江为了使盟弟在广州站稳脚跟，亲自推荐他到陈炯明处担任作战参谋。

通过张静江的引见，蒋介石才得到军界前辈、广州国民政府军事部长许崇智的重用，并与许崇智结为盟兄弟，从此，蒋介石才得以在军界崭露头角。

1920年，蒋介石由于不安心广州政府军队中的低微职位，又跑到上海。张静江时常对他进行指教规劝，蒋介石感佩张静江能"不出微言，使闻者自愧"，对其常怀"敬惮之心"，并将其视为仅次于孙中山的"良师"。

1921年1月10日，蒋介石致函张静江："关于弟以后之处事行事，请兄随时指教，以冀有成。……季陶为我益友，而公则为我良师也。无公患病行动不便，又不能常亲聆教，此弟所以孤陋益甚，日月无长进也。"

从此以后，蒋介石自觉地奉张静江为自己的“良师”，而张静江也自觉地担当起指导和点拨蒋介石走上权力中心的“军师”责任。

委任狀
委任蔣中正爲本部
軍事委員會委員
此狀
中國國民黨總理
孫文

孙中山给蒋介石的委任状

1921年9月，孙中山讨伐桂系胜利，张静江立即致电蒋介石：“广西完全解决，可痛饮一杯，但内部多为妥帖，公私待商者甚多，请曲意节哀来沪面商一切。”果然，蒋介石接到信后便从广州回到上海，听候张静江的教诲。

11月21日，张又致电蒋介石：“事甫著手，何可舍去！成败所关非细故，务忍耐坚持，杰病不支万勿萌去志。”蒋介石收到电文后，便于次年1月18日从奉化到达广西桂林，任孙中山大本营参军，兼许崇智第二军参谋长，协助孙中山北伐。

1922年2月，孙中山下令北伐，可陈炯明为保存个人势力盘踞广东，坚决反对北伐，并派人刺杀了坚持北伐、负责经费的邓铿。陈炯明不信任蒋介石，蒋介石则觉得陈炯明必叛孙中山，多次建议孙中山先除掉他，然后再举行北伐。但孙中山没有马上采纳这个建议。蒋介石一气之下，于4月23日向孙辞职，连夜离开广州，返回到上海和溪口。

蒋介石拂袖而去后，孙中山移大本营于韶关，全军誓师北伐。正当北伐军胜利进军江西时，1922年6月16日，陈炯明果然叛乱，并将孙中山围困在“永丰”舰上。危难中的孙中山马上给蒋介石去电：“事紧急，盼速来。”

蒋介石认为这是一次绝好的投机机会，乃把蒋经国、纬国托给张静江照料。可见蒋介石对张静江是多么的信赖和倚重。蒋介石经此叛乱之中与领袖共生存一事，自己在国民党中的地位抬高了，张静江也觉得对这个小老弟没有看错。

蒋介石在赴粤时，张静江特地在经济上给予资助，使蒋介石以最快的速度回到了广州“中山”舰上，与孙中山共患难，从而获得了孙中山的信任，捞取了必要的政治资本。

蒋介石性情孤傲，在参加革命的过程中，多次施展了“合则留，不合则去”的以退为进的计谋，并大都奏效。特别是陈炯明叛乱之后，蒋介石的声望大大提高，更是稍有不满就“拂袖而去”。

蒋介石与孙中山

1923年1月，陈炯明被许崇智和刘震寰的讨逆军击败，放弃广州。2月15日，孙中山自沪赴粤，任命蒋介石为大本营参谋长，速到广州。但蒋介石却仍居家乡，并未遵令到广州。急得孙中山接连派胡汉民、汪精卫等人到浙促驾。但直到4月初，他仍未出山。张静江也感到蒋介石如果这样任性，势必会失去孙中山的信任，并有可能引起国民党内其他人的不满。于是，他致函蒋介石，规劝他要“务忍耐坚持”，尽快回到孙中山的身边。

张静江每每能“不出微言，使闻者自愧”，蒋介石则对张常怀“敬惮之心”。4月20日，蒋介石终于到达广州，随侍孙中山出入各战场。

孙中山在决定“联俄容共”政策后，于1923年8月派蒋介石率团赴俄考察。蒋在行前，专门与张静江商议。张静江认为，这是蒋介石增长见识、了解苏联各方面意图的大好机会，也是孙中山要重用蒋介石的先兆，极力劝蒋介石尽快筹备，及早起程。

8月16日，蒋介石率“孙逸仙博士代表团”赴苏考察。三个月后，蒋介石访俄归国。孙中山命蒋介石立即回广州汇报考察结果，但蒋介石却不遵孙命，只将《游俄报告》寄上广州便完事。自己则回到上海，先向张静江汇报了游俄感想，然后便回老家溪口。

蒋介石通过对所有俄国统一为苏联的考察，在其报告书中，提出了一些建议：对苏联不可过于相信，苏有侵华边陲的企图；建立军校；撤换不称职高级官吏；在全国建立党的基层组织。他既吸取了苏联建党建军的经验，也立下了坚定的反苏反共信念。

对于蒋介石的意见，孙中山非常重视，电令他立即回广州面谈。1924年1月14日，蒋介石回到广州，孙中山任命蒋介石为黄埔军校筹备委员长，在离广州西南40华里的黄埔岛筹办军校，不必过问党政大事。

孙中山接受了蒋介石建党建军的建议，拒绝了他反对联俄、容共的建议，并认为蒋介石对未来的中俄关系顾虑太多了。蒋介石一听此言，心中很不痛快，突然离粤回乡，撒手不管了。

廖仲恺急得甚至要自杀，胡汉民急得立即致函蒋介石，请他说明原因。

蒋介石在上孙中山辞呈中回答说："自维愚陋，不克胜任，请另选贤能。"

孙中山批阅："该委员长务需任劳任怨，勉为其难……所请辞职，碍难照准。"

3 月 2 日，蒋介石干脆向孙中山摊牌：他抱怨孙中山不能对他专信不疑，并言听计从，以致有陈炯明叛乱、炮轰总统府的奇闻；他坚决主张用人要有派系，要用老派系，不能重用共产党方面的人；他责备孙中山对人对事有"赏罚不明、邪正倒置"的弊病。

蒋介石担心孙中山听不进自己的意见，还专门致信廖仲恺，劝他切不可一意顺从孙中山，并且说："俄党对中国之唯一方针，乃在造成中国共产党为其正统，决不信吾党可与之始终合作，以策成功者也。"

蒋介石在创筹军校、国民党改组问题上的这种"不计后果"的态度，使在上海的盟兄张静江大为不安，戴季陶也为此事替蒋担心。

张静江以大盟兄的身份把蒋找来开导他。

"老弟，你怎么这般糊涂！黄埔军校在我们国民党的手里是一张王牌，你怎么不懂当今'军者，权也'的道理呢？你不该不声不响地回到上海。"

蒋介石委屈地说："孙先生用人不公，他不让我过问党事和政治，因此我对专心办军校这个差使没有什么兴趣。"

"傻老弟，难道你不懂'小不忍则乱大谋'这条古训吗？更何况现在正是用人之际啊……"

"创办黄埔军校我没有意见，可听说孙先生将任命湘军总司令程潜为校长，我做他的副手。这不是明明对我不信任吗？我不愿意为他人做嫁裳，不愿屈居在他人之下。"蒋介石终于说出了自己的真实想法。

"那也不能说走就走，这样只能将事情弄糟。你就是个性太强，受不了一点委屈，我早就对你说过务必'忍耐坚持'，你怎么还这样冲动呢？"经过张静江的反复解释劝导，蒋介石同意了他的看法，也认识到了这次擅离广州的危害。

他后悔地说："那该怎么办呢？"

老谋深算的张静江安慰道："你还是赶快回去，我给孙中山先生写封信，说你年少气盛，并介绍你在军事方面的种种才能。你从前给孙中山先生的印象并不坏，现在正是用人之际，我想孙中山先生这点面子还会给我的。"

蒋介石心里深深敬佩、感激这位相知很深的盟兄，对自己真犹如"陈其美第二"了。

正当蒋介石为有这样一位后台军师得意之际，张静江再次告诫他：

"老弟以后可要小心点啊，对孙中山先生要尊重，对他的三大政策要表示出竭诚拥护。要记住：来日方长。以后有什么事，大哥会以孙中山的老朋友、国民党中央执委的身份帮助你的。”

正巧，这时广州的廖仲恺、胡汉民给蒋介石写信，催他到广州上任。这样，蒋介石便有了回广州的“台阶”。4月21日，他踌躇满志地回到了广州，立即晋见孙中山。5天后，便到黄埔军校视事。

此时，孙中山也收到了张静江给自己的信。张静江向孙中山解释了蒋介石离开广州的苦衷，称赞蒋介石的军事才华，并建议孙重用蒋介石，给予他创办军校的全权。

看到蒋介石高高兴兴地回来了，加上张静江的极力举荐，孙中山便放弃了原来任命程潜为校长、蒋介石为副校长的打算。1924年5月3日，他正式任命蒋介石为陆军军官学校校长，兼粤军总司令部参谋长。

这样，在张静江的点拨下，蒋介石一心一意地扑到了创办黄埔军校上，培养了一批自己的嫡系将官，为日后的腾飞打下了基础。

四、南下替蒋出谋划策

在张静江的劝解开导之下，蒋介石在不到两年的时间里，平定商团叛乱，进行两次东征，消灭了陈炯明残余势力，赶跑了杨希闵、刘震寰的滇、桂军，统一了广州革命根据地。不仅如此，通过“廖仲恺被刺案”，蒋介石排挤走了自己的顶头上司许崇智，获得了对粤军的指挥权；并借助中共和国民党左派力量，将国民党元老胡汉民排挤走，消除了自己夺权道路上的两个拦路虎。一时间，蒋介石春风得意，成为广东乃至国民党内的一颗新星。

在上海经商的盟兄张静江，看到蒋介石所取得的成就，美在心里，喜在脸上。他预感到：蒋老弟飞黄腾达的时机渐渐成熟了。

这几年，尽管张静江没有跟随在孙中山身边，但却并未远离革命中心。对于孙中山的联俄联共政策，老谋深算的他采取了一种中立的态度：虽然不赞同，但也并没有直接表示反对。他曾多次在人们面前以讥讽的口气戏称：“孙先生要联俄联共，我没有意见，但共产如其可以公妻，这我倒极为赞成!”

每次言罢，他必附以哈哈大笑。

1924年1月，孙中山改组国民党，在第一次全国代表大会上，孙不顾其他党员的反对，提名张静江为中央委员并列入主席团。但作为主席团成员，他却不出席会议，引起一些出席代表的不满。他们责难说：“张静江一直留居海外和上海，从来没有参加孙中山领导的实际革命工作，近竟然提为中委并列入主席团，令人不可思议。”

然而，张静江毕竟在国民党中有着崇高的威望，经过孙中山的反复解释后，张静江仍然当为改组后的国民党第一届中央执行委员会委员。

1925年3月，孙中山在北京病重，张静江从上海赶到北京去探望，并且是孙中山临终签具遗嘱的目击人之一。孙中山去世后，张静江又为他守灵。11月，谢持、居正等人在北京西山召开非法的国民党一届四中全会，形成了“西山会议派”，并在上海环龙路成立国民党伪中央，与广东国民党中央对抗。他们拉拢张静江一起与广东对立。

然而，张静江的态度大出他们的预料。他既不赴粤，也不参加西山会议派活动，而是密切关注广东政坛的动向，为蒋介石获得更大的权力精心谋划着。

1926年1月，张静江不顾体弱多病，以国民党“元老”的身份赴广州出席了国民党第二次全国代表大会，受到与会代表的尊敬，被选为中央监察委员。

这次亲自出席国民党“二大”，加强了张静江在国民党中的政治地位。而他这次参加“二大”的真实目的，则是在政治上扶植自己的蒋老弟。

凭着张静江在国民党中举足轻重的政治地位，加上蒋介石两次东征后威望的上升，张静江成功地使蒋介石进入了国民党中央领导核心。在“二大”上，蒋介石当选为中央执行委员会委员，随后当选为中央执行委员会常委，成为广州国民政府的政治新星和铁腕人物。

张静江清楚地明白：蒋介石虽然在军事上取得了一系列成功，但由于他资历不深，在争夺权力的道路上将是十分艰难的，还需要自己全身心地帮助他与各种政治势力周旋。

1926年1月9日下午，张静江与蒋介石同游长洲岛。蒋介石向盟兄道出了许多心里话，慨叹革命事业艰巨万千，茫茫前途，不知此生成败如何。

蒋介石望着滚滚而流的江水，感慨地说：“今日益知革命事业，巨艰千万，茫茫前途，不知此生之成败如何。”

张静江笑着鼓励：“只要坚决地干下去，没有不成功的事情!”

盟兄的身子是如此的病弱，却有着这样刚强的意志，蒋介石不禁感到羞愧。他紧握着张静江枯瘦的手，激动地说：“无论遇到多大的困难，我都会坚持到底的。”

“我会尽最大力量帮助你的!”张静江继续鼓励说。

张静江的鼓励和支持，无疑增强了蒋介石篡夺革命领导权的决心。蒋介石暗自决定放手一搏了。

张静江向来说到做到。既然他决心要扶植蒋介石，那么他就处心积虑地为蒋介石着想。他知道，以国民党左派面目出现的汪精卫，将是以国民党中派面目出现的蒋介石夺取权力道路上有力的挑战者。为了斡旋蒋介石与汪精卫的矛盾，他不顾自己体弱多病，亲自邀请蒋、汪携带家眷同游黄埔东南的海神庙，以国民党元老的资格，劝说两人精诚团结，互相谅解。

他的意图只有蒋介石明白：这是为自己发动事变放“烟幕弹”。

张静江的苦心没有白费。在他拖着病弱的身子重回上海家中不久，蒋老弟便精心策划了“中山舰事件”。

当张静江听到蒋介石在广州发动“中山舰事件”的消息后，高兴不已：“蒋老弟真是敢想敢干，终于向共产党开刀了！”

他密切关注着广州方面的动向。

接下来的消息却令他担忧。蒋介石发动“中山舰事件”后，意想不到地成为众矢之的，陷入了进退两难的境地。张静江在上海实在坐不住了。

3月23日，张静江再次拖着病弱的身子，即日南下，赶赴广州。对此，有人这样评述说：“其时，广州政局已形动荡，张扶病南下，意在以其与蒋、汪之深厚友谊关系居间有所调和。”

此时的广州，在如何处理蒋介石问题上存在着严重的分歧。中共方面，毛泽东等人主张坚决反击；陈独秀等人决定退让；国民党方面，一些军人主张反击，惩办蒋介石；另一些人则主张妥协。而在广州最有权威的苏联顾问鲍罗廷又恰巧回国。正是在这样的情况下，张静江来到了广州，成为解决事件的重要人物。

张静江的到来，一方面协助蒋介石稳定因“中山舰事件”引起的不利局势；另一方面则与蒋介石谋划进一步“清党”计划。

更重要的是，张静江的到来，使深陷孤家寡人境地的蒋介石顿觉有了支撑。

张静江来粤之初，蒋介石情绪有些激动，想与共产党决裂，以武力彻底解决中共。他向张静江介绍了近来广州政潮起伏的经过，并说：“共产党阴险，或有击而不中之虞，为使万一失败，自负一切责任，并使汪兆铭有收拾残局之余地，故独断独行，采取非常行动，而未克在事先将此计划告知汪兆铭。我想趁此时机，与共产党撕破脸面！”

然而，老谋深算的张静江认为，现在靠蒋介石的力量，还远远不到那一步。他向蒋介石提出了处置共产党的毒辣办法：鉴于中共在政治上还很幼稚，应该对它“正词以告之，诚意以结之。只其包办之（农工）运动而约束之”。

蒋介石很快便冷静下来，采纳了张静江的计策。

蒋介石克制住了自己激动的情绪，继续扮演国民党“中派”的角色，以退为进，假意承认自己冒失，请求处分。

3月25日，蒋介石在张静江的授意下，向国民政府呈文，演出了自请处分的一幕：

“唯此事起于仓促，其处置非常，事前未及报告，专擅之罪，诚不敢辞。但深夜之际，稍纵即逝，临机处决，实非得已，应自请从严处分，以示惩戒而肃纪律。”

在广州，苏联领事馆和苏联顾问团有着很高的政治地位，张静江建议继续高举孙中山先生“联俄”的旗帜，这样才能获得苏联顾问团的谅解。

蒋介石向苏联驻广州领事声称：这次事件是“对人不对俄”。蒋介石亮出这副姿态，这就给苏联政府以幻想，使苏联认为蒋发动“中山舰事变”并不是要全面反俄，而只是对季山嘉个人有意见；只要换了人，同蒋介石之间的矛盾就会解决，苏联的政策还可以继续。

张静江更明白，只靠口头上的漂亮话，是不可能重新获得中共、国民党左派及苏联顾问团的信任的，他向蒋介石建议：采取“丢兵保帅”的策略，严厉处治“中山舰事件”的几个祸首，以取得人们对蒋介石的信任。

“这样不是出卖自己的朋友吗？太对不起对我忠心耿耿的兄弟们了！”一听说要惩治欧阳格、陈肇英、吴铁城等为自己策划的“中山舰事件”立下“大功”者，蒋介石真有点舍不得。

“仅仅是做做样子嘛！留得青山在，还愁没柴烧？讲个人之义，只是行妇人之仁，讲国家之义，才是仁者之仁！”张静江面色冷峻地开导着。

“不仅如此，而且还要赶快释放共产党人李之龙。这样一来，即使那些对你有怀疑的人，也会敬佩你的公正，主动权自然而然地就又掌握在我们手里了。”张静江一口气说出了自己的打算。

蒋介石由衷地敬服这位体弱多病的盟兄，爽快地接受了他的建议。

蒋介石在公共场合积极活动，在讲事件本身真相时，除了总是讲得含糊其辞之外，并宣传了这是一场“误会”，很快释放了李之龙；同时他反过手来打击帮助他制造事件的孙文主义学会的分子：免去王柏龄二十师师长和陈肇英虎门要塞司令的职务，并责令他们离开广州；免去吴铁城新编十七师师长兼广州公安局长职务，并送虎门要塞监禁；欧阳格、陈军、徐桴等人也都受了处分。这样，蒋介石这个事端制造者，却以第三者的领导身份，“公正”地处理了“中山舰事件”，以“舍卒保帅”的办法，再次取得了主动。

果然如张静江所预料的那样，事态朝着有利于蒋介石的方向发展着。

通过这种左右开弓的手法，蒋介石一方面骗取了革命人民的信任，使左派对他抱有幻想，继续受他欺骗、利用；另一方面，他又争得了右派或明或暗的支持和鼓励，从而逐步建立和发展了自己的政治和军事实力，终至夺得了国民党的军政领导大权。

这样，本来是众矢之的的蒋介石，一下子又得到了国民党上下的同情，为其伪装所迷惑。而将矛头对准了国民政府主席汪精卫。

在张静江这个“良师”的策划下，蒋介石巧妙地处理了“中山舰事件”，挤走了自己最大的政敌汪精卫，不仅如愿以偿地篡夺了第一军的军权，而且篡夺了部分党政大权。

一天，张静江坐着轮椅，被人推进了蒋介石的官邸。他以长者的口吻意外地说：“介石啊！审时度势，是一切政治家沉浮的机遇，你知道现在到了什么时候了吗?”

蒋介石不明其意，微微地摇了摇头。

“你呀!”张静江有些生气了，“一句话，喊汪主席的时代就要结束了，是到了你努力开创蒋主席的时代了!”

蒋介石望着张静江那肃然的表情，惊诧地问：“你有何证据吗?”

“汪精卫已经悄然离开了广州。”张静江露出了胜利者的微笑。

“真的?”蒋介石真有点不敢相信。

张静江严肃地点了点头。

挤走了汪精卫，真是意外的收获。蒋介石夺取国民党军政大权的道路上最强大的一个拦路虎就这样被踢走了。

蒋介石兴奋异常，高兴地在室内大笑起来。

这一次成功，使蒋介石看到了张静江的政治威望和老谋深算，由衷地佩服盟兄的投机谋略。张静江通过关键时刻帮助蒋介石，使蒋介石的政治地位猛涨，使他看到了反革命成功的曙光。

“别高兴得太早了，要获得汪精卫留下的国民政府主席和中常委主席的职位，可不是件容易的事，还需要做很多事情。”张静江望着蒋介石说。

“现在正是关键时候，请你一定留在我的身边。”蒋介石真的离不开这位盟兄了。

张静江放弃了原定回沪养病的打算，决定暂时不回上海，留在广州为蒋介石获取更大的权力出谋划策。

张静江一再提醒蒋介石：决不能放弃“中派”立场，必要时还要对右派明目张胆的反共言论进行反击。

蒋介石心领神会，在事变之后，力图将自己打扮成“不偏不倚”的公正形象，仍以“总理信徒”自居，并继续高喊“革命”口号，对右派利用后又加以打击。

蒋介石制造“中山舰事件”时，西山会议派正在上海召开他们的所谓二全大会。他们以为这回蒋介石要和他们一起干了。可没想到蒋介石有自己的打算：现在反共时机不成熟，不能与西山会议派公然站在一起，更不能使自己成为右派反共的附庸。

于是，蒋介石立即发出通电，严词谴责西山会议派：“接上海西山会议派所谓全国代表大会通电，希图破坏本党，摧残革命，此种托庇于帝国主义势力范围下之行动，不自愧其为帝国主义者之工具，竟敢不法通电，视中正为傀儡，殊堪痛心。中正今特敬告本党同志与全国人民，中正誓为总理之信徒，不偏不倚，唯革命是从。”

4月8日，蒋介石在黄埔军校讲话，又谴责西山会议派的二全大会是“一种非法行动，我们为党国计，不得不群起而攻之，铲除障碍”。

鲍罗廷回到广州后，蒋介石虽然和鲍在处理党务问题上有所争执，但他还是向鲍罗廷一再表示要奉行孙中山的联俄政策。蒋介石极力吹捧鲍罗廷，声称军事、政治，一切都要听鲍罗廷的指挥。他到处讲话，称“孙中山是国父”，称“鲍罗廷是亚父”。

蒋介石与张静江前排左一、吴稚晖右二等人

在其瘸腿军师——张静江的谋划下，蒋介石很快平息了苏俄顾问和共产党人的不满，欺骗并利用了工农群众的革命热情，以国民革命军总司令的身份确立了在广州国民政府中的地位。

谁来填补汪精卫出走的职位呢？张静江与蒋介石为此问题进行了多次密谋。

蒋介石虽然对中政会主席和国民政府主席两个职位早已望眼欲穿，但经前顾后盼、左思右想，感到自己资历尚浅，无论担任哪个职位都难以服众。

难道就把这样重要的职位让给其他人？张静江和蒋介石又有点不甘心。国民政府主席的职位，由国民党元老张静江来担任，应该不会有太大问题，但这个职位徒有虚名，并无太大的权力，张静江认为当不当并没有太大的关系。但国民党中政会主席一职，却是权力很大的职位，张静江认为决不能随便出让。

既然蒋介石没有资格任这两个主席中的任何一个，只好由张静江亲自出面来替蒋介石抢权了。

但如果说张静江担任国民政府主席还有可能的话，而担任国民党中常会主席则几乎不可能。因为张静江此时仅仅是国民党中央监察委员，没有资格任中央执行委员会主席。

再者，张静江纵有天大的神通，也不适合以瘫痪之躯充任汪精卫的继承人；况且他在国民党各路“诸侯”的心目中，不过是一位“革命的财神爷”，谁也不会想到由他来当国民党的主席。

怎么办？张静江和蒋介石将目光投向了刚刚返回广州接替季山嘉继续充任政治顾问的鲍罗廷身上。

鲍罗廷，作为国民党中央的政治顾问，对广州国民政府和国民党中央的人事变动有着举足轻重的作用。蒋介石“公正”处理“中山舰事件”的举动，赢得了他的谅解；蒋介石对鲍罗廷的吹捧，使他重新对蒋介石产生了信任。

鲍罗廷毫无保留地接受了蒋介石的提议：由张静江出任国民党中央执行委员会主席。

不仅如此，他还答应蒋介石：以自己特殊的身份劝说国民党中的反对者。

陈公博是当时反对张静江任国民党中央主席的重要分子之一，他在后来回忆说：

一次，鲍罗廷与陈谈到了谁来接替汪精卫国民党中央执委会主席职位时，鲍罗廷又似嘲弄、又似严肃地说：“我想主席最好是张静江先生。”

“什么！你提出张静江先生？张先生是一个跛子，怎能领导？纵使他真能干，只是一个监察委员。你想一个监察委员，怎么可以来当一个执行委员会的主席？”陈公博以为鲍罗廷是在开玩笑。

“我不是和你开玩笑，张先生是孙先生的老友，我记得孙先生在北京病危时，张先生一个四肢瘫痪的人，闻得这个消息，连爬带跌跑上北京，孙先生一见他便哭了。”鲍罗廷用更嘲弄而更严肃的语气说。

“张先生难道凭这一哭就可以取得中执会主席的资格了吗？”陈公博不解地问。他怀疑鲍罗廷是不是早已作出了决定。

“但除张静江以外，再没有第二个人。陈先生你赞成了吧，蒋介石已赞成了，谭延恺也已赞成了。”鲍罗廷告诉了陈公博自己的决定。

看来，鲍罗廷真的充当了劝说国民党中的反对者的角色。

此时的张静江和蒋介石也没有闲着。张静江令在上海的自己派系的人们来广州帮助蒋介石。这样，陈果夫、邵元冲等人纷纷赴穗。对此，陈果夫后来回忆说：

“‘中山舰事件’后，各地谣言四起，蒋先生的处境极难且缺乏人手帮助。静江先生闻讯即赴广州，叶楚伧、邵元冲诸先生相继前往。我也应邀于5月1日抵穗，共同商议如何进一步确立以蒋为中心的国民党政权。”

张静江建议蒋介石利用“中山舰事件”造成的政治影响，继续扩大战果，矛头主要还是针对共产党，破坏国共合作的关系。这样，蒋介石在“中山舰事件”发生的原因及其后果上大做文章，他提出之所以发生中山舰这样的事件，“实在”是由于共产党在这两年里“发展太快”，以致引起军队中国民党员的疑惧和不满。言外之意，就是要限制共产党的发展和活动，才能避免今后再发生类似“中山舰事件”这样的“误会”。蒋介石认为，虽然共产党员全部退出第一军和黄埔军校，并宣布“自动解散”了青年军人联合会和孙文主义学会，由他控制下组织了黄埔同学会，但还是不能解决两年来的“党内纠纷”，必须找到“清除误会的具体办法”。

张静江、蒋介石与刚到广州的陈果夫经过反复密议，草拟了《整理党务案》，于4月2日向国民党中央委员会提出，要求召开二届二中全会加以解决。该议案的核心内容，就是从组织上排斥共产党人，更换蒋的亲信于国民党各高级部门。

蒋介石自知在党内地位较低，便由张静江出面，与鲍罗廷多次商谈。

这样，张静江与蒋介石两人互相配合，一步步地向共产党人和国民党左派开刀了。

1926年5月19日国民党的二届二中全会上，张静江和蒋介石等人提出了这个协议，并获得通过。

根据这个《整理党务案》，共产党人毛泽东、谭平山分别辞去了国民党中央宣传部代部长和中央组织部长之职，推选张静江当上了国民党中央常务委员会主席。6月1日，当上主席的张静江在中常会上提议，由蒋介石任中央党部组织部长，执掌人事大权。这样，张静江和蒋介石等人便篡夺了国民党党权。

五、坐镇广州留守后院

本来，张静江担任国民党中常会主席，只是暂时替蒋介石过渡一下，等到蒋介石的资历够了，这个主席职位还是要交给蒋介石的。

所以，国民党二届二中全会后，张静江与蒋更是串通一气，将国民党中央执行委员会主席职务让给了蒋介石。

广东革命根据地统一后，北伐的任务便提到日程上来了。1926年5月10日，桂系首领李宗仁去广州游说北伐，由于蒋介石担心自己在广东的根基不稳，不同意立刻北伐。他对李说：“你初到广州，不知道广州的情形太复杂了。……现在如何谈到北伐呢？”

蒋介石的回答完全出乎李宗仁的预料，自己的部队已经在湖南与叶开鑫部打得不可开交了，蒋介石怎么还认为时机不成熟呢？

大概是有些话蒋介石不好当面对李说，他请张静江出马，充当说客。张静江将广州的军政情况向李介绍后，坦诚地说：“广州方面尚没有做好北伐准备，苏联顾问对北伐都没有公开表示支持，共产党人也认为时机不成熟，蒋介石怎么能决定北伐呢?”

他停了一会儿，若有所思地说：“出师北伐，总要有人做总司令。现在国民革命军还没有确定总司令。如果让蒋介石出面指挥，或许会使北伐变成现实。不过，目前嘛，还难说，你也不要急躁，要从长计议。”

张静江的一番话，使李宗仁茅塞顿开：原来蒋介石之所以对北伐不热心，是因为担心当不上北伐军总司令。

李宗仁向张静江表示：“如果兴师北伐，当推蒋介石为国民革命军总司令和北伐军总司令。”

有了李宗仁的保证，蒋介石悬着的一颗心放了下来。

6月4日，国民党二届二中全会上，正式推蒋介石为国民革命军总司令，并授权他组建北伐军总司令部；次日，国民政府正式委任蒋介石为北伐军总司令。

蒋介石当上国民革命军总司令，并继张静江当上常务委员会主席之后，乃于7月9日誓师北伐。

出师前，蒋介石将国民党中常会主席一职交由张静江代理。这样，留守在广州的张静江，就担当起看守“后院”的重大任务。

张静江看守“后院”的主要任务，就是替蒋介石在后方策划反共阴谋。

如何在广州“清共”? 张静江曾对蒋介石说：“清共，果夫有办法。”

张静江对陈果夫委以重任，指使陈果夫接管由共产党领导的国民党中央党部和异常重要的国民党广东省党部，具体负责广州的“清党”事宜。

当时任组织部代理部长的陈果夫，专门进行各种反共事宜，每遇重要事项都要请张静江作出决断。陈果夫曾计划以自己的亲信接管主要由共产党领导的广东省党部，因感到此事关系重大，问张静江：“是否应该请示蒋介石?”

张静江告诉陈果夫说：“应该做的事，就负责做去，不必请示，本党整个政策没有变更，领袖不能表示态度。如果去电，叫他如何答复？我们的事只要审慎处理，不要增加蒋先生的麻烦。”

在张静江的默许下，陈果夫更加肆无忌惮地实施其反共计划了。在“改组”广东省、市党部之后，又陆续向各地党部选派反共顽固分子。

这些人在出发之前，张静江总要接见，讲一些“救党的责任放在诸位身上”之类的话，以示鼓励。

陈果夫在回顾这段反共历史时曾说：“静江先生代理中央常务委员会主席的时间虽不久，但是清党的基础由此奠立。”

蒋介石对张静江“北伐之际，居守中枢”，“倡言清党”以及帮助自己奠定朝基的“功绩”更是盛赞不已，称他为“安厄斯仗”之人。

张静江在后方反共，蒋介石在前线加紧筹划叛变步伐，盟兄弟遥相呼应。

随着北伐军的胜利进军，蒋介石的威望进一步提高，而他手中掌握的军权也更大了。看着蒋老弟势力不断增长，张静江由衷地高兴。他预感到，大规模的“清党”反共、建立新的政治中心的时机渐渐成熟了。

1926 年 11 月，国民政府中央党部开始北迁，不幸张静江的老父病逝，噩耗传来，张静江准备回沪奔丧。

远在南昌的蒋介石闻讯，立即从江西前线特致电张静江，望他在粤举哀，继续主持一切，暂时不要回沪奔丧。

蒋介石明白，现在是革命形势发生巨大转折的关键时刻，他迫切需要自己的“良师”点拨。

张静江当然理解蒋老弟的心思，果然没有回上海，仍按原定计划起程北上。

1926 年 12 月 31 日，张静江等应蒋之邀到达南昌后，受到了蒋介石的热烈欢迎。蒋情不自禁地在欢迎会上说：“今天各位从广东来到南昌，我们心里的快活，几乎是不能形容的。”

张静江右与陈果夫左一等人

此时的蒋介石尽管军事上拥有大权，但却受到了中共和国民党左派的攻击，有人指责他“拥兵自重”，更有人批评他是“新军阀”。更令武汉共产党人和国民党左派不满的，是所谓的“迁都之事”。

张静江的到来，可以说给四面楚歌中的蒋介石注入了一支强心针。有足智多谋且刚强豪爽的盟兄在，蒋介石心里就有了靠山。更重要的是，此时的张静江，可不是三年前的张人杰，身为国民党最高权力机构中常会主席，他的一举一动，足以代表着国民党中央和国民政府。

富有政治经验的张静江感到，蒋介石的羽翼逐渐丰满，是与武汉国民党左派和共产党分道扬镳的时候了。

为此，他向蒋介石建议：国民政府首都不能迁到武汉，而应该留在南昌。

张静江的建议，正合蒋介石的心思。

蒋介石将北伐军总司令部设在南昌，也想将国民党中央和国民政府设在南昌。他的目的很明显：以军权指挥党权和政权多数，欲“挟天子以令诸侯”。

而蒋介石的这种企图，为很多人看穿，因此遭到人们的严厉指责。

本来，对于国民政府迁都武汉，蒋介石虽不愿意，但还不敢公开反对，甚至迫于压力，还同意了迁都武汉的决议。

现在有张静江的坚决支持，蒋介石的胆量顿时大起来。他立即改变过去迁都武汉的主张，扣留从广州北上路过南昌的中央执行委员会委员和国民政府委员，挑起了“迁都之争”。

张静江到达南昌后，急蒋介石之所急，想蒋介石之所想。蒋介石拒绝去武汉，张静江也拒绝去武汉；蒋介石拒绝参加国民党二届三中全会，作为中常会代主席的张静江也拒绝到会。

为此，张静江建议蒋介石立即派张群到天津，请来另外一个盟兄弟黄郛，共同商讨“清共”、建立蒋家王朝的大计。

经过一个多月的密谋，张静江与蒋介石、黄郛等人终于制定出了一个背离三大政策，发动反革命政变的行动纲领。其要点为：

一、必须离俄清党，放弃“联俄容共政策”；并适时地向国民明示这种政策。

二、在外交上首先谋求日本、英国的“谅解”，特别是“不应该放弃日本这条路”，还要注意轻重缓急的处置。

三、力争早日克复京沪、联络绅商，谋求东南底定。

四、采取步骤联络北方冯玉祥、阎锡山，形成“中心力量”，“以减少内争而早致统一”。

发动反革命政变的纲领确定之后，张静江拖着行动不便的病体，操劳忙碌着。

1927年3月10日，为了扩大蒋介石的政治力量，张静江写信给与蒋有矛盾的汪精卫，劝他捐弃前嫌，尽快回国，与蒋介石合作。他在信中说：“弟则不及候兄姐之至，已即日拔出政潮，完我残息。”然后，他便赴杭州，替蒋介石寻求江浙财团的支持。

江浙财团是当时中国的大财团之一，以上海为根据地，主要从事金融业。张静江是这个财团的代表人物之一，其他的主要人物还有虞洽卿、陈其采、叶揆初、蒋抑卮、李馥荪、陈光甫、宋汉章、张嘉敖等。蒋介石与张静江在上海证券物品交易所活动时，就与之结下了不解之缘。蒋介石要发动政变，另立中央，需要经济上的支持。江浙财团自然是最佳的选择，因为有大盟兄在其中，可以穿针引线。

在张静江的奔走之下，江浙财团的其他主要人物答应资助蒋介石发动政变。

一切准备就绪，蒋介石还要大造政治上的舆论，便又把党国的“元老”盟兄张静江推到前台，摇旗呐喊。

1927 年 3 月 21 日晚，邵元冲约蔡元培同访张静江，探询蒋介石下一步的行动。张静江告诉邵、蔡说：“蒋介石对于与共产党分离，已具决心，南京定后，就来宁共商应付。”

张静江（前排左四）与蔡元培（前排左三）等人

23 日，北伐军占领上海，张静江致电蒋介石：立即抵沪处置一切。

24 日，张静江、蔡元培、邵元冲等赴沪，会晤白崇禧、潘公展、黄郛、吴稚晖等人，共商应付党务事宜，定下了“清党”的基调。当他们得知蒋介石已由南昌到了南京的消息后，立即推邵元冲到南京请蒋来沪。

4 月 26 日，蒋介石来到上海，立即与张静江等人密晤。29 日，张静江与蒋介石、吴稚晖、蔡元培、张继、古应芬、李宗仁等人，在上海孙中山住宅召开中央监委预备会议，咨请国民党中央通电全国，推行“清党”运动。

在随后的一系列密谋“清党”的会议上，处处可见张静江那副枯瘦的身影：

4 月 2 日晚，张静江同在沪的二届中央监察委员共 8 人开会，通过了“请查办共产党”议案，力主断然“清党”。

4 月 4 日，张静江与蒋介石等人与汪精卫会谈，力劝汪精卫与蒋合作。

4 月 5 日，张静江与蒋介石、吴稚晖等人召开反共秘会。

4 月 10 日，张静江乘专轮亲赴家乡南浔，亲自布置武装“清党”。

4 月 14 日，张静江出席蒋介石在南京召开的国民党中央执、监委员参加的“谈话会”。

4 月 15 日，张静江等人在南京召开所谓的“二届四中全会”。

4 月 17 日，张静江参加了南京召开的“中央政治会议”。

张静江在蒋介石发动的南京政变中，始终参与其事，当了后台老板和幕僚军师，其“功”不可没。

历史学家哈罗德·艾萨克斯曾这样描述蒋介石与张静江的关系：“张静江成了蒋的军师、首席政治参谋和顾问……这是个把领导权从摇摆不定的自由派手中夺走，以稳定高级领导层的问题。为此，对共产党分子及其盟友资产阶级激进派，必须狠狠打击，即使不置于死地也要伤其筋骨。”

在共产党人和革命群众的血泊中，蒋介石的南京国民政府开张了。

张静江以病残之躯，充当着蒋介石的“良师”，终于点拨着蒋介石一步步登上了权力的顶峰。将张静江称为国朝“帝师”，真是再确切不过了。

六、淡出政治舞台的老“导师”

南京政府建立后，张静江任12名委员之一，旋即当上了浙江省主席。后来蒋介石被桂系逼宫被迫下野之后，他甘愿与蒋同进退，离职去上海，仍为蒋复职大造舆论。

张静江由代理中常会主席忽降为浙江省主席，心里很不是滋味，对于这个流放式的新职，他迟迟不到任，仍恋栈中枢。

1928年初，蒋介石复职继续进行北伐，待北伐完成后，开始革命的第二个时期——训政时期。在筹建五院的过程中，张静江想以元老加蒋盟兄的身份争取监察院长一职，当时一些以元老自居的如李石曾、丁惟汾、蔡元培等也为张捧场，但盟弟蒋介石始终不同意，任命于右任当了监察院长。

张静江愿望落空了。

他感到非常恼火，自己为蒋介石建立国民政府出过这样大的力，并且担任过国民党中常会主席和广州国民政府主席，可以说是名义上的最高党政领导人，现在，不仅国民政府主席与自己没有份，而且要获得一个无足轻重的监察院长也不能，真是丢了很大的面子。他对蒋介石这位小老弟满腹牢骚。

既然无法争得五院院长，那怎么也得争一个位于各部之上的官衔！

于是，他提议成立国民政府建设委员会，要当这个委员长。为了这个位子，他唯恐蒋介石不同意，搬来孙中山的教诲。他曾声嘶力竭地、直言不讳地说：“建设非争不可，谁不同意，就是有意破坏建设！”

他又说：“总理说过的，革命就要建设。因此，我党政军都可不管，唯有建设，我是一定要干的！”

为了这个位子，有几次他竟然与蒋介石争得面红耳赤。

在蒋介石看来，国民政府建立了，“革命圣人”的职责也算尽完了，张大哥可以好好休息了，大可不必管党政事务。况且，今日的蒋介石已经不是十年前的蒋中正了，现在不仅党政军大权在握，而且已经富有治党、治政和治军的“经验”了，不需要张静江这样的“帝师”指手画脚了。

这样一位“帝师”干政，显然是对蒋介石权力的挑战和威胁，蒋介石岂能容忍？

这大概就是蒋介石当时极力要疏远张静江的原因。

但看到张静江如此愤怒，蒋介石也不便驳了自己“良师”的面子，只好同意，让张静江当上了国民政府建设委员会委员长。

张静江担任建设委员会委员长，有着他自己的目的。从商多年，张静江有着一定的理财能力，他一向敬慕日本三井、三菱、大苍等财阀垄断各种工矿企业的事迹，也想仿照，建立起属于自己的中国式的垄断财阀。所以，他从任建设委员会委员长后，便施展自己的才能大干一番，将所有新建、扩建的工矿、交通、运输、电气事业，一律揽于建设委员会职权范围。

在扩建范围之内的有淮南煤矿、南京首都电厂、常州电厂等，在筹建范围内的有南京到芜湖和杭州到江山的铁路，南京到上海的公路，南京到杭州的公路，南京公共汽车公司等。张静江的这种大包大揽，与当时蒋宋孔陈四大家族欲独占市场的矛盾越来越大，逐渐出现了正面冲突。

四大家族便通过党政军大权向张静江施加压力。

在国民党二届五中全会上，通过议案规定“建设委员会应将属于各部主管事业分别移交各部接管”。建设委员会原来是实业、农林、交通、铁道和财政等部以外的一个机构，起初包罗万象，大有高于各部的神气，几乎事事都管，权力很大。经过这样一个议案，张静江的建设委员会成了一个空衙门，只有计划，没有实务。

到了这时，张静江才知道四大家族的厉害，觉得蒋介石既然不替自己撑腰，自己是无法与他们抗衡的。一方面他对蒋介石暗自抱怨，另一方面以退为进，采取主动，将南京首都电厂、常州电厂和淮南煤矿改为民营，将杭州到江山的铁路划归到自己的势力范围浙江省办理，并与李石曾等人创设中国农工银行，与孔宋陈家族对抗。

然而，他哪里能抵挡得住有蒋介石做靠山的孔宋陈家族的打击？张静江在蒋介石面前逐渐失意，地位每况愈下，1928 年秋不得不再次回到浙江省任主席。

1929 年 6 月到 10 月间，张静江以发展经济建设和工农业生产为名，在杭州举办西湖博览会，并为此在杭州市内铺筑柏油路。这次博览会耗资巨万，吸引了众多的中外人士，可谓盛况空前。然而其效果，除了满足人们观光游览的雅兴，对经济发展的促进作用却并不显著。

1930 年 4 月 1 日，张静江在杭州举行了第一次全国运动会，蒋介石在会上宣读的大会宣言，由陈布雷执笔，戴季陶称为“发蹈厉之文”：“有健全之体魄，始有健全之精神；合健全之国民，始有健全之民族；亦唯有健全之民族，而后能创造健全之文化。亘古尽今，横绝大宙，未有国民疲弱委靡，而其文化能发扬昌大，其国族能独立自强者也。”

出任浙江省主席的张静江（右四）

张静江以增加苛捐杂税为浙江建设经费的主要来源。他巧立各种名目，有所谓“建设特捐”、“建设附捐”、“水利费”、“土地测绘费”等，一律在原有田赋项下附加征收。其中，以“建设特捐”一项最重，按田赋正税每元附加1元4角，附税超过了正税。同时发行公债，并向上海、杭州、宁波、绍兴等地银钱业进行抵押借款。后来又增加一“积谷”项目，按亩征谷2升，商人积谷则在营业税项下附征。国民党政府曾在裁撤厘金改征营业税时，声明营业税不得征收任何附加，因此一再令张静江停收，张不予理睬，依然我行我素。

人们对张静江在浙江省的所作所为褒贬不一：有人痛恨其横征暴敛，称之为“败家之子”；有人则说他“用少数钱”，“求多数利”，是几任省主席（国民党时期）中最有作为的一个。

自然，不能说他的“建设工作”毫无成绩，但对人民的残酷搜刮，张静江难辞其咎。

张静江的一些举措也引起蒋介石的不满。

蒋介石原拟以路矿权利向德国借款，从杭州建造浙赣铁路通至南昌，一次建成重轨。而张静江则着眼于牟取高额利润和早些还本，坚决主张先造杭州至江山一段，由他向银钱业借款建造轻轨，认为这样成本低，客货运费收入短期内即可偿清借款，于是执意动工而置蒋介石的主张于不顾。同时，他对浙江的公路建设也未能与蒋介石的“军事计划”相配合。蒋介石命令浙江省首先建造浙赣边境及浙东、浙南山区公路，而张静江出于对实利的考虑，先以全力建成杭州至绍兴的一段公路，成为全省唯一有盈余的公路。这都使蒋介石大为恼火。

此间，张静江同国民党中一些新贵之间的矛盾也在滋长。走英美资本主义国家的道路，是张静江的政治理想。他认为只要全力发展资本，国民党的统治即可巩固，因而把戴季陶从理论方面歪曲孙中山的主义，陈果夫鼓吹的“合作运动”、“二五减租运动”等把戏统统视为多余，致使陈果夫通过省党部推行的“合作”和“二五减租”在浙江一筹莫展。

此外，他在浙江省政府内也四面树敌：他曾因浙江省党部执行委员兼《民国日报》社长胡健中发表不利于自己的文章，而擅自将他逮捕，结果遭到国民党中央和行政院的电斥；为在省府内争权夺利，他与原来的亲信、省民政厅长朱家骅反目为仇，并借故将其免职。

张静江的政治独立性，越来越难见容于心胸狭隘的蒋介石，加之在蒋氏王朝的权力再分配中，由于宋、孔家族地位的上升，张静江的地位日趋下降，因而政治上的失意在劫难逃。

然而，蒋介石却不忘做虚情假意的表面文章，在张静江死后的《褒扬令》中，称其“出主浙江省政，兼长建设委员会，推轮肇始，筚路开疆，硕画宏规，民生攸赖”，并以“卓厉无前，以致力建设”，赞扬他的这段“政绩”。

张静江个性极强，如果继续当中执委员，以他的地位和声望，必然对蒋介石构成一定的威胁，使蒋介石无法完全按照自己的意志行事。在 1929 年 3 月召开的国民党的“三大”上，蒋介石接受陈果夫的建议，将张静江由中执委员改为中央监委委员。这样一来，张静江便丧失了在中执委会上的表决权。国民党中监委很少开会，并且没有多少实权。

张静江逐渐被蒋介石冷落了。

张静江第二次出任浙江省主席，真是不得已而为之。由此，他对蒋介石的怨恨更深，所以在管理浙江省时，事事独断专行，仅以短期赢利为目的，置中央政府于不顾，甚至故意与蒋介石的中央政府相抗衡。

张静江第二次任浙江省主席的两年多的种种做法，早为蒋介石看在眼里，恨在心头。浙江是自己的老家，是国民党的根本所在，当初将张静江任命为浙江省主席，就是指望他能将家乡建设好，将这里经营成模范省。可他没有想到，自己的“良师”竟然如此独断专行，这是蒋介石无法容忍的。

一次，蒋介石问时任浙江教育厅长的陈布雷：“张人杰最近怎么样？去年搞博览会，大蚀其本；还要发行公路公债，以及什么建设特捐、水利费、土地测绘费，苛捐杂税，害人不浅哪！”

陈布雷如实回答：“听说建设特捐一项最重，此外还有教育经费、军事特捐，也在田赋附加，农民负担太重了。”

“张人杰还贻误军机！”蒋介石气愤地说，“为了配合剿匪军事计划，我要浙江首先建造浙赣边境及浙东、浙南山区公路，而他却只着眼于赚钱，先全力建萧绍公路，还把萧绍公路全出售给商人，真是岂有此理！”

蒋介石越说越生气，竟然拍起了桌子：“就是那个博览会也是搞得一塌糊涂，听说博览会办事人员，上自厅长，下至科长、科员、办事员，调用期间均支双薪，还有大做生意的，真是太不像话了！”

大概是因为陈布雷忠实可靠，不搬弄是非，也不拉扯关系，所以蒋介石敢于将自己对张静江的不满发泄出来。他说：“张人杰攻击戴院长（季陶），攻击果夫，认为他们搞三民主义理论、搞党务是多余的事，简直是笑话！他胡说只要走英、美、日的老路，发展资本，则党国统治即可巩固，真是混账话！"

陈布雷已经敏感地意识到，蒋介石可能要将张静江换掉了。他讷讷地说："蒋先生，我想离开浙江……"

"现在且慢卸任。我准备督师中原，你跟我去。"蒋介石若有所思地说。

此时的蒋介石虽然对张静江的独断专行不满，但他正忙着对付李宗仁、冯玉祥等异己分子，还没有精力来与自己的"良师"坐下来谈谈；况且他毕竟是一手提携自己成长的恩师，如何妥善处理，还真得动动脑子。

故此，蒋介石用自己"良师"的教导对付自己的老师："忍耐坚持。"

1930年，张静江将蒋介石宠信的浙江民政厅长朱家骅免职，蒋的另一亲信、教育厅长陈布雷也萌生去意。

蒋介石闻讯，更加不能容忍张静江的这种独断行为。他让陈布雷、戴季陶等人劝张体面地辞职。

1930年10月，蒋介石命戴季陶劝张静江自动辞职，以免彼此难堪。张静江一听，顿时火冒三丈。他做梦也没有想到自己一手扶植起来的盟弟会这样绝情，便恼羞成怒说："我偏不辞职，叫他（指蒋）免我的职就是了！"

戴季陶被张静江骂了个狗血喷头，感到难以完成蒋介石给自己的使命，只好请陈立夫出面来劝。陈立夫来到杭州，刚一开口，便同样被张静江痛骂一顿。

陈立夫没有办法，只好对张静江说："静老，你与蒋委员长之间有点误会。他正在河南前线督战，你既然有天大的委屈，能否亲自去向他解释？"

"走！我们这就去！"张静江的固执劲上来了，便在陈立夫的陪同下北上见蒋。

蒋介石此时正忙着与阎锡山、冯玉祥进行决定生死命运的中原大战，一听说张静江亲自来到阵前，非常生气。他让侍卫官只传陈立夫一人进来，让张静江暂时在客厅等候。

当蒋介石向陈立夫问明了情况的原委后，勃然大怒："我正率军与背叛革命的阎、冯作殊死决战，他却在后方捣乱，还居然敢来前线教训我！"

"委员长，他可是党国元老，我们的恩师。他拖着病残的身体不远千里而来，可别慢待了他。"陈立夫担心地说。

"他太目中无人了！不见，不见！让他回去！"蒋介石恼怒地说。

"那恐怕不好吧？他……"陈立夫着急地说。

"你先出去，告诉他我公务繁忙，等会儿就过来。让他在客厅坐坐冷板凳，杀杀他的火气！"蒋介石没等陈立夫说话，便继续翻看前线来的电报。

陈立夫出来，安慰张静江说："静老，委员长正忙着批阅电文，马上就来。

你再耐心等一会儿。”

张静江想到以往为蒋介石奔波，为其掌权立下了汗马功劳，而今却受如此冷遇，心中大怒。等了好长时间，蒋介石才慢悠悠地走进客厅。

张静江一见到蒋，就怒不可遏地嚷道：“老三，你现在架子这样大了，我从前去见总理也没有等过这么长久!”

此时的蒋介石再也不是从前那个仰人鼻息的蒋中正了。今日的蒋介石已是集党政军大权于一身的领袖，哪容张静江这样教训自己?!

蒋介石也勃然大怒道：“我看你在浙江要独立了，等我把阎、冯打下以后，再去打你，你等着吧!”

说完，蒋介石头也不回地转身离去。

见此言行，张静江惊呆了。

这时，他才真正体会到古人所云的“狡兔死，走狗烹；飞鸟尽，良弓藏”之语的真谛。现在的蒋老弟已经不是十年前投靠自己的小老弟了，他的羽翼已经丰满，不再需要我这棵大树当靠山了。咳！我真是聪明一世糊涂一时，我怎么就没有想到这呢?

看来，我早该功成身退了！早点退下来，哪至于自讨其辱?

陈立夫也感到，事情已经无法挽回了，便扶着备受刺激的“静老”默然回到杭州。张静江立即吩咐秘书长刘石心拟一电稿辞职。

大权独揽的蒋介石毫不含糊，立即照准张静江辞职。

“革命圣人”张静江回到上海马斯南路家中，闭门谢客在家中静思，开始了他后半生寂寞的生活。

曾经投靠于自己门下，又在自己栽培扶植下发迹的盟弟，想当年何等的豪言壮语，信誓旦旦，结拜之义，情同手足；而今却反目成仇，不顾多年的情义，逼迫自己辞职。这对于张静江是多大的打击啊！

是蒋老弟忘恩负义，还是别的因素在作怪？思来想去，张静江终于想明白了：原来都是“权力”这东西闹的！

为了争夺权力，夫妻可以反目，兄弟可以成仇。这是多么令人伤心的事。

他越想得明白，心里越踏实，越感到没有必要与世人争权夺利。他后来看到年轻的僚属、亲友都在蝇营狗苟地争权夺利，便会感慨地劝说：“不要做官，没有做头!”

从此，“革命圣人”一变而成为佛教信徒。在家中闭门谢客，吃素念佛。

然而，张静江虽皈依佛门，凡心却仍未断绝，仍然留意着南京政府和蒋介石的一举一动。1936 年 12 月，“西安事变”爆发，蒋介石被张学良、杨虎城扣于西安。蒋介石于西安蒙难，南京政坛一片混乱。陈果夫于情急之中同 CC 系派骨干商议，认为中央必须有重心，“其重心人物在此时以静江先生为最

张静江的山水画

宜”。于是，陈果夫派人到上海，把张静江接到南京。

很少过问政事的张静江，从上海匆匆赴京，再次坐镇中枢，支撑蒋家王朝渡过危局，在最关键时刻，最后一次充当了蒋介石“帝师”的角色。

抗战全面爆发后，张静江携家眷离开上海到了香港。1938年8月，他又离开香港前往欧洲，继而又到了美国，寓居纽约。此时的他，情绪时好时坏，瘫痪症日益加重。

他怎么也无法拂去那已书刊逝去的政治烟云；他万万没有想到曾是南浔的豪富、孙中山的功臣、蒋介石的靠山加盟兄的自己，到头来竟会备受冷落，在国内无容身之地。

唯一值得他感到“荣耀”的，大概就是北伐出征前，他与蒋介石等人在火车前摄影留念的一瞬间。那时的他坐在前排正中的藤椅上，蒋介石身着戎装和陈洁如站在张的后面，这是多么的引人注目。

美好的刹那，只能作为永久的回忆了。

1942年12月，在张的寓所召开了第一次“世界国际社团同盟”大会，旨在向各国政府呼吁和平，美、法以及南美各国国际社团的代表都出席了会议。张静江被推为大会主席，由李石曾代为主持会议，当时美国总统罗斯福的夫人主持了闭幕仪式。这也许是张静江第一次，也是最后一次享有在国际上从事公众事业的荣誉，多年来受尽冷落的张静江，在精神上得到了一些安慰。

抑郁的心情加快了其病情的恶化。1945年，张静江双目失明，仅以收听广播和吃斋念佛苦度残生。

1950年9月3日，国民党政府的“帝师”张静江客死美国纽约。

也许是为了纪念张静江对他在窘境中的指点迷津和在建立南京政权中所立下的汗马功劳，或许是为了弥补长年来冷落盟兄的内疚心情，抑或是发现张静江终是对自己忠心不贰，张静江死后，蒋介石在台湾强忍失去大陆的痛苦，为他亲自举行了隆重的追悼仪式，亲书“痛失导师”的挽联，在张静江的《褒扬令》中，赞扬了他的种种业绩，为盟兄挽回亡魂。

第二章 “疯狗”师爷——吴稚晖

在南京官场幕后，他素有“疯狗”和“妖怪”之称，逮着谁咬谁，资深要员、各界名流，都畏他三分。可他唯独有三人不敢骂：孙中山、蔡元培和蒋介石。当蒋需要帮助时，他会凭着敏锐的政治嗅觉，自动出来献计献策；在蒋遇到难关之时，他会主动出来，做其他人不好做、不敢做的事，而在平时则会养气待发，准备时刻听从蒋的召唤。

一、颇受尊敬的党国大老

吴稚晖，字敬恒，1865 年 3 月 25 日出生在江苏阳湖县（今属武进县）雪堰桥。而蒋介石，1887 年出生在浙江奉化溪口镇。

两人年龄相差居然有 20 岁之多，当吴稚晖成为名满全国的反清革命家、教育家时，蒋介石还是一个小学生。如果说年轻的蒋介石做年长的吴稚晖的幕僚，人们不会感到奇怪；但如果说年长的吴稚晖是年轻的蒋介石的幕僚，人们总是不免感到惊奇：蒋介石是通过怎样的手段，令吴稚晖这位大名鼎鼎的国民党元老自觉地充当起蒋介石的高级幕僚呢？

对于吴稚晖这位国民党元老的经历和趣事，蒋介石早有耳闻，并对他敬慕有加。但真正结识吴稚晖，还是通过盟兄张静江的关系。

别看吴稚晖后来名声大噪，当初阳湖吴家可是一般农家，家境贫困。吴稚晖 6 岁那年，母亲病故，外祖母陈太夫人把他带到无锡抚养成人。由于吴稚晖一口无锡话，至老未改，后来许多人把他当做是无锡人。吴稚晖总是笑着说："说我阳湖人可，无锡人可，总之，是中国人也。"

吴稚晖 7 岁进了无锡某私塾接受启蒙教育。天资颖异、学习刻苦的他，没有辜负外祖母一家的期望，在贫寒的生活中，他打下了深厚的国学基础，因此当他仅仅 18 岁时，便担任了私塾教师。1887 年，吴稚晖考中秀才，随后考中举人。

中日甲午战争后，吴稚晖受到甲午战败的刺激，开始接受维新思想的影响，先后到天津北洋学堂、上海南洋公学任教。这时，光绪帝颁布变法诏令，他闻讯后就在无锡崇安寺创办三等学堂响应变法，推行新教育，并与朋友约定不再读线装书，又改名敬恒以自警，即唯"敬"与"恒"方可肩负天下之重任。

1901 年 3 月，吴稚晖离开南洋公学，东渡日本，进入东京高等师范学校读书。次年 10 月，他与蔡元培等人发起成立爱国学社。1905 年春，孙中山赴欧洲，在伦敦拜访了正在英国留学的吴稚晖，这是两位革命家相见之始。与孙中山会晤给吴稚晖留下深刻印象，他事后回忆："国父是一个很诚恳、平易近人的绅士。然而只觉是伟大，是不能形容的伟大，称为自然伟大，最为适当。世俗所谓伟大，都是有条件衬托出来的，或者是有贵人气，又或者有道学气，又或者有英雄气，或者摆出名士气，而国父品格的伟大，纯出于自然。"

孙中山在日本东京成立中国同盟会后，吴稚晖抱着“我不入地狱，谁入地狱”的决心在伦敦加盟。1907年，他与张静江、李石曾在巴黎组织世界社，发行《新世纪》，鼓吹无政府主义，与张静江结下了深厚的友谊。后来，正是张静江牵线，吴稚晖认识了蒋介石。

留学法国的青年吴稚晖

1911年10月，武昌起义爆发后，孙中山由美国至英国，准备返回国内。吴稚晖在伦敦为孙中山处理各种函电，共商建国大事，定青天白日旗为国旗，于伦敦唐人街首先悬挂。孙中山临回国时，关照吴稚晖也要及早回国。这样，吴稚晖在孙中山抵达上海3天后，即12月28日也到了上海。

民国肇建，孙中山非常看重吴稚晖，要他出任教育总长一职，但吴稚晖恰恰与一般人相反，坚决推辞。此后直到孙中山逝世的10多年时间里，他所致力的就是提倡教育、科学。

1913年春，袁世凯派人在上海火车站刺杀国民党重要领导人宋教仁，吴稚晖愤然离开北京，回到上海与蔡元培创办《公论报》，抨击袁世凯的专制统治。讨袁运动失败后，孙中山流亡日本，吴稚晖出走英国。当1915年初法国报纸披露袁世凯与日本谈判签订“二十一条”内容后，吴稚晖与蔡元培等函件来往，揭露袁世凯丧权辱国。袁世凯自以为地位巩固，革命党人已是穷途末路，只要稍加笼络，便会对自己感激涕零，便授了一个勋位给吴稚晖。

不料，吴稚晖毫不领情，立即写信回绝：“切盼公等宝贵精神，专注于国难勿更以揶揄为消闲，侮辱书生。公民吴敬恒二进敬上。”

这一封信诙谐而讽刺，传颂一时。正在上海策划反袁起义的蒋介石读后，对吴稚晖的文才和胆识由衷地敬佩。

但蒋介石这位国民党的晚辈，当时还没有机会接近吴稚晖这样一位深受孙中山信任和敬重的国民党元老。

蒋介石结识吴稚晖，与盟兄张静江的介绍密不可分。

1916年陈其美死后，蒋介石以张静江为靠山。张静江一面扶植蒋介石在

吴稚晖（右）与孙中山（左）在一起

上海办证券交易所，一面指点蒋介石逐步接近孙中山，以获得孙的信任和重用。同时，张静江利用自己在国民党中的独特地位，将自己的这位盟兄弟蒋介石介绍给像吴稚晖这样的国民党元老。

1922年6月，陈炯明叛变，孙中山被迫逃到“永丰”舰。蒋介石临危“救驾”，深得孙中山的信任。远在巴黎的吴稚晖得知孙中山遇险的消息后，立即从法国回国，奔走于京、沪、粤之间，并以大无畏的精神，深入虎穴，劝陈炯明悔过自新。

吴稚晖的这种爱国热忱和无畏的勇气，令蒋介石非常钦佩。

随后，吴稚晖读了蒋介石所写的《孙大总统广州蒙难记》后，对蒋介石这位国民党的后起之秀的勇敢、镇定赞叹不已。

通过陈炯明叛变，吴稚晖与蒋介石都对孙中山表现出了令人敬佩的忠心。也正是通过这个事件，虽未谋面的两人彼此互相敬慕，一下子拉近了心灵间的距离。

随后，蒋介石在张静江的点拨下就任黄埔军校校长，并逐步在广东站稳脚跟。1926年“中山舰事件”后，张静江亲自南下广州，为蒋介石出谋划策。随后，张静江任国民党中央主席，蒋介石任国民革命军总司令，兼组织部、军人部部长，掌握了国民党军事、政治和党务大权。

正值蒋介石用人之际，张静江电告正在北方的吴稚晖，立即南下广州，就任国民党中央监察委员，辅助自己巩固广东革命政权。吴稚晖来到广州后，受到张静江的欢迎。张静江立即将蒋介石介绍给吴稚晖。

看到这位英俊潇洒、气度不凡的革命军总司令，吴稚晖心中很高兴，既为张静江慧眼识英雄高兴，也为国民党有这样的军事人才欣慰。

看到这位直率、和蔼、素来敬慕的国民党元老，蒋介石心中也非常高兴，为张静江替自己拉来了有影响的支持者而高兴。

吴稚晖见过蒋介石后，不住地对张静江夸奖说：“后生可畏，后生可畏，我们都老朽了，该给后生们让路了。”

张静江接过吴的话说："是啊，我们应该扶植他们成长，为他们出谋划策、铺路奠基。敬恒兄，我身体不好，今后你可一定要好好辅佐我这位蒋老弟啊！"

从此以后，吴稚晖与蒋介石的关系便非同一般，自觉地充当起蒋介石高级幕僚的角色。

1926 年 7 月，广东国民政府决定誓师北伐，在北伐誓师大会上，年过花甲的国民党元老吴稚晖扮演了一个非常重要的角色：代表国民党中央将孙中山的遗像和党旗国旗授给时任北伐军总司令的蒋介石，并致辞激励全体将士。

蒋介石（左）与吴稚晖（右）

吴把青天白日党旗和青天白日满地红国旗授予蒋后，说：

"中国革命，远起汤武，新旧主义，当然不同。救民水火，古今一揆。今中央执行委员会代表全体党员，敬奉总理遗像、党旗国旗，授我革命军总司令，率全体将士，载而北征。牧野之捷，载主东下，一戎斯定，天下为公。"

蒋介石代表北伐将士誓说："嗟夫将士！尔肃尔听，国民痛苦，火热水深。土匪军阀，为虎作伥，帝国主义，以枭以张。本军兴师，救国救民，总理遗命，炳若日星。吊民伐罪……复我平等，还我自由。……"

这是吴稚晖与蒋介石的第一次合作。

吴稚晖的表现令蒋介石非常满意；而蒋介石的表现，也同样令吴稚晖赞叹不已。

二、与陈独秀当面对骂

作为蒋介石的"师爷"，吴稚晖"辅佐"蒋介石的第一个得意之笔，就是按照蒋介石的意志弹劾共产党。

孙中山先生尸骨未寒，吴稚晖的反共本性就开始显露，并见诸于行动。1925 年 11 月，西山会议派到北京碧云寺，举行所谓国民党一届四中全会，要求对共产党和国民党左派采取断然措施。会议原本推举主张反共由来已久的吴稚晖为会议主席，出乎意料的是身在北京的吴稚晖并未到会，还公开致电广州国民政府主席汪精卫，表示不赞成西山会议派的政见。

吴稚晖此举，令许多人一下子摸不着头脑，很为他的举动纳闷。实际上，老谋深算的吴稚晖有自己的考虑：他敏感地意识到，孙中山刚刚去世，广东革命政府刚刚成立，国共合作的形势还很乐观，反共的时机远远不成熟，与其贸然反共遭到人们的攻击，还不如等待最佳发难时机；与其召开热热闹闹、毫无成效的分裂全会，还不如扶植国民党内部的实力人物张静江、蒋介石；与其与国民党这些秀才政客们在北京开会纸上谈兵，空口反共，还不如支持正在指挥“党军”的蒋介石出面将共产党置于死地。

时态的发展，很快证明了吴稚晖的老辣与成熟。

以骂闻名的吴稚晖

西山会议派公开分裂的行为，立即受到中共和国民党人左派的反击，并被广州国民党中央清算弹劾。由于吴稚晖采取了十分隐蔽的“中立”态度，不仅未受到什么牵连，而且还可以利用自己在国民党中的元老资格，继续进行着挑拨离间、煽风点火的活动。

然而，1926 年到达广州后，他很快秉承张静江和蒋介石的旨意，对于共产党和共产主义进行攻击。他说：“共产主义成什么主义，抢产主义，强盗主义而已。所谓唯物史观，唯物辩证法等，无非为其阶级斗争加些油水，还成什么学说!”

在一次会议上，吴稚晖甚至还曾指着苏联政治顾问鲍罗廷的鼻子骂道：“你们共产主义算得什么，还不配做我们无政府主义的灰孙子呢!”

他的反共言论，自然博得了国民党右派的喝彩。于右任曾说：“稚老与鲍初交手，即一字不让。”

国民革命军誓师北伐后，张静江替蒋介石留守广州，吴稚晖则到上海活动。1926 年 10 月，中国共产党著名领袖罗亦农、汪寿华等积极策划上海工人武装起义。当起义正在紧张准备时，吴稚晖考虑到如果起义成功，则势必扩大共产党的势力，便出面劝阻说：“勿急躁！如国民革命完成，贯彻孙先生之遗嘱，何必图挂招牌，仍买假药，学上海书商辄卖预约券，做朝生暮死之事乎！”

同时，他劝告俄国驻上海领事馆工作人员说：“中国人是有侠义的！你们如诚心协助中国国民革命，中国人决不相负；若你们伸缩操纵以待之，中国人亦甚机警，俄人在土耳其之结果，必且再演矣。”

俄国人回答：“此已过去，可勿复论。”

然而，吴稚晖不相信。

1927 年 2 月 19 日，中共领导在上海发动第二次武装起义，吴稚晖坚决反对：“难道国民党还不够革命吗？倘共产党必欲自立名目，乃无意与国民党合作！我站在国民党地位敢提抗议！”

吴稚晖利用自己国民党元老的资格，倚老卖老，劝阻起义的准备，并认为共产党发动起义是无意与国民党合作的表示。吴稚晖的言行，令中共领袖陈独秀非常不满。2 月 23 日，陈独秀致函吴稚晖，称：国民党与共产党万万不可分离，共产党绝无与国民党分离之意。他特别强调：“我为此言，誓以人格为担保，望勿为右派浮言所动，以至大家闹无谓意见，而为敌人所喜。”

中共不顾国民党人的劝阻，坚持发动上海武装起义的举动，令国民党在上海的另一领导人钮永健急得团团转。钮永健认为，在上海唯一能劝阻共产党不要“妄动”者，唯有吴稚晖。于是，他便与吴稚晖进行了一番密谋，决定有必要与中共中央总书记陈独秀作一次严肃的长谈。

1927 年 3 月 6 日，吴稚晖与钮永健一起，相约中共中央总书记陈独秀进行了一次非常有意思的谈话。

吴稚晖对陈独秀说：“研究共产学说，自为共产党者责，若实行共产，五六年前苏俄代表越飞在广州语孙总理，当在二百年之后；以我理想，二百年尚嫌不足。”

陈独秀大声笑道：“稚老，你太迂阔了！试看现在的世界，尽是共产革命的世界，实行共产，怎能在二百年后呢?”

吴稚晖则骂道：“现在中国不具备实行共产的条件，你们何必急切轻挂招牌，只是疯癫！是挂狗头卖羊肉！”

陈独秀更不相让，对骂说：“你更疯癫！请问中国现在的共和不是伪的吗?但你以为康有为之复辟与共和孰优?”

吴稚晖知道陈独秀态度坚决，便突然问：“你定中国实行列宁式共产主义是若干年?”

陈独秀胸有成竹地回答说：“中国实行列宁式的共产主义（指无产阶级掌握政权）只要二十年时间。”

吴稚晖听罢双脚直跳说："如此，国民党生命只剩十九年了，前时孙总理答越飞：国民革命完成应需三十年。若你们共产党急迫至此，未免取得国民党的生命太快了一点，应当通盘商量才好！"

"这是革命形势发展的大趋向，并不以哪个人的意志为转移！"陈独秀坚定地说。

与陈独秀当面论争后，吴稚晖痛感共产党"取人性命太急"，便加快了反共的密谋。

此时，蒋介石邀请张静江、黄郛、张群、戴季陶等人于南昌，已经确定了"离俄清党"的反革命政变方针。接着，黄郛和张群来到上海，为蒋介石联络政变打前站。3月21日，中共领导上海80万工人举行第三次武装起义，一举取得成功。23日，蒋介石急令白崇禧率领北伐军接收上海。

此时，吴稚晖认为反共时机已经到来：在与北洋军阀的军事较量中，南方已经占有绝对优势，军事压力减轻，国民党可以腾出手来对付共产党；同时，蒋介石利用北伐之机，扩充了军事势力，其统治地位也已经确定，有能力、有条件建立独裁专制。吴稚晖觉得自己站出来为蒋介石公开反共鸣锣开道的时机到了。

于是，吴稚晖走上前台，自觉地成为蒋介石反共"清党"的黑高参。

三、向汪精卫下跪的滑稽之举

吴稚晖此时的主要精力是想方设法助蒋介石尽早打出反共旗号，为蒋的叛变活动推波助澜、奔走呼号。

1927年3月下旬，吴稚晖与蒋介石商谈反共大计。蒋介石在对部队训话时说："现在，武汉国民政府不发给我们武器弹药及粮饷，所以，我们只能在南京另组政府，不再受他们的约束，也不承认那个政府。我们要遵守先总理遗教，高举三民主义旗帜，把革命进行到底！"

接着，吴稚晖作补充讲话，把蒋介石难以启齿的话挑明了："共产党要把俄国的苏维埃制度搬到中国来搞试验，实行共产主义，这是不会成功的——共产主义不适合中国的国情。我们要实行三民主义，不能再跟共产党合作！"

3月28日，吴稚晖起草了《致中央监察委员会请查办共产党文》，正式打出了"清党"的旗帜。他曲解孙中山的"三大政策"，污蔑"自共产党分子加入国民党以后，共产党积渐谋逆"，提出要对共产党领袖陈独秀、苏联政治顾问鲍罗廷等人严厉查办，并尽快召开国民党中央特别会议，在全党实施“清共”。

蒋介石看了吴稚晖的提案，非常满意，决定提交国民党中央监察委员会讨论。

4月2日，在中监委会缺席一半监委和6个候补监委的情况下，蔡元培、张静江、陈果夫、古应芬、李煜瀛、吴稚晖六监委和李宗仁、黄绍宏等候补监委，举行全体会议，由蔡元培担任主席，吴稚晖作报告。

吴稚晖形象地描述了所谓共产党员企图叛党祸国的阴谋和行动，要求会议咨请中央执行委员会“出以非常之处置，护救非常之巨祸”。会议决定：“以吴委员敬恒所拟办法，备文咨送中央执行委员会。”

吴稚晖的报告及中监委们的决议，对蒋介石的反革命行动具有巨大的煽动力，指导蒋介石的反共措施陆续出台。

1927年4月3日，蒋介石决定在莫利哀路——孙中山先生的故居和汪精卫举行扩大的秘密会谈。出席者计有吴稚晖、蔡元培、李济深、李宗仁等人。

蒋介石为了打击汪精卫目无他人、以领袖自居的气焰，同时为了显示自己新领袖的权威性，有意改变了汪精卫的会议宗旨：“汪主席刚刚回到上海，一年来的党事国情变化，绝非是开这样的会议所能讲清的。我个人的意见，今天就议两件事：一是赶走俄国顾问鲍罗廷，一是‘清党’分共。”

“我完全同意蒋总司令的意见！”吴稚晖第一个立场鲜明地表了态。接着，他又倚老卖老地分析了政治形势，讲了驱赶鲍罗廷顾问和“清党”分共的必要性，旋即又把话锋一转说，“兆铭同志！你就留在上海，领导大家裁抑共产党的越轨行为。对此，我想先总理在天有灵，也会说上一句：兆铭为党国办了一件大好事！”

“稚老，话可不能这样说啊！”汪精卫被逼得无后路可退了，他只好当众亮明旗帜，“先总理亲手制定了联俄、联共、扶助农工的三大政策，怎么能改变其建国方略呢！”

“我看一定会改变其建国方略的！”吴稚晖是有名的舌辩之士，他为了反驳汪精卫，引经据典，大讲历代圣皇先君都顺应时代，改变祖宗的法度的历史以后，又以权威的口气说，“我们都是跟着先总理革命数十年的老同志了，谁都知道孙先生一生最大的长处，那就是朝闻道而夕改，绝不坚持己见而贻误革命的大业。”

吴稚晖的发言就像是极其活跃的酵母，很快在与会者中引起了连锁反应。

有的指出孙中山先是联合袁世凯建立民国，而后又发动第二次革命讨袁予以佐证；有的指出孙中山先是信赖陈炯明，而后又义无反顾地大加讨伐给予补充；有的索性指出孙中山先确立的是旧三民主义，而后又提出新三民主义加以说明……总而言之一句话：孙中山先生如果活到今天，他一定会主动地抛弃亲自制定的三大政策。

蒋介石等众人发言完毕，引而不发地说："汪主席，今天唯有您能担此大任了。我以为您就学着总理的样儿，领着大家快刀斩乱麻地清共吧！"

蒋介石成功地设计了请君入瓮的圈套。

汪精卫沉吟片刻，十分巧妙地说："诸位说得不无道理，但我不赞成立即分共，希望能暂时维护合作。"

"请兆铭同志谈谈怎样解决维持合作的问题。"吴稚晖怒气冲冲地质问。

"首先，由我向武汉的中央建议，慢慢地排除中共在党中央、在国民政府中的势力。"汪精卫似胸有成竹，不紧不慢地答道。

"这样说来，汪主席不同意我们马上赶走鲍罗廷和分共？"蒋介石虽无舌辩之才，但他时时都抓住问题的要害，逼着汪精卫当众表态。

"是的！"汪精卫大声地答道，"三大政策关系重大，如果改变，应该召开中央全会解决。"

"还开中央全会啊？"蒋介石以冷嘲热讽的口吻说，"汪主席有所不知，中央已开过第三次全体会议了，全为共产党人所把持。"

吴稚晖气得浑身都有些抖颤了："再开啊，我可以做此预言：共产党就要取国民党而代之了！"

由此，除宋子文以外的与会者，群起与汪精卫展开了激烈的辩论。

汪精卫提出："可以提议第四次全体会议，以新决议来改变旧决议，而且南京已经克复，中央党部和国民政府，可以由武汉迁到南京，第四次全体会议，即可在南京开会。会议怎样决定，兄弟无不服从；如不由会议决定，恐分共不成，反倒陷党于粉碎糜烂，这是兄弟所不赞成的。"

看到汪精卫如此顽固不化，双方辩论短期内分不出胜负，吴稚晖分外激动地离开了坐席，一步跨到汪精卫面前，拱起双手，饱含着热泪，有些发抖地说："兆铭同志！看在党国的分上，你就改变袒共的错误想法不行吗？"

汪精卫被吴稚晖不容分辩的质问弄得不知所措，还未等他开口，只听"扑通"一声，吴稚晖跪在了汪精卫的面前，声泪俱下地说："我请求汪主席改变袒共的态度，留沪领导我们大家坚决地清共！"

与会者被吴稚晖下跪之举惊得愕然，顿时会场空气至为激荡。汪精卫很快从震愕中醒来，为了摆脱这尴尬境地，边退上楼便连连说道：

"稚老，您是老前辈，这样子我受不了，我受不了……"

会场是何等的情景呢？用当事者李宗仁事后的话说："全场人都为之啼笑

皆非。紧张的场面，也充满了滑稽的成分。”

而这次极富有历史意义的秘密会议就这样收场了。

1927 年 4 月 5 日，汪精卫与陈独秀共同发表联合宣言。吴在报上发表《国共两党关系之说明》，针对孙中山的三大政策，说：“‘联共’二字，本不见条文。我们国民党之条文上，只有容纳共产党员加入国民党而已。”篡改三大政策，为对共产党下手制造舆论。事实上孙总理同意共产党员以个人身份加入国民党、接受中共的帮助，难道不是“联共”的“条文”和“行动”？

4 月 9 日，上述 8 名中监委和候补监委由吴稚晖领衔又发表护党救国通电，攻击继续坚持国共合作、坚持三大政策的武汉国民政府。10 日，吴稚晖等人又鼓动蒋介石以“已被共产党所把持”为名，将邓演达将军主持的国民革命军总政治部解散。12 日，吴稚晖设计多时的“清党”在上海展开。

胡适曾在《追悼吴稚晖先生》一文中说：“当民国十五六年国民革命北伐最胜利的时期，国际共产党利用中国共产党来控制中国的阴谋渐渐显露了，但国民党的中央党部与国民政府都在阴谋者把持之下，没有制裁共产党的能力，也没有制裁共产党的决心，在那个吃紧的关头，吴稚晖先生以国民党中央监察委员的资历，挺身出来，向上海召集的中央监察委员会提出《共产党谋叛》呈文……我们在二十六年之后，重读吴先生当年控诉共产党的呈文，不能不佩服他老先生的远见。”

吴稚晖（右）参加植树

胡适的话里有对中共的诬蔑，更有对吴稚晖在“四一二政变”前后所起作用的肯定。在国民党内，吴稚晖以后一直是反共的中坚分子。

吴稚晖成为促使蒋介石反共“清党”的一个举足轻重的人物；他为蒋介石的上台，为南京政府的建立，起过独到的作用。

四、替蒋谩骂的老“妖怪”

在南京官场的幕后，吴稚晖素来有“疯狗”和“妖怪”之称，逮着谁咬谁，资深要员、实力人物、各界名流，都是他谩骂、攻击的对象。但吴稚晖的“疯”，疯得很有分寸：对蒋介石是从来不骂的；对蒋介石喜欢的人是似骂非骂；对蒋介石反对的政治集团和个人则是大骂出口。他与蒋介石的笔杆子、御用文人、文胆不同，这批人是以笔耕为主要形式给蒋介石帮忙，而吴稚晖则以长辈和过来人的身份，以打嘴仗为主要形式给蒋介石帮腔。

大骂倒蒋派，是吴稚晖给蒋介石帮腔的重要内容。蒋介石在南京篡权执政后，接受杨永泰的“削藩”策，开始向国民党各实力派开刀。仅仅用了三年的时间，蒋介石就基本制伏了各路“诸侯”，暂时平定了地方实力派。蒋介石消灭各路“诸侯”主要用了三样法宝：一是依靠强大的中央军的武力讨伐；二是江浙财团雄厚的经济作后盾，用“银弹”收买对手；三是依靠一帮名人、大佬，帮着摇旗呐喊，用“中央”、“法统”的牌子压各路军阀，占有心理上和舆论上的优势。

吴稚晖在蒋介石平定诸侯的战争中，以“拉”和“骂”为手段，为蒋介石摇旗呐喊，擂鼓助威，起到了意想不到的效果。

南京政府成立后，吴稚晖是国民党政治风云边缘上的风云人物，他的作用非常特殊。

1927 年 4 月 18 日，蒋介石在南京建立反革命政府，吴稚晖亲自草拟了《定都南京宣言》。胡汉民提议，任命吴稚晖为国民革命军政治部主任，刘文岛和陈铭枢为副主任。但生性怪僻的吴稚晖辞而未就，一切由刘、陈负责。

他想利用自己独特的国民党大佬身份，为蒋介石尽忠。

当时刚成立的南京国民政府受到武汉和北洋军阀两方面的威胁，为了联络占据中原的冯玉祥共同对付武汉的汪精卫，蒋介石接受了黄郛、吴稚晖的建议，亲自北上徐州，与冯玉祥面晤。6 月 19 日，冯玉祥与蒋介石终于在徐州会晤。次日，吴稚晖便按照蒋介石的布置，决定召开临时政治会议，并自任主席，主持会议。颇能把握蒋介石心思的吴稚晖，将讨论的议题定为：(1) 党之问题；(2) 目前政治建设问题；(3) 对于共产党问题，先由冯玉祥发电警告武汉；(4) 继续北伐问题，由蒋介石与冯玉祥共同通电。

在吴稚晖的一手导演下，冯玉祥表示愿意接受南京国民政府的“清党”政策，愿意与蒋介石合作继续北伐，愿意共同对付武汉国民政府。会后，蒋介石与冯玉祥发表联合宣言，蒋冯开始合作。

但由于蒋介石在徐州指挥军事失误，致使桂系“逼宫”，蒋介石被迫于8月13日通电下野。吴稚晖闻讯，非常着急，他立即与张静江等人联名致电冯玉祥，请他居中斡旋，促使蒋介石尽早复出。随后，他来到上海，与张静江、李石曾等人静观时变，寻找推蒋上台的机会。

1927年11月，中共发动了著名的广州起义，国民党各派在镇压起义后，也对在广州的汪精卫势力进行清算。12月8日，吴稚晖领衔提出了所谓“对汪精卫等主使张、黄叛变的检举案”，一面声讨汪精卫，一面促使蒋介石出山。

正是这场国民党内部的混战，蒋介石在吴稚晖等元老的支持下，击败了西山会议派，赶走了汪精卫和胡汉民，并迫使各派拥护自己复职。1928年1月4日，蒋介石由上海到南京，就任国民革命军总司令兼军事委员会委员长。

蒋介石重新上台后，很快进行了第二次北伐，结束了北洋军阀的反动统治。随后，蒋介石便准备消灭国民党内部的军事实力派。

1928年7月，吴稚晖、张静江等国民党四老与蒋介石、阎锡山、冯玉祥、李宗仁等11人在北平召开所谓的北伐善后会议。蒋介石的目的，主要是想试探阎锡山、冯玉祥等人对裁兵的意见。

在会议上，蒋介石冠冕堂皇地讲了一通后，便提出了整理军事方案和军事意见书，主旨是削弱其他三个集团军的兵力，壮大第一集团军的势力。而冯玉祥、阎锡山、李宗仁等也想利用编遣机会，造成有利于自己的形势，故对蒋介石的方案提出了许多意见。在这种场合，蒋介石当然不便出面辩驳。对于蒋介石意图非常了解的吴稚晖，再次自告奋勇地充当了一个非常重要的说客。当时参加会议的李宗仁后来回忆说：“而事实上，并没有议事细则，更无预定提出讨论的大政方针，只是一个座谈会而已。说话最多的是吴敬恒，其次是戴传贤。东拉西扯，不着边际，开了四天的会，毫无结果可言。”

四天的会议没有结果，令很多人不满。吴稚晖却在席间诙谐地说：“好在国民党惯于会而不议，议而不决，这次的会议当然无伤大雅。”

他知道，就在这些元老们与阎锡山、冯玉祥的周旋中，蒋介石初步摸清了冯、阎对裁兵的意向：“削藩”的艰巨性比想象的要难。

为了更好地说服冯玉祥接受蒋介石的裁兵意见，并进一步摸清冯玉祥的下一步计划，当会议结束后，蒋介石并没有让吴稚晖随自己回南京，而是命吴随冯玉祥一同南下到冯玉祥军中小住。7月25日，吴稚晖与冯玉祥南下开封，一方面是体验军旅生活，尝试冯玉祥所谓的“苦日子”，另一方面替蒋介石查探冯玉祥的军事实力和对于裁军的意见，顺便做一点冯玉祥的工作。

随后，吴稚晖与冯玉祥一起，赴南京参加国民党二届五中全会，讨论军事编遣问题。

1929年1月1日，全国编遣会议在南京正式开幕。按照蒋介石的安排，吴稚晖代表国民党中央执行委员会向会议致辞，蒋介石则代表各集团军总司令致答词。在会上，蒋介石将冯玉祥、阎锡山两个方案同时提出讨论，从而使各派为兵员数额问题，展开了激烈的争吵。当人们都表示对这两个编遣方案非常不满时，蒋介石便在吴稚晖等国民党元老的支持下，提出了早已准备好的《国军编遣委员会进行程序大纲》，并使会议通过。

蒋介石的方案表面上公正，实际上将全国军队的一切权力都收回中央，实际上就是收到总司令蒋介石手中，削弱了各实力派的军权。

到了这个时候，冯玉祥等人发觉自己上了蒋介石的圈套。各实力派都沉默不语。经过一番思考，冯玉祥突然提议："现在先不谈裁兵问题，应该先谈裁将问题，其方法是先论功行赏，妥善安置将领。"同时，他又说，"刚刚打完仗，不是编遣国军的时候，应当先休整一个时期再编遣。"

冯玉祥的意图很明显：采取拖的办法，使蒋介石的编遣计划破产。

看到蒋介石愤愤不平而又无可奈何的样子，吴稚晖坐不住了。他引经据典，大谈古今中外之治道，滔滔不绝竟达两个小时。

他反复开导冯玉祥：既然会议已经通过了决议，就应该服从会议决定。

吴稚晖的出面，既替蒋介石摆脱了尴尬局面，又表明了"中央"的态度，令蒋介石暗自叫好。

然而，冯玉祥可不是三岁小孩，哪里会如此轻信吴稚晖呢！

冯玉祥就是不表态，编遣会议只能是无果而终。

既然通过政治协商的办法解决不了问题，那就只好用武力解决问题了。此后，国民党新军阀的混战便开始了。

1929年3月，蒋介石首先拿桂系开刀，一举击溃了桂军主力，占领了两湖，并直捣广西老巢，迫使桂系首领李宗仁、白崇禧逃亡香港。

接着，冯玉祥举兵反蒋，蒋介石策动韩复榘、石友三叛冯，迫使冯玉祥于5月通电下野。

1930年5月，冯玉祥与阎锡山、李宗仁及汪精卫的改组派等各派反蒋势力联合起来，开展了大规模的军事和政治倒蒋，这便是空前规模的国民党新军阀的中原大战。

当蒋介石调集大军平定"诸侯"时，身为蒋介石高级"师爷"的吴稚晖，也没有闲着。他配合蒋介石的军事攻势，向反蒋派展开了同样猛烈的政治和舆论攻势。

吴稚晖亲自出马，致电阎锡山："从前诸反动，皆醉翁之意不在酒；仅据以为出师之名。先生反对武力，忽居此出师之名，重苦人民，不祥莫大？党国破碎，责在戎首。务望临崖救济。"

同时，他还致电阎锡山的参谋长赵戴文：应该与中央"相互谅解"，不要猜疑。

他致电冯玉祥，称冯玉祥甘为阎锡山的傀儡，虚悬爱民之志，劝冯摒弃干戈，以艰苦卓绝之精神努力建设。

吴稚晖以骂出名，以骂为战，冯玉祥等人哪里是对手？他轻而易举地便取得了舆论上的主动，占据了心理上的优势。

为蒋介石的军事进攻拼命地摇旗呐喊的吴稚晖，也常常被人骂得狗血喷头，人不人鬼不鬼的。

奋笔疾书的吴稚晖

就在收到吴稚晖的电报后，冯玉祥非常生气，立即命令亲信幕僚仿照《三国演义》上诸葛亮骂王朗的笔体，草拟了一封致吴稚晖的复电，将这位党国元老骂了个狗血喷头：

"革命六十年的老少年吴稚晖先生，不言党了，不言革命了，亦不言真理是非了。苍髯老贼，皓首匹夫，变节为一人之走狗，立志不问民众之痛苦，如此行为，死后何面目见总理于地下乎？"

令冯玉祥吃惊的是，当年诸葛亮能骂死个性刚烈的王朗，可冯玉祥却对吴稚晖这位"厚颜之徒"无可奈何。因为吴稚晖并没有王朗的刚烈和自尊。

吴稚晖看了冯玉祥的电文后，只是付之一笑：冯老粗竟敢跟我抡笔杆子，那老吴就奉陪到底！

他提笔起草了一份复电，将正在得意扬扬的老冯反过来痛骂一顿，令冯玉祥气恼了好一阵。

在吴稚晖此时期"骂"各反蒋派的文章中，以一篇《从东说到西——最要紧是一个根本原则》最著名。

他骂冯玉祥是"治世之能臣，乱世之奸雄"，劝冯在乱世不要自信能捣乱，他注定做不了曹操式的成就，因为冯玉祥是“草包出身”！

他骂阎锡山是“治世的村中俏，乱世的狐狸精”，终有一天会被“摄入净瓶”中！

他骂汪精卫是“治世的好阿团，乱世的泥公仔”，成不了多大气候，终会“跌进汤罐里，愈弄愈糟”！

吴稚晖用他那喜怒无常、嘲笑谩骂之笔，将这些“党国”要人骂得抬不起头来。

蒋介石终于战胜了各地方实力派，吴稚晖也松了口气。

中原大战后，蒋介石欲挟军事胜利之余威，召集国民会议，选举总统，登上总统宝座。当吴稚晖知道了蒋介石的这个意图后，立即加紧活动，为蒋介石奔走。1930年12月，在国民党三届四中全会上，他秉承蒋介石的旨意，提出了迅速召集国民会议、制定约法的提案。

1931年初，他的提案通过后，吴稚晖立即为召集国民会议忙碌。他与张静江、蔡元培、李石曾等人，联名致电广东籍的中央监委古应芬、邓泽如等，希望以国家前途为重，共同努力，促成国民会议早日召开。

可没想到，胡汉民并不买蒋介石的账，气得蒋介石一怒之下将胡软禁在南京汤山。

接着，蒋介石立即着手起草约法，吴稚晖、李石曾等11人被蒋介石指定为约法起草委员会委员，吴稚晖和王宠惠负责召集。

蒋介石的这一举动，立即引起了国民党内外人士的抨击。胡汉民的亲信、南京政府文官长古应芬，辞职南下；孙科带领再造派骨干去了广州，新任立法院长林森、司法院长兼约法起草委员王宠惠都离开南京。蒋介石苦心策划的国民会议有流产的危险。

值此危急时刻，又是吴稚晖这位国民党元老出面了。他向蒋介石建议，别在乎够不够法定人数，管他合不合法定程序，非常时刻应采取非常办法，胡汉民派的人走了，照样召开国民会议。

5月5日，蒋介石硬着头皮在南京召开了国民会议，主要议题就是讨论并通过由吴稚晖负责起草的所谓《中华民国训政时期约法》。这部约法，共8章89条，蒋介石既要搞独裁，又要标榜民主，负责起草约法的吴稚晖等人可没少费心思。他们借用了一些资产阶级国家宪法的民主条文，而实际上却确立了国民党一党专政的体制，加强了蒋介石的独裁统治地位，将这部约法搞成了一部用民主的形式粉饰起来的法西斯主义国家统治法。

对于这样一部约法，蒋介石十分满意，并争取早日通过，以便给自己的统治披上“合法”的外衣。

对于蒋介石的意图，吴稚晖非常清楚。5 月 12 日，吴稚晖在第四次全体会议上，将《中华民国训政时期约法》念了三遍，见无人表示异议，就宣布通过。

蒋介石操纵召开国民会议，通过训政时期约法，更加激化了蒋介石与胡汉民派的矛盾。1931 年 5 月 27 日，聚集在广州的反蒋派，决定效法孙中山在广州召开非常国会护法的故事，发起国民党中央执监委员非常会议，作为这次反蒋联盟的最高组织形式。会议通过了汪精卫起草的非常会议宣言，公布了国民政府组织大纲，决定成立广州国民政府，汪精卫任政府主席，限令蒋介石 48 小时内下野，并调动两广军队，准备武力讨蒋。

这样，国民党重新分裂，出现了宁粤对立的复杂局面。

看到蒋介石在政治上处于极为不利的地位，吴稚晖焦急万分，到处奔走，分化、拉拢对手，但并未奏效。气急败坏的他只有动用看家本领，以骂为手段，为蒋介石助威。

5 月 29 日，他在《中央日报》上发表了《答客问》的所谓“垃圾谈话”，对广州反蒋派加以斥责。

他说：“胡先生至今血压犹高，即预定将要出游，本来未可旅行，至于将来病愈后之行动原可自定，我们朋友所望者：胡先生若去广州为人挟入垃圾堆，与汪精卫先生周旋，必非胡先生所乐！……故以胡先生问题名义在赶走同官，以鸣不平者，不过一时糊涂，与前年广西同志赶走湘省主席，原版翻印，丝毫不走样。……若竟欲借胡先生问题表显与中央不合，不顾一切，激起战乱贻祸人民者，则何可以联合曾主充军之汪先生?!”

他把南京国民党中央和蒋介石比作孙中山事业的继承人和正统革命者，称广州的倒蒋分子为一堆“政治垃圾”，并以嘲讽的口气说：“因为是一堆垃圾，固发出恶气冲天!”

这篇文章，一方面将广东方面的国民党军政大员一概斥为“政治垃圾”；另一方面又离间了胡汉民与汪精卫的关系，直接导致了广东方面逼汪精卫离开广州赴香港，为蒋介石各个击破对手立下了汗马功劳。

吴稚晖气走汪精卫后，古应芬和陈济棠决定向蒋介石求和。他们请吴铁城、张继从中牵线。但政治上一下子变得主动的蒋介石不肯付出代价与古、陈和解。这样，古、陈不得不又请汪精卫返回广州，共同对付蒋介石。

就在蒋介石用政治和军事两手对付广州反蒋派时，日本帝国主义趁机发动了“九一八”事变。当事变爆发时，蒋介石正在南昌督师“剿共”，留守南京的吴稚晖、戴季陶等人连忙急电蒋介石回宁主持一切。

广州反蒋派趁机提出宁粤和解，各自召开国民党四全大会的建议。吴稚晖等国民党元老向蒋介石建议，赶快释放软禁在汤山的胡汉民，以化解宁粤矛盾。

蒋介石被迫释放了胡汉民，但粤方提出双方合流的条件是：蒋介石必须下野。

在反蒋各派势力的压迫下，1931年12月15日，蒋介石通电下野。

蒋介石就这样下野了，吴稚晖非常恼怒，心有不甘。

12月24日，国民党四届一中全会在南京召开，当讨论东北问题时，反蒋派将东北沦陷的罪责推到张学良、蒋介石身上。这一下子激起了吴稚晖的愤怒。在他看来，蒋介石是没有错的，错的是你们这些故意与中央对立的反蒋派。所以，他站起来愤愤地说："蒋介石本来打算亲自北上抗日，现在让他辞职是上当了，一定要把他请回来!"

他盯着时任行政院长的孙科骂道："东北事件并非张学良酿成，而是国内出了卖国贼，这个卖国贼就在眼前!"

吴稚晖在会议上的一阵痛骂，顿时使会场秩序大乱，令孙科羞愧难当。当天下午，孙科便负气离开南京赴上海。

吴稚晖替蒋介石又"骂"倒了一位强有力的政敌。

经过几天的谋划，孙科才在上海发表谈话，一面责骂吴稚晖"发许多离奇怪诞言论，极尽挑拨离间之能事"，说吴在一中全会上是"含血喷人，蓄意中伤"；另一方面被迫表示："唯盼胡、汪、蒋此时能排除一切，一同入京。"

吴稚晖一阵"痛骂"，为蒋介石日后卷土重来奠定了基础。

登山的吴稚晖

不知从何时起，吴稚晖就是看着汪精卫不顺眼，寻着机会就将汪精卫给臭骂一顿。1932年初，蒋介石真的卷土重来，开始了"蒋汪合作"的新阶段。看到蒋介石与汪精卫言归于好了，吴稚晖也暂时不敢对汪精卫怎么样。

然而，抗战开始后不久，汪精卫便叛逃当汉奸了。蒋介石非常难堪，急忙命陈布雷撰写文章，谴责汪精卫的卖国行为，以挽回国民党和蒋介石的声誉。

吴稚晖本来就对汪精卫看不惯，听说汪精卫当了汉奸，更是非常震怒。他按照蒋介石的基调，发挥自己“骂人”的特长，将汪精卫等一伙汉奸骂得猪狗不如，名誉扫地。

12 月 25 日，吴稚晖先给素称“女中豪杰”的汪精卫的老婆陈璧君写了一封信，奉劝她说服汪精卫以民族大义为重，莫做汉奸：“自古无不亡之国，亦无不死之人。人有人格，国有国格。人为被诱而死，国为被诱而亡，均为民族之耻。”

可当吴稚晖刚发走这封快信，汪精卫便发表“艳电”，公开投敌了。气得吴稚晖大骂不止，并以中央监察委员身份，起草了永远开除汪精卫党籍的决议案：

“汪兆铭此种行动，其违反纪律，危害党国，实已昭然若揭，大义所在，断难姑息。即予永远开除党籍，并撤销一切职务，借肃党纪，以正视听。”

吴稚晖骂汪精卫一伙，骂法非常特别。他把他们的名字都加以改称，作了身败名裂的定论。如汪精卫，吴稚晖叫他“汪精怪”、“白羊精”、“白虎精”；汪精卫的老婆陈璧君，吴稚晖叫她“陈屁裙”；汪精卫的心腹褚民谊，吴稚晖叫他“鼠蚊蚁”；大汉奸周佛海，吴稚晖叫他“周狒黑”。吴稚晖这种古怪的骂法，使人一提到这些人的名字，就对他们产生厌恶之意。

汪精卫与夫人陈璧君

吴稚晖一生最看不起汉奸。在汪精卫一伙投降日本后，他在骂褚民谊的文章中说：“你何不早劝汪精怪做了大乌龟，陈屁裙做了慰劳货，你做小帮闲，也许同一发财，身份还要比汉奸高些吧。因为那种事，臭也是臭，只臭了自己，还有人原谅。唯有做汉奸，臭了自己，臭了国家，还臭祖宗，更臭子孙，真是畜类。”

这些文字，出自一位与汪精卫等同列朝堂的党国大佬之手，其分量是可想而知的。

在汪精卫的一生中，最得意的一笔是辛亥革命时入京刺杀摄政王。在刺杀未遂被捕后，写下了“慷慨成仁易，从容就义难。引刀成一快，不负少年头”的壮丽诗篇。这首诗及汪精卫杀身成仁的英雄气概，激励了许多青年。

汪精卫也因此成为革命青年敬慕的英雄。

然而，就是这样一位昔日的反清义士，却堕落成一个可耻的汉奸卖国贼！

在汪精卫投敌后，吴稚晖痛骂汪精卫说：“卿本佳人，奈何做贼?!”

虽只八字，却是一针见血，淋漓尽致。一时传颂人口，无不击节称赞。这两句“名骂”，深深地刺痛了汪精卫的肺腑。据说汪精卫见后，三日吃不下饭。

这短短的八个字，毫不留情地撕裂了汪精卫“慷慨成仁易，从容就义难。引刀成一快，不负少年头”刺杀摄政王时的贴金史页。

人们都说：“吴稚晖是汪精卫的克星。”此言不虚也！

五、替蒋奔走卖命的老“枪手”

如果你认为吴稚晖只会骂人，那可大错特错了。

吴稚晖不仅会骂人，而且还会吹捧人。只是他所骂的人，必定是蒋介石不喜欢的；而他吹捧的，却是蒋介石及其喜爱的人。

对蒋介石秉性非常了解的吴稚晖知道，对于蒋介石的政敌，说得越坏、越狠，蒋介石就越满意；对于蒋介石的亲信，说得越好、越亲，蒋介石就越高兴。

吴稚晖与蒋介石的历史渊源并不深，但却对蒋介石忠心耿耿、始终不渝，的确令人费解。在吴稚晖的眼中，蒋介石并非没有缺点和短处，他对蒋介石的所作所为并非都看得顺眼，但他却甘心为蒋介石充当“枪手”，更令人惊讶。

在南京政府里，吴稚晖对蒋介石之忠是出了名的。与张静江、蔡元培等其他国民党元老比起来，吴稚晖主见最少、骨气全无，不顾他人耻笑，一味紧跟蒋介石。正因如此，他才始终得到蒋介石的重用和敬重。

实际上，作为国民党元老的吴稚晖，之所以替比自己资历、年龄差得多的蒋介石卖命，一方面是从“党国”利益考虑的，更重要的是他对蒋介石的秉性有着深刻的了解，因而采取了一种顺从蒋介石旨意的态度。

1928年底的一天，时任浙江省主席的张静江，一次特地将蔡元培、李石曾、吴稚晖、李济深和李宗仁这些新老朋友请到自己在上海的寓所喝茶聊天。在闲聊之中，张静江忽然感慨地说：“从前介石未和宋美龄结婚时，我凡向他有所建议，他莫不静心倾听，且表示考虑采纳。今则态度完全两样了，大约已为宋美龄及其姐妹所包围。昨日和介石谈话，他忽然冲动，大发脾气，说要做这件事你也不赞成，要做那件事你也不同意，动辄得咎，倒不如让我辞职，让共产党来干好了。”

吴稚晖听后，深表同感，劝张静江说：“蒋先生个性倔犟，自信力极大。劝大家不宜进言。”

张静江又愤愤地说：“介石每拿共产党来吓人，很是奇怪。希望各位也常对介石进言。尤其是两位李先生，手握兵权。介石是很爱显示的人，倒容易听你们的良言。”

李宗仁听后，觉得以张静江与蒋介石的关系之深，世人皆知，并且蒋介石口口声声称张静江为自己的“导师”，他说话蒋介石尚且不听，我们这些人讲话，蒋介石难道就会听?!

于是，他便说：“军人以服从为天职。虽然站在党的立场，也可进言，不过若太逾越身份的话，反易发生无谓的误会，而引起更不良的后果。”

在座的蔡元培、李石曾等人都对张静江的话很有同感，纷纷表示：如果有机会，定要力劝他。

但吴稚晖却操起一口无锡土话，劝阻大家不要轻易进言，并嘱咐张静江说：“既然你知道蒋先生的个性很强，你就应当压抑感情，不可常向蒋先生噜苏。与其明知无济于事而强为之，徒引起无谓反感，实属不智之举。”

看到张静江的情绪仍未平静下来，他接着说：“若说句粗话，蒋先生是个流氓底子出身。今已黄袍加身，一跃而为国府主席，自然目空一切。和昔日流浪上海，为静江先生送信跑腿时，自不可同日而语。最好大家信任人，由他放手去干，不必对国事滥出主张。做得好，固然是他分内的事；做得不好，也是他的责任，免得推诿到别人身上。”

吴稚晖一席话真可谓对蒋介石的秉性了解甚深，摸透了蒋介石的性格。

张静江对蒋介石的秉性又何尝不知？但就这样对于国事不管不问，作为蒋介石的“帝师”，他能放心吗？

李宗仁听后，对蒋介石的了解有了进一步加深。他回忆当时的情形说：“我当时心里想，这位无政府主义的吴先生，他对蒋先生的批评，确有深入独到之处。不过对事对人毋乃太无责任感了。真出‘逢君之好，长君之恶’，兼而有之。”

故此，张静江听了吴稚晖的话，虽觉得他说得不错，但心总有所不甘，便叹了口气，说：“敬恒先生，我要是有你那样洒脱就好了，恐怕我目前办不到啊！”

张静江不能做到，便很快被蒋介石冷落；而吴稚晖能够做到，故一生都受蒋介石的重用。

吴稚晖（左三）与张静江（右三）
蔡元培（中间者）等人

更令人叫绝的是，当蒋介石一筹莫展时，吴稚晖便成为蒋介石手中一张王牌，往往起到预想不到的效果。只要蒋介石令他出马，他一定会尽力去办。这一点，恐怕就不是张静江、蔡元培等元老所能做到的。

1929年初，蒋桂战争爆发，国民党三全大会即将在南京开幕，蒋介石为了各个击破占据两湖、广西的李宗仁和盘踞广东的李济深，特别邀请李济深居中调停蒋桂矛盾，目的是将盘踞广东的势力一网打尽。李宗仁劝他不要到南京，如果李去，则广东地盘为蒋所得，则桂系失去援助，蒋桂战争必不可免；如果不去，则有可能制约蒋介石，使其不敢轻启战端。

蒋介石大概也看到了这一点，特派吴稚晖到广州专程迎接。吴稚晖立即赶赴广州，软硬兼施，愣是将李济深从广州拉到了上海。3月11日，刚到上海的李济深立即与李宗仁、张静江、蔡元培等人商量对策。

李宗仁再次劝阻李济深不要去南京。但蒋介石却严令吴稚晖、蔡元培、张静江、李石曾等四元老，一定要把李济深请到南京来。

吴稚晖等四人立即到上海拜访李宗仁，并约见李济深。张静江、蔡元培等人对此事并不热心，倒是吴稚晖特别能体谅蒋介石派他们几个元老的用心，所以，不仅显得特别高兴，而且在这次劝李入京问题上显得特别活跃。

“蒋先生命我们四人来劝任公入京面谈，请任公不要推辞。”吴稚晖代表四位元老说。

“蒋先生对我素有成见，此次烦请诸位来请，更说明其中有问题。蒋先生能保证我入京后的安全吗？”

吴稚晖立即说：“我们来沪之前，便曾和蒋先生谈到任潮入京后的安全问题。蒋先生表示，以人格担保，不致使任潮失去自由！但是任潮如不去南京，中央便一定要对武汉用兵！”

李宗仁说：“中央如有诚意和平解决，则在上海谈判和去南京谈判，究有何区别？必要时，蒋先生自己也未尝不可屈尊来沪。至于蒋先生以人格担保一层，像蒋先生这样的人，还有什么人格可言，你们又何必骗任潮去上当呢？”

“只有任潮去南京，才可消弭兵祸。”吴稚晖仍旧说。

最后，他甚至说：“如果蒋先生不顾人格，自食其言，我便当着蒋先生的面，在墙上碰死！”

“稚老，慢说你没有自杀的勇气，纵使你自杀了，战争还是免不了的。”李宗仁忙说。

吴稚晖一听，大为生气，跳着脚说：“我们不管了，我们不管了！你们有的是枪杆，你们去打好了！”

四位元老与李宗仁、李济深谈了两天，结果还是不欢而散。吴稚晖因李宗仁一再阻止李任潮入京，简直是气愤填膺。

最后，李济深经不住吴稚晖的一番“诚意”，表示：“我以国事为重，抱着跳火坑的精神，去京一行。”

3月13日，李济深不顾李宗仁的劝阻，从上海到南京，与蒋介石会谈。待李济深一到南京，才发现：蒋介石早已决定对桂系用兵，并且正在进行西征部署，自己入京，正好中了蒋介石的圈套。3月21日，蒋介石一不做二不休，将李济深幽禁在汤山。

至此，吴稚晖等四元老傻了眼，不知所措。吴稚晖急得在室内团团转；蔡元培则一怒离开南京到上海；张静江气得大骂：“老三太不给我们面子了，这种事都能做出来！”

吴稚晖能怎么样呢？他不敢得罪蒋介石，也感到对不起李济深，只好与李石曾常去汤山看望李济深，表示尽快救他出来。

蒋介石趁桂系群龙无首之机，一举击败桂系，占领武汉，并直捣广西桂系老巢。

从此以后，吴稚晖发誓不再替蒋介石干这种丧失“人格”的事了。

但吴稚晖毕竟比张静江等人“洒脱”，当他的怨气消解后，他仍然替蒋介石奔走卖命。

六、拍马有术的老智囊

早年信仰过无政府主义、声称要反对一切权威的吴稚晖，对政治并不是非常感兴趣的，对当官也没有太大的“瘾”，但却能为蒋介石奔走呐喊、出谋划策，真是令人不解。

1925年，吴稚晖听说自己的老朋友李石曾要去做北京政府的教育总长，便去信劝告说：“官是一定不做的，国事是一定不可不问的。不问国事，那是吾民之大劣点，一问国事，便同做官连起来，又是吾民之一大谬点。必要倡出一种做官是万不得已，只去吃苦的风气来才好。……因为尽有许多人不做官，做官的都是恶人，这也是一种普遍谬误。若是好人不肯做官，官人者却存心要官好人，强而后官，必多好官。”

吴稚晖这段文字，为当时教育界和政界的很多人推崇。

“官是一定不做的，国事是一定不可不问的”，成为吴稚晖的“名言”。

吴稚晖不仅是这样说的，而且也是这样做的。如果翻阅一下吴稚晖个人的履历，你会发现，像他这样的国民党大佬，在政府中所任过的官职，的确是非常少的。

在国民党的“一大”上，吴稚晖当选为中央监察委员，到五届一中全会上又升任常委。这是吴稚晖一生中任职最长的职务，除此之外，很少看到吴稚晖还在蒋介石的国民政府中担任过什么“大官”。

吴稚晖不是没有做大官的机会。但在“官是一定不做的”原则下，他一次次地推辞了。1927年4月，南京国民政府组成之初，他当过几个月的国府委员，但很快随蒋介石的下野而辞职了；蒋介石任命他为国民革命军总政治部主任，他拒绝赴任；1928年10月，国民政府改组时，蒋介石内定他为监察院长，他拒绝接受。

1943年8月，国民政府主席林森逝世，据说有人想推举吴稚晖担任国民政府主席。

吴稚晖是何等的聪明，他立即晋见蒋介石，探听到蒋介石有意继任，便谢绝了那些元老们的推戴。

大家怕他不愿意，事前征求他的意见，并极力劝说他继任。他连连摇头说：“不可以，不可以，千千万万个不可以，我有一个怪癖，每天要到野外旷地上去拉屎，你们想：那样成什么体统？岂有一国的元首，会像我那样的？”

想推他的人，知道他是故意推辞，看到他不愿做主席，便问他：“稚老，你看谁继承国家主席位置更合适呢？”

吴稚晖假装愤怒地说：“真是有眼无珠，孺子不可教也。在中国唯有蒋总裁能领导中国军民抵抗倭寇，他是我们民族的大英雄。他雄才大略，还有比他更适合的吗?!”

一番话直说得这些人茅塞顿开。

蒋介石听说后，从心里高兴。故此，蒋介石决定兼任国民政府主席后，特别指派吴稚晖作为监誓人，以示对他的敬重，给予他极高的荣誉。

正因如此，台湾学者张文伯曾说：“他没有赫赫功勋可记。如有赫赫功勋，也不愿记在他的名下。他生平是立志不做官，不言禄的。”

然而，吴稚晖不当蒋介石的高官，并不等于不过问政事。他不做高官的想法，的确与其他人的想法不一样。倒蒋派不做南京国民政府的官，是不满蒋介石的专制独裁；一些名流不愿做蒋介石任命的官，是为了隐居清静或从事其他专业。而吴稚晖不做官，却是为了更便利地为蒋介石效力。他曾一再表示：“以一个局外人的身份过问国事，帮蒋先生说话，不是比在南京政府里任职的人说话更方便吗?”

“国事是一定不可不问的”，正是他要为蒋介石出谋划策的最好注脚。

在蒋介石和吴稚晖的合作中，吴稚晖究竟充当了什么角色？曾给吴稚晖立传的一位台湾作者是这样说的：“革命建国的绪统，由是而递嬗、发遑，先生以国之大佬，每每躬与盛典，隐隐担负了协赞护持的重任。”

也就是说，吴稚晖以年事高资格老的特殊身份，来为蒋介石唱赞歌。蒋介石则把自己宣誓就职时的监察和授旗任务，全部交由吴稚晖负责，以作为吴忠诚自己的报答和给吴的最高荣誉。

1926 年 7 月 9 日，蒋介石宣誓就职北伐军总司令，出任一生政治发展中继黄埔军校校长之后的第二个重要职务。在广州东校场举行隆重的出师北伐仪式，由国民政府代理主席谭延恺授印，吴稚晖代表国民党中央党部授旗致辞。

1943 年 10 月 10 日，蒋介石第二次就任国府主席，与 1928 年 10 月 10 日第一次就任国府主席时冷冷清清的场面不同，他特地搞了一个热热闹闹的就职典礼，并请出吴稚晖监誓。

吴稚晖发挥其“拍马有术”的特长，在典礼上致辞说：

“敬恒等随公至久，知公至深，公之治事治军，以至于治学，罔不至大至纯，至精至明，而贯通融会，更一本乎圣经贤训，而持之以力行。以是而为国，国基乃巩；以是而济世，世道乃通。益基于修齐治平之道，而后而弥纶磅礴，以底于举世所蕲求之大同。”

此种场合，吴稚晖还经历过两次：一次是 1946 年 12 月 25 日，伪制宪国民大会通过国民党的第一部“宪法”，吴稚晖以“大会主席团临时主席”的身份，代表国民大会向国民政府的代表蒋介石发送宪法蓝本。

另一次是 1948 年 5 月 20 日，蒋介石由国民大会选为“大总统”，宣誓就职时，由“国民大会主席团主席”吴稚晖监誓主持。

执行授旗、监誓，本无实际权力，纯粹是礼仪性的，可却需要“德高望

吴稚晖（左二）与蒋介石夫妇（右二，右三）在一起

重”之士来执行。蒋介石挑中吴稚晖，证明吴稚晖在南京政府内处于他人无法取代的位置。

作为蒋介石幕府中资历最老的高级幕僚，蒋介石对于吴稚晖的意见，极为重视，每遇难以决断的大事，总会找他来出谋划策，听从他的意见。对此，蒋介石后来曾说：“每遇党国有疑难大事，总是先就教于先生，并以其一言而决。故回来诸同志竟常称之为‘先向吴先生下卦再说’。”

吴稚晖也总是竭尽全力为蒋介石解决“党国疑难大事”。

1931 年 12 月，蒋介石第二次下野，吴稚晖始终不渝地支持蒋介石，并为蒋介石再次上台奔走呼吁。他致函蒋介石说：

“总理之特长，先生常向往之，即他人违其意而非之，亦为之色喜。此最能包罗一切，不捐细大，以成江河，以成岱岳之法也。先生年最壮，中国终将由先生兴，不必急急也。”

此时的蒋介石因为第二次下野，心情十分烦闷。吴稚晖则去信加以鼓励，劝他不必着急，很快会有重新上台的机会。同时告诫他要学会忍辱负重，担当起复兴民族的重任。

蒋介石看后，倍感亲切和激动。

1945 年初，吴稚晖看到抗战即将胜利，国民党继续筹划战后与处理中共问题，他及时向蒋介石提出尽快召开国民党“六大”的建议：“在战争未能结束之前，召集第六次全代会，至迟在战争结束后半年中决定召集，以便在实施宪政以前，本党应有重大之决定。”

吴稚晖深谋远虑的建议，立即为蒋介石接受，并于当年 3 月在重庆召开了国民党六全大会，商讨战后对付共产党的问题。

1945 年 12 月，马歇尔来华，调停国共关系，吴稚晖引以为忧。他担心这样一来，会使中共势力坐大，因而极力劝蒋介石不要把和平谈判和政协会议当

回事，尽快调兵遣将，以武力歼灭中共武装。

吴稚晖这一建议正好说到蒋介石的心坎上，蒋介石在内战准备就绪后，立即向中共发动了全面进攻。

1946 年 10 月 30 日是蒋介石六十大寿，吴稚晖专门书写锦联庆祝，联云：“成吉思汗勤西回伊始，华盛顿再主北美之中。”

吴稚晖把蒋介石比作成吉思汗和华盛顿，将戡乱定国的大任托付给蒋介石，颇令蒋介石高兴。

蒋介石自然非常感激这位党国大老的“美意”。

七、幽默诙谐的老寿星

吴稚晖为了维护蒋介石的统治甘心“忍辱负重”，但对日本侵略却是义愤填膺。他不仅对卖国求荣的汪伪汉奸口诛笔伐，而且对那些抗日英烈们极力表彰。

1939 年冬，吴佩孚在北平被日本人杀害，重庆各界特开追悼会，对这位不为暴日屈服的民族英雄致以敬意。吴稚晖也被邀讲话。他以左袖掩面，右袖摆拂，走着京剧中的台步，来到台前，垂下袖子，露出真面目，说：“自从我们吴姓出了一个大汉奸吴三桂，近三百年来，姓吴的人都没脸见人。如今好了，吴姓出了一位大忠烈吴佩孚，我们的脸上可大有光彩了！”

在国民党内，吴稚晖是以诙谐、幽默闻名的。抗战时期，在重庆、昆明等地，有几位年老的社会名流与年轻姑娘缔结良缘，当时有人纷纷传为佳话。吴稚晖却笑着批评说：“年轻的女人嫁老头，不是图财，就是害命！”

就是靠着这种乐观、诙谐的人生态度，吴稚晖在重庆度过了抗战最艰苦的岁月。1945 年 8 月，当抗战终于胜利的消息传来后，81 岁高龄的吴稚晖当门而坐，开怀大笑，欢庆胜利。其欢乐之情，无异于一般少年。

但形势的发展使这位性格开朗的大老越来越沉闷了。仅仅三年时间，蒋介石及南京政府便江河日下，遭到彻底的失败。吴稚晖为国民党统治的行将垮台忧心忡忡，体力大衰，疾病缠身。

已是 85 岁高龄的他，心灰意冷，决心与同是 80 多岁的老伴留在上海，度过风烛残年。

然而，蒋介石离不开这位一生效忠自己的党国大佬。1949 年 2 月 24 日，蒋介石派蒋经国乘专机将他接到台湾。因匆匆而去，2 万余册藏书未带走，结发数十年的 84 岁高龄的老伴不愿逃亡而留在了上海。

80 多岁的党国大佬吴稚晖，一到台湾，便向蒋介石建议：李宗仁成不了大的气候，你要准备接收残局，尽快成立总裁办公室，负责实际指挥。

蒋介石接受了吴稚晖的建议，于 1949 年 8 月在台北草山成立了“总裁办公室”。

吴稚晖骨灰撒在金门附近海域

1950 年 3 月 1 日，蒋介石重新上台，宣布恢复行使“总统”职权。吴稚晖秉承蒋介石旨意，领衔 215 名国民党六大中央委员上书蒋介石，请蒋介石领导国民党的“改造”运动。随后，他被蒋介石任命为国民党中央评议委员，参与国民党的改造运动，为蒋介石的“反共复国”出谋划策。

当吴稚晖听说来台的许多人都反对蒋介石扶植蒋经国时，他安慰蒋经国说：“我知道有许多人想用各种手段反对你，也有人造谣中伤你，算不得什么！你都必须好好地做，一个没有被人打击过的人，是不会成人的。我觉得你所受到的打击还是太少了。因为任何敌人所希望的是你放手、让步、不干！……荣华富贵都是空的，一个人能凭良心做事，那就好了，至于其他一切，还是能够想得开、看得远来得好，以免自寻烦恼。”

然而，经受这种政治失败和亲人离别双重打击的吴稚晖，已经是病入膏肓了。虽然蒋介石对他恩宠有加，不时前来探询慰问，但吴稚晖已经无法再为蒋介石尽力了。

1953 年 6 月 21 日，88 岁高龄的吴夫人在上海身亡，女儿吴孟芙出面安葬了母亲。消息传到海峡彼岸，吴稚晖悲痛欲绝。

10 月 30 日，吴稚晖终于在孤岛台湾闭上了一双老眼。

临逝前，他向蒋介石提出了最后的要求：将自己的尸体运到靠近大陆的金门“海葬”，以了却与结发老伴未了的情缘。

蒋介石答应了这位老“师爷”的要求，并特地召集临时“中央常委会”，成立了以于右任为主任的治丧委员会，举行公祭。12 月 1 日，国民党军政要员陈诚、于右任、王宠惠等人在台北松山机场为吴稚晖举行“海葬”仪式。于右任致辞说：“今日遵先生遗命，送先生葬于南海，愿先生骨灰化为百千万亿之祖国精神。”

随后，蒋经国捧着吴稚晖的骨灰盒，走上了送灵的飞机，驶往金门岛。蒋经国等人先将骨灰盒放在金门太武山的“忠烈祠”举行公祭，然后乘军舰将骨灰盒放入大海中。

这位追随蒋介石后半生的国民党元老，永远静卧在万顷碧波中了。

不仅如此，蒋氏父子还给予吴稚晖以崇高的地位。在台北市中心区的圆形广场上，耸立着两尊铜像，一尊是蒋介石，另一尊就是吴稚晖。给蒋介石立像，以吴稚晖陪祀，的确说明蒋介石对吴稚晖所尊地位之高。

吴稚晖在金门的墓碑

在吴稚晖百年诞辰之际，蒋介石亲自撰写了《颂词》，内称：“吴先生是我国当代一位伟大的文学家、哲学家、教育家、书法家、社会改良家，不但是国民革命的先觉，而且是国父孙中山先生特别推重的一位革命的圣人。……因之，吾党同志对先生莫不以师礼事之，尤其是我平生承教请益，感受最深。每遇党国有疑难大事，总是先就教于先生，并以其一言而决。故回来诸同志竟常称之为‘先向吴先生下卦再说’。吾党对先生信仰之深切，盍有如此者。”

蒋介石对吴稚晖“辅佐”自己成就的几件大事终生难忘，加以表彰：“民国十五年，当国民革命军在广州誓师北伐，先生乃主持授旗大典；至民国十六年，共产党徒阴谋篡窃政权，先生则联合忠贞耄老，毅然发动清党；及至对日抗战开始以后，长期奋斗的艰苦岁月之中，先生力主抵抗到底，不屈不挠，以打击敌伪的阴谋和罪恶……凡此数端，不过举其大者。其余力持正义，明辨是非，防祸于未然，消患于无形的幽光潜德，嘉言懿行，更是不胜枚举。但先生均以国家安危、民族祸福为立场，而从不涉及私人的好恶与恩怨。”

蒋介石给予这位党国大老这样崇高的地位和赞誉，也算对得起这位追随自己 20 多年的老智囊了。

第三章 亦师亦友——黄郛

他的地位非常特殊，既是蒋介石的拜把盟兄，又是蒋介石的幕师。每有重大事件，蒋介石必与他密商。当蒋介石遇到难关而有求于他时，他会毫不犹豫地为蒋“跳火坑”。

一、义结金兰的反清志士

黄郛与蒋介石相识，是两人在日本东京振武学校学习时。

黄郛，字膺白，1880年生于浙江绍兴。6岁时，其父亲离开人世，母亲带领他移居杭州，黄郛被送到地方慈善团体开设的同善堂读书。1896年，赴钱塘县学校学习，随着学业的增长，时代的发展，黄郛受到民族危机和当时变法运动的影响，立志投笔从戎。1904年，黄郛以名列榜首的成绩考入浙江武备学堂；次年，26岁的黄郛以浙江省第一名的成绩被清政府选派到日本留学，入东京振武学校。

留学日本的黄郛，革命情绪异常热烈，同时也显示出非凡的组织才能。1905年8月，孙中山在东京创立革命政党同盟会，黄加入同盟会，并负责掌管同盟会会员名册和组织工作。他四处网罗人才，劝导在日本的留学生加入同盟会。

一日，大家相聚，黄郛颇为激动地慷慨陈词："本校人数甚多，良莠不齐，应有严密组织小团体之必要。"

众人赞成黄郛的意见，开始在一起研究商议团体的名称。黄郛对众人说："孟子不云乎'富贯不能淫，贫贱不能移，威武不能屈，此谓之大丈夫'。我辈既以推翻满清为责任，必须具有不屈不挠之精神，不移不淫之毅力，革命才能成功，我之团体名为'丈夫团'。"

这样，黄郛便在东京建立了"丈夫团"，其成员大都在辛亥革命中成为革命中坚人物。

1908年，从保定陆军学校来了14名青年进入日本振武学校。在这14名青年中，有一位身材瘦高、面目英俊的浙江同乡引起了黄郛的注意。

这位小同乡，就是蒋志清，后来的蒋介石。

在振武学校，蒋介石很快就结识了比自己早来这里留学的同乡黄郛。听说黄郛创办了"丈夫团"，蒋介石二话没说，便宣誓加入该团；听说黄郛要创办《武学》杂志，他便跟着四处张罗，真的办了起来，积极鼓吹军人革命精神。

在振武学校时的蒋介石，怀抱着远大的革命志向，令黄郛极为器重。蒋介石在给其表兄单维则寄的一张照片上写道：

"腾腾杀气满全球，力不如人万事休！

光我神州完我责，我东来志岂封侯。"

振武学校本来就是进入日正式军校的预备学校，当两年毕业后，黄郛因为爱好数学，乃转入日本陆军测量学校，1910年学成归国，在北京任清政府军咨府测量部地形科科员，并且筹办军事官报局。而蒋介石毕业后则进入了日本新鸿县高田的野炮兵联队实习。

黄郛（左）与蒋介石（右）

1911年10月10日，武昌起义爆发，起义军随之占领汉口、汉阳。消息传遍全国，湖南、江西、安徽、江苏、广东、广西等省相继宣告独立，组织援军前往武汉支援。正在北京的黄郛急忙与李书城、曾昭文离开北京南下上海，参加上海起义之举，成为陈其美在上海活动中的智囊团人物，筹划起义活动。

而此时正在日本军队中实习的蒋介石，也遵照陈其美命，很快回到上海，协助陈其美发动上海起义。陈其美派蒋介石随同黄郛共同筹划光复杭州的工作。

两位老同学各自从千里之遥赶回来，为了推翻满清的革命大业，再次携起手来了。

黄郛与蒋介石到达杭州后，在顾乃斌军约集军警学界的同志开会，研究决定起义日期，决定起义的领导人员。黄郛觉得要想取得起义成功，必须组织以革命党人为中坚的“敢死队”。于是，他便同蒋介石回到上海，向陈其美报告情况和研究决定具体举事事宜。陈其美决定由上海方面出一笔钱作为军费，蒋介石和王金发等人集合在上海的100余名革命党人，组成“先锋敢死队”，由蒋介石率领，于11月2日到达杭州，作为杭州起义的革命中坚。

11月3日，陈其美决定在上海举行起义，经过激战，于第二日晨攻克江南制造局，取得了成功。

上海起义爆发和占领制造局的消息传到杭州，顾乃斌、童保暄等决定于4日夜间起义，设立临时司令部，以“独立”为口号。是夜，第一标司令朱瑞在览桥集合队伍，向杭州挺进，顾乃斌任第二标司令，率部向杭州进发。

蒋介石作为先锋敢死队指挥官，率领队员参加第二标进攻巡抚署。100多名先锋敢死队员，表现十分勇敢，生擒浙江巡抚增韫，迫使杭州将军德济向义军投降，杭州全城光复。

杭州起事成功后，蒋介石等人返回上海。

光复之初的上海局势十分混乱，参加起义的各种势力，各自为政，无统一组织，指挥不一。11 月 6 日，革命党人与地方绅士集会于上海城内海防厅，黄郛分析当时的情形，力排众议，主张迅速成立沪军都督府。他说："上海为中国第一大镇，更为革命策源地，东南最大粮仓，不妨设一沪军都督以资号召震慑，另设一北伐军总司令。"

会议的参加者经过协商，接受黄郛的意见，决定成立沪军都督府，推举陈其美为沪军都督府司令部长，黄郛任参谋部长。

光复上海的黄郛（左二）与张群（左三）等人

黄郛担任参谋长职务后，开始招募军队，迅速编练沪军第二师，自兼师长，并任命蒋介石为该师第五团团长，协助整编军队，训练新兵，维持上海治安。

上海起义，杭州举事，成立沪军都督府，组建沪军，陈其美、黄郛、蒋介石三人同谋大事，协力作战，意气相投，于是三人在上海打铁浜互换兰谱，结为"盟兄弟"，并誓约："安危他日终须仗，甘苦来时要共尝。"

从此，黄郛开始了与蒋介石患难与共的合作生涯。

二、两项非凡的建议

中华民国成立后，黄郛担任南京临时政府兵站总监，负责筹备北伐大事。清朝皇帝宣布退位，孙中山辞去大总统职务，沪军都督府撤销，并入江苏都督府，黄郛就任江苏都督府参谋长，被指派处理滞留在津浦路沿线各段的北伐军的遣散工作。

他首先主动解散自己兼任师长的陆军第二十三师，接着依次遣散了其他部

队。随后，黄郛决定辞去本兼各职，准备出国考察欧美各国军事。

1913年3月20日，袁世凯派人暗杀了国民党领导人宋教仁。正在北京办理出国手续的黄郛匆忙返回上海。当时革命党内分成两派意见，以孙中山为首的部分革命党人坚持“武力讨袁”的主张；而另一部分革命党人则主张利用法律制裁袁世凯。黄郛认为：共和国缔造艰难，国家不堪有内战，不主张武力解决。

但是，当李烈钧在江西湖口发动讨袁的“二次革命”后，陈其美在上海组织反袁起义，命黄郛、蒋介石收集旧部，约期举义。黄郛考虑到与陈其美的公谊私交，便参加了反袁起事。他帮助陈其美在上海设立军部，并任参谋长，与蒋介石一起协同陈其美起事。

蒋介石建议陈其美首先进攻上海制造局，然后趁机控制驻沪海军，占领上海。陈其美接受了蒋的意见，进攻上海制造局。但由于起事仓促，军备不整，上海的起义并未取得成功。陈其美、黄郛及蒋介石等人被迫离开上海，流亡日本。

在日本东京，陈其美、蒋介石等部分革命党人准备继续从事推翻袁世凯统治的活动。但黄郛认为：“零碎工作无裨大局，徒折志士，于国家团体俱不利。”因此，对盟兄弟进行的反袁活动态度消极。

当陈其美、蒋介石等人重回上海密谋反袁活动时，黄郛却转赴南洋，旅居新加坡。

他不仅没有像陈其美、蒋介石那样加入孙中山在东京组织的“中华革命党”，而且远离了革命中心。1915年春，黄郛偕夫人自新加坡经日本赴美洲，埋头于第一次世界大战的考察和研究活动。

黄郛与蒋介石的距离越来越远。

袁世凯复辟帝制的丑剧上演后，各地纷纷起事，举起了“护国”的旗帜。刚从美国返回上海、担任浙江驻军军事委员的黄郛，立即在上海贝勒路道德里设立秘密机关，策划浙江独立，响应西南诸省发动的“护国运动”；蒋介石则追随陈其美秘密组织反袁起义。

袁世凯帝制失败后，由于陈其美被谋杀，蒋介石顿失依靠，革命态度消极；黄郛也随即移居天津，闭户读书，潜心研究，并标榜“不加入任何团体，不附和任何主义”。

实际上，黄郛已经逐渐远离了孙中山在南方的革命中心；而蒋介石则在张静江的支持下，与孙中山的关系越来越密切。

黄郛之所以北上天津，与北洋政客关系密切，有他自己的打算。

从日本留学回国后，黄郛就意识到：孙中山革命党的势力主要在南方，而北方则主要是北洋军阀的势力。如果革命势力不能在北方逐步渗透，在北方发

民国初年的黄郛

展力量，革命很难取得成功。所以，他认为必须有人肩负起忍辱负重、在北方政界发展势力的重任。

环顾左右，黄郛觉得唯有自己才能承担起这样重大的使命。

正是有着这样长远的目的，黄郛一有机会，便回到北方去，并与北京政府保持着较密切的联系。在天津期间，他经常与一些北洋政客如张绍曾、张耀曾等人来往，注视时局的发展，商讨中国的政治经济问题。1918 年 10 月，徐世昌上台，英美政府提出南北议和的“劝告”。此时欧战即将结束，中国国内也出现了要求和平的呼声。黄郛与张绍曾、张耀曾等人联合京津商学军政界名人，组织了全国和平联合会，以“促进南北统一”为名，掀起了“和平运动”。

1921 年，黄郛以考察战后经济为名赴美游历，被北洋政府聘为参加华盛顿会议的中国代表团的顾问；次年 9 月，黄郛任王宠惠内阁督办全国财政会议议事；1923 年 2 月，黄郛入张绍曾内阁，代理施肇基署外交总长，兼任外交委员会委员长；9 月，黄郛又转任高凌尉摄政内阁的教育总长；1924 年颜惠庆内阁复职，黄郛继续担任教育总长。

黄郛没有忘记在北方发展革命势力的夙愿。1923 年，经张绍曾介绍，他结识了驻扎北京南苑的陆军检阅使冯玉祥。冯玉祥经常邀请黄郛为其将士讲授军事学，分析国内外形势；黄郛则不失时机地向冯玉祥灌输孙中山的三民主义。

从此，黄郛与冯玉祥引为知己，往返频繁，关系日益密切。1924 年 10 月，黄郛与冯玉祥进行了多次密谋，发动了北京政变。政变后，黄郛在北京组成摄政内阁，代理内阁总理，兼任交通、教育两部总长。

11 月 24 日，冯玉祥为时局所迫，与张作霖一起迎接段祺瑞出任北京政府的“临时执政”。黄郛辞去本兼各职，举家移居天津。

正当黄郛在北方策划北京政变、发展革命势力时，在南方的蒋介石也渐渐取得孙中山的信任，成为国民党军政界的一颗新星。

黄郛与蒋介石一直有着比较密切的书信往来。当蒋介石担任黄埔军校校长后，黄郛便开始为蒋介石出谋划策了。

笼络人才是中国历朝历代君王臣子的治国手段，蒋介石又熟读过曾国藩的著书，知晓这个问题的重要性。但是，在政治军事方面的事务紧迫而繁重时，在这种政治经济关系错综复杂时，常常会使人不知从何做起，有“当局者迷，旁观者清”之感，这就需要有人指点迷津。

黄郛充当了这一重要角色。

当时的政党似乎紧筑藩篱，人才更分彼此而显得空虚，黄郛因此而忧急。为此，他向蒋介石提出一个极不平常的建议：“储才，任方面。”

关于“储才”，他说：“旧时政治家极重幕僚，新式政治家更需智囊，以补一人精力经验知识之所不及。”

关于“任方面”，他说：“应信任已成力量的人，不宜强调集权，任人狭窄。”

黄郛的建议，使蒋介石加快了笼络人才的步伐。

陈果夫办起了党政干部训练所，戴季陶、吴稚晖等也为蒋介石引荐起人才来，张群也为笼络人才而东跑西颠。结果，“清党”未完成之前，蒋的周围就聚合了一批幕僚人才，诸如军队中的何应钦、钱大钧、陈诚等，政界的张静江、吴稚晖、黄郛、张群、邵元冲、陈果夫、陈立夫等。

黄郛利用自己在北方军政界的地位和影响，向蒋介石直接引荐了许多人才，其中最著名的，既有后来成为蒋介石幕府中最有才华的谋士杨永泰，又有后来成为蒋介石经济顾问的钱昌照。

钱昌照是江苏常熟人，1918年考入英国伦敦大学，后转入牛津大学，研究经济学和政治学，有着很高的造诣，在中国知识界影响很大。黄郛与钱是连襟关系。钱昌照专业造诣很深，才识卓越，是一个不可多得的人才。1928年初，黄郛做了国民党第一任外交部长后，任命钱为外交部简任秘书。黄郛辞去外长后，特地推钱为国民政府简任秘书。从此以后，钱便有机会接近蒋介石，并被蒋介石倚重，成为蒋介石身边的得力助手。钱并不负黄郛和蒋介石的重望，在为蒋介石拉拢全国知名知识分子、组织国防设计委员会方面，立下了功劳。

杨永泰，更是北洋时代的奇才，但却因为曾反对过孙中山，受到国民党人的攻击。黄郛认为，他是一个不可多得的智囊人物，如果蒋介石得到此人，定会成就一番大事。因此，他劝蒋介石打破政党藩篱，不拘一格重用该人。1928年后，蒋介石与黄郛为如何网罗人才进行过多次密谈。蒋介石要求黄郛留在自己身边，主持国民政府行政事务，但黄郛认为，蒋介石与冯玉祥在政治上意见不合，势必引起内争，而自己与冯玉祥私交深厚，如果身处中枢，会引起冯玉祥的不满。所以，他决定举贤自代，便向蒋介石推荐了杨永泰。

事实证明，黄郛的确有政治家的眼光，他所举荐的这两个人，后来都成为辅佐蒋介石的得力干将。

三、庐山牯岭谋定国策

1926年6月4日，国民党中央执行委员会临时全体会议正式通过国民革命军出师北伐案。7月1日，广东国民政府发布《北伐宣言》。7月9日，国民革命军总司令蒋介石在广州东校场举行誓师出征阅兵典礼，轰轰烈烈的北伐战争开始了。

北伐军在"打倒帝国主义"、"打倒军阀"的口号下，进军神速，直驱两湖，连克醴陵、株洲、宁乡、湘潭，并攻占了长沙。在北伐战争过程中，蒋介石的军事力量得到极大膨胀。北伐前，蒋介石名为总司令，其嫡系只有一军六师，占整个北伐军的八分之一；而北伐时，国民革命军已发展到40个军，其中大部分是蒋介石用军长、师长头衔收买旧军阀改编而成。

军事实力的增强，使蒋介石的政治野心也急剧膨胀。他认为以军治党、以军治政，实现其军事独裁统治的条件已经成熟。为此，他挑起了"迁都之争"，企图令国民政府"驻扎"南昌，而不是迁往武汉。

但蒋介石的政治野心暴露得太早了。他的企图，立即受到中共和国民党左派的抵制和抨击，不仅"迁都之争"的阴谋未得逞，而且国民党二届三中全会还撤销了蒋介石国民党中常会主席、国民政府军委会主席和军人部长之职，专任国民革命军总司令。

蒋介石感到，要想通过"合法"途径掌握国民党最高权力已不可能，必须依靠自己强大的武力来消除共产党和国民党左派的联合力量，建立蒋家王朝的基业。

1926年11月，北伐军攻克南昌，蒋介石立即在这里设立北伐军总司令部，并将张静江、戴季陶、张群等人召来，秘密策划反革命阴谋。

蒋介石和张群等人费尽心机几经盘算，仍然想不出一个应付时局的万全之策。这样，蒋介石便想到自己的盟兄，正蛰居在天津的黄郛。

在蒋介石看来，黄郛是一个阅历丰富、老谋深算的政治家，他不仅是老同盟会员、辛亥革命时陈其美的参谋长、孙中山临时政府的兵站总监，也当过北京政府的外交总长、教育总长，还帮助过冯玉祥发动北京政变、代任摄政内阁总理。如果有他来帮助策划，定能成就一番大事。

蒋介石一想到这，便忍不住说："要筹划大计，非膺白兄莫属也。"

11月22日，蒋介石亲笔致书蛰居天津的黄郛，邀其南下，书云："二兄大鉴：久未会晤，渴念殊深，如有公暇，务乞驾来一叙为盼。”

12月28日，蒋介石再次致书黄郛，特派总参议张群至天津面达，书云：“二兄大鉴：渴念既殷，欲言无由，特属岳军兄面达一切，尚祈不吝教益，共底于成。”

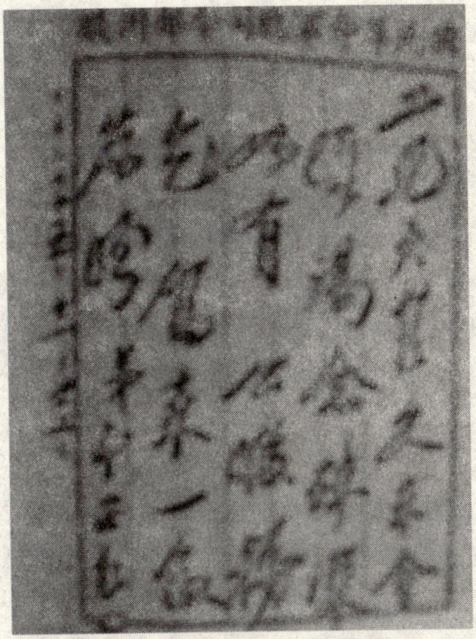

蒋介石致黄郛函

张群到天津后，向黄郛详细讲述了南方的情势和内部矛盾，介绍了蒋介石有解除苏联顾问、清除共产党的意向，并说了要“底定东南”的种种困难。

黄郛权衡再三，感到自己不能再把天津当成卧龙冈的茅庐了，应该到南方再导演一出扭转乾坤的政变来。

在张群的一再敦促下，1927年1月初，黄郛胸有成竹地离津南下。他在途经上海时，与中国银行副总裁张嘉敖商谈资助蒋介石的问题。张嘉敖听说蒋介石要改变“联俄联共”的政策，就答应黄郛可以在汉口中国银行信用透支100万元，作为蒋介石的饷项。

黄郛拿着这笔颇为丰厚的见面礼，在张群的陪同下来到南昌，受到蒋介石的隆重欢迎。蒋请黄郛下榻于旧江西督署的总司令部，调两名副官、一队卫兵任黄郛使唤，天天大宴小宴，执礼极恭。

大约一个月的时间，他们朝夕相处，频频密议。

不论在旧江西督署的总司令部，还是在庐山牯岭仙岩旅馆的行辕，黄郛在蒋介石面前都展示其举止从容、能言善辩、干练出众的才能，献出“共底于成”的谋略。

黄郛分析时局，向蒋介石提出了自己的看法：

第一，“苏联顾问太专制了，共产党太可怕了，使国家观念很重的国民党感觉不安，必须离俄清党”；不仅要放弃“联俄共政策”，而且要“改变类似苏联的组织”。

第二，财政方面，“关税事务乃全政治之一部分。国家必须有根本一贯的大政方针，庶几一气呵成，厘可以裁，债可以理，而财政基础即于是乎定”。“每逢狰潮起伏，银行界神经最锐敏”，对于中国银行来访的人士，必尽量解说

"来根去脉"，使其"得到推演的概观以去"，以获得银行界的资助。

第三，外交方面，"中国两个邻居都不善"，如今"只得先顾缓急轻重"，"中日关系与中苏关系比，无论如何不应该放弃日本这一条路"。"国民党若要改变一面倒于苏联的办法，日英两国是不能不首谋谅解的。"

第四，军事方面，"在北方之阎锡山、冯玉祥两个力量，或思想、或历史、或友谊均可与国民革命军合作。若蒋先生能引阎、冯为同调，这个中心力量可以减少内争而早致统一。"

第五，社会人心方面，鉴于一般人"畏惧恐怖国民党联俄容共政策之后果"，"上海空屋日多，而天津租界地产价格，呈空前绝后之暴涨，初则广帮，继则沪帮，纷纷北来"，北方成为"中产阶级准备的最后立脚处"，所以"明示政策，使国民有所了解，是极重要的事"。

黄郛的这些见解，蒋介石和张群等人深为赞赏。蒋介石约张静江、黄郛、戴季陶、张群等人到庐山牯岭仙岩旅馆，连日密谋策划，终于确定了一个行动纲要。

黄郛等人向蒋介石提出四点计谋：

一、极重要的是向国民"暗示政策"：必须离俄清党，放弃联俄容共政策；

二、在外交上采取缓急轻重之策，谋求日本、英国的谅解；

三、克复京沪，联系绅商；

四、底定东南，联络冯玉祥、阎锡山，形成中心力量，减少内争而早致统一。

黄郛对蒋介石说："遏制苏俄侵我中华的势力，一是以英美为代表的西方国家，再是和我国一衣带水的邻国日本。英美虽说和苏俄不共戴天，但他们在华利益的代表吴佩孚遭到了我们毁灭性的打击，因而英美诸国暂不会转而支持我们反对苏俄；日本在华利益的代表是皖系的段合肥和奉系的张大帅，虽说他们也在我们北伐扫荡之列，但他们和苏俄在我国东北有着根本的利害冲突，非常希望威震大江南北的蒋总司令和武汉方面决裂，走亲日的路线。所以，我们可以利用日俄在我国的矛盾，实现我们排俄的目的。"

黄郛这番宏论，对蒋介石无疑是具有说服力的。

在当时北伐军的高级将领看来，黄郛在北方军政界有着很高的威望和地位，他突然来到北伐军总司令部，的确令人不可思议。时任第七军军长的李宗仁就是其中的一个。

李宗仁曾回忆说："我在南昌总司令部见到新客极多，最引我注意的是黄郛、张群二人，都是政学系重要人物。张已做了总司令部里的总参议。……黄也是浙江人，蒋的同乡，浙江武备学堂毕业后，往日本振武学校留学。民国二年，二次革命倒袁之役，进攻上海，任陈其美的参谋长，和蒋也曾'换帖'。

黄氏后来迭任北洋政府要职，民国十三年曾一度出任内阁总理。这次在南昌，我是第一次和他见面，但见其风度翩翩，能说会讲而举止从容，一望而知为一十分干练的官僚。人来赣何事，我们也不得而知。唯当时汉、浔一带党报对黄氏攻击不遗余力，骂他是政学系北洋旧官僚，军阀的走狗，不应让他混迹于我们革命阵营之内。……但是黄郛究为何事来南昌访蒋，我们终不知其底蕴。”

蒋介石（右）与黄郛（左）

作为局外人，李宗仁当然不知道黄郛南下的真实动机。蒋介石之所以急切延揽黄郛来南昌，不仅因为他需要黄郛作为其联系中国北方金融资产阶级的中介人，而且因为他亟须邀黄郛共同策划反共谋略。

事实上，北方资产阶级在北洋军阀统治面临崩溃之际，纷纷秘密谋求“南北合流”，为投靠蒋介石，各显神通地请人搭桥牵线，暗送秋波。蒋介石对北方资产阶级靠拢自己的积极主动性心领神会。黄郛既是中国银行张嘉敖的挚交，又是盐业银行吴鼎昌、金城银行周作民的莫逆，这些银行在广州、武汉、南昌均设有分行，而设在租界中的上海分行更是他们可以进行联络的中心枢纽。北伐军抵赣时，蒋介石亟需现款 30 万元，经黄郛从中穿针引线，中国银行张嘉敖将款项及时送往赣县，这对蒋介石而言，无疑是雪中送炭。黄郛此次南下赴汉口以前，手中持有中国银行给汉口中行经理汪时景的凭信，该信表示黄郛“在汉口中国银行可以信用透支 100 万元，供蒋先生饷项”。

黄郛反对联俄联共的政治态度是不言而喻的。他“反对联俄更甚于容共”，“以为无苏联即无中共”。黄郛的夫人回忆说：“国民党未联俄容共，他尚且独有意见，何况在联络于历史有据，比日本更可怕的俄国，容纳人们谈虎色变的共产党以后？”

从汉口、南昌到上海，黄郛一直力劝蒋介石放弃“联俄容共政策”，并向国民“明示政策”。黄夫人回忆说：“后在上海，膺白有一次晚间到蒋先生处，临行关照带铺盖；预备坚决陈述，时间不够，即留宿在蒋先生处。张公权先生看见并还记得这件事。”

蒋介石采纳了黄郛的建议，确定了“离俄清党”的反动方针。

大政方针已定，下一步就是如何具体实施的问题了。

四、纵横于各派之间

黄郛为蒋介石策划了一整套背叛三大政策的行动纲领后，蒋介石、黄郛、张静江、张群等人开始具体分工实施。

蒋介石作为反共“清党”的最高决策者，负责夺取江浙的军事指挥和策划；张静江专事协调国民党新老右派关系；被称为日本通的黄郛、张群负责为蒋介石与日本勾结出谋划策、牵线搭桥。

黄郛曾作为关税全权代表之一，在北京关税会议上认识了日本币原外相的亲信、日本代表团的重心佐分利贞男。为了替蒋介石牵线搭桥，黄郛向蒋介石建议在南昌会晤佐分利贞男。蒋介石向这位日本使者透露：他与武汉共产派之间存在“尖锐的对立”，希望得到日本方面的支持。

在取得日本政界的谅解之后，黄郛又沟通蒋介石与日本军界的关系。此时的日本军界也正想“设法促使蒋介石叛离共产派”，宇垣派日本军人铃木贞一曾去游说蒋介石，让他断绝和共产党的关系，搞纯粹的“国民革命”。

铃木贞一先到汉口找到老朋友黄郛，与之商量；黄郛又同张群联系，使铃木贞一与蒋介石在九江见了面。

蒋介石向铃木贞一表示：“你就放心吧！我到南京就正式表明态度。”

至此，蒋介石与日本达成谅解。随后，黄郛潜往当时的政治经济中心上海，密为布置，联络各种势力，准备迎接蒋介石进入上海。

1927年3月21日，上海工人阶级举行了第三次武装起义，占领了上海，严重威胁了帝国主义在华统治。3月23日，北伐军攻占了南京。英美帝国主义制造了“南京惨案”，给革命军施加压力，促使蒋介石加快叛变革命的步伐。

3月26日，蒋介石抵达上海，立刻会见先期到达的黄郛。

黄郛立即把从日本方面得到的情报告诉蒋介石。原来，在蒋介石到达上海的当天，黄郛就从日领事矢田七太郎处得到英美拟对蒋实行高压政策的消息。矢田要黄郛劝蒋对“南京暴行”采取主动，在列强提出抗议前发表声明，并立即实施道歉、赔偿、惩办责任者和保证今后不再发生等条件。

黄郛将日本人的意见向蒋介石作了转达，并建议：一定要抓住时机，在外交上争取日本的支持和英美的谅解，以便专心对付共产党。

蒋介石采纳了盟兄的意见，于28日派交涉员前往英、美、法、日、意驻沪总领事馆，就南京事件表示“遗憾”。他还对外籍新闻记者发表谈话，表示：“对于南京事件业经派员调查，任何官员凡经证实犯有暴行者，当于严惩；但对英美军舰轻率开炮，提出抗议。”

黄郛

同时，蒋介石等人又借此机会，诬告共产党与共产国际：南京事件“决非党军领导人之意，而是军队内部不良分子和南京共产党支部成员共同策划蓄意制造的。”

此时的黄郛则受蒋介石之命，往来于蒋与日之间，请日本协助，调解同英、美、法、意四国的关系。

4月1日晚，黄郛应邀到矢田寓所举行了一次秘密谈判。

矢田警告蒋介石必须重视列强的要求，认真考虑日中关系的前途。

黄郛把蒋准备发动政变的预谋告知矢田，并向日领事提出希望，请日本出面调停蒋与列强的关系，能得到列强的谅解与支持，并要求列强把矛头指向武汉政府方面。

黄郛解释说：“蒋总司令已将火速解决南京事件和解除上海工人武装列为需要断然采取行动的紧急任务，只是解除工人武装的时间和做法需要注意抉择。”

黄郛立即将矢田的意见告诉了蒋介石，商讨对策。

蒋介石对黄郛说：“膺白兄，现在是决定命运的关键时刻，我们一定要取得日本人的支持。请你向日本人转达我对日本政府的答复：（1）我充分谅解日本政府的苦衷和善意，并衷心感谢；（2）我对整顿国民政府内部已下决心，现正召集将领仔细研讨中。一等准备就绪，将立即断然采取行动，其时间在四五天之内；（3）至于南京事件，各条件在整顿问题解决之后实施。”

4月2日晚，黄郛亲自到矢田处，转告蒋介石对日本政府的答复，并向日本领事具体透露了蒋介石的行动内容：“蒋总司令以目前在沪的中央执委、监委取代武汉派，夺取中央党部，排除共产党，并在实施这一计划前，首先要做的是解除工人武装。”

矢田立即将黄郛所述的机密情报，全盘汇报给币原。4月4日、5日，日本币原分别会晤英使蒂雷和美使麦克卫。很快，日、美、英、法、意五国公使达成协议：抗议照会不加时限，不提制裁，锋芒指向对“南京暴行”应负责任的“中外势力”。

他们所谓的“中外势力”，显然不是指蒋介石和日、英、美等国，而是指中共和苏联。

这样，经过黄郛从中联络，蒋介石与日本方面的态度逐渐趋于一致，并取得了美、英、法、意等列强的支持。

蒋介石可以从容地进行所谓“清党”大业了。

4月11日，蒋介石密令已克复各省，一致实行“清党”；4月12日凌晨，蒋介石发动了“四一二”反革命政变。4月18日，蒋介石在南京建立了反革命政府。5月2日，国民党中政会通过《国民革命军组织大纲》，决定组成超然于政府之上、由各部人员参加的“战地政务委员会”，受总司令指挥，全权统筹一切。

蒋记国民政府正式“开张营业”了。

蒋介石对自己的盟兄黄郛在政界的才干十分佩服，曾多次劝说他加入国民党。有一次，他甚至派亲信杨虎送去一份入党志愿书，要黄郛签一下名就可以。在这份志愿书上，蒋介石和张静江作为黄郛的入党介绍人，事先都已签好了名。

令蒋介石感到吃惊的是，黄郛看过志愿书后仍原样退回，并没有在入党志愿书上签名！

在黄郛看来，自己早在日本留学时代就是同盟会的骨干，早已经是老资格的国民党员了，哪里还用得上再多此一举？

更何况，黄郛早已对国民党内部派系矛盾感到厌倦，更不想因此卷入政争。保持一种超然于党的“客卿”地位、时时充当蒋介石的师友，在关键时刻辅佐自己的盟弟，这不是更好吗？

蒋介石得知黄郛不入党后，非常不解，也很伤心。他的意图，看来没有被黄郛理解。

他叹道：“如果英士（陈其美别称）先生不死，可以办党，自己则专心军事，而由膺白（黄郛别称）办政，可以分工合作，真乃天衣无缝。无奈黄郛只愿做客卿，无意参与党的政治。”

按照蒋介石的意思，自己专心主军，由黄郛来主持政治，陈其美主持党务。陈不幸早逝，主党的事交给了陈的两个侄子果夫和立夫；而主政的事，为什么黄郛就不能接手呢？

两兄弟因为彼此相隔了多年，看来还有一些地方无法沟通。

实际上，黄郛正是以超然于党的独特地位从政治上帮助蒋介石的。

蒋介石南京政府开张之时，国民党内部已经出现分裂。南京政府和武汉政府相互争霸，各称自己为合法政府。在宁汉对峙中，蒋介石并没有占据有利地位。对于这一点，富有政治经验的黄郛早已看得十分明白。

他认为，在宁汉对峙中，决定双方成败的，是第三种势力——北方冯玉祥的国民军。他向蒋介石建议：一定要处理好与冯玉祥的关系，争取将他拉到自己一边。

蒋介石对此也十分明白，但感到无从下手。因为自己从根本上就看不起冯玉祥这个土包子，更与他没有任何交往，况且，此时冯玉祥已经与汪精卫达成了谅解，似乎已经倒向了武汉一边，如何将冯玉祥拉过来呢？

当时冯玉祥有陕、甘、宁三省的地盘和十几万军队。冯玉祥从甘肃五原出师后，由甘肃、陕西打出潼关，军事上进展很快。冯玉祥部分布在陇海线上，从郑州可以直下武汉，从徐州可以直下南京。在战略上处于重要地位。所以，汪精卫和蒋介石都极力争取把冯玉祥拉到自己这边来。汪精卫为了笼络冯玉祥，把唐生智部队付出很大代价打下来的河南省全部让给冯，将武汉政府的军队全部撤回，并将冯玉祥的第二集团军扩编为七个方面军。

蒋介石要将冯玉祥拉住，难度是很大的。

在帮助蒋介石拉住冯玉祥这一关键问题上，黄郛发挥了十分重要的作用。

黄郛在北方军政界活跃了十多年，并有着极高的地位，同时，与冯玉祥有着深厚的私人关系。

早在 1923 年，黄郛便由张绍曾介绍，与驻扎北京南苑的陆军检阅使冯玉祥结识。从那时起，黄郛与冯玉祥引为知己，往返频繁，关系日益密切。

一天，冯与黄谈到贿选曹总统之事，相对欢跃。黄一拍大腿说道：“只要你有办法，我一定跟着你干！”

冯玉祥说：“请您严守秘密，我们不久将有大作为。那时请中山先生北上来主持，您等着吧！不久的将来定要请您帮忙的。”

黄郛听了此话，十分高兴。

1924 年 10 月，第二次直奉战争发生。黄郛认为这是冯玉祥倒戈的最佳时机。于是，他与冯玉祥进行了多次密谋，为北京政变作了充分的准备。他曾派代表袁良往天津拜见段祺瑞，商讨合作反直；当冯玉祥率兵出热河后，他又在北京为冯通风报信。10 月 22 日，冯班师回京，正在参加内阁会议的黄郛于会后改换戎装，密迎冯于高丽营，并于深夜代冯草拟国民军通电和各种文告。那晚刮着大风，天气极冷。黄郛从北京赶至高丽营，会见冯玉祥，向他详谈政府散漫懈怠的情景和吴佩孚作战的情况。两人当晚共商政府过渡时期的办法，规定组织摄政内阁，研究如何迎请中山先生之事等具体计划。

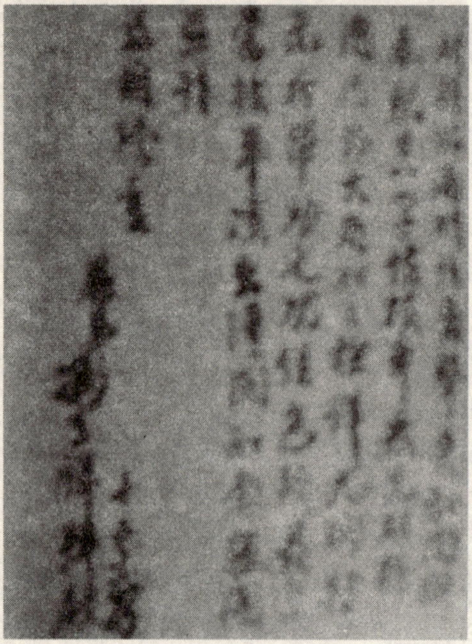

冯玉祥致黄郛函

至深夜12时，黄郛又冒着刺骨的寒风，回北京做内应。23日，冯玉祥率领国民军占领北京，以迅雷不及掩耳之势将贿选总统曹锟软禁起来，继而又果断地解散了“猪仔国会”，以颜惠庆为首的所谓内阁宣告辞职。

10月31日，黄郛在冯玉祥的支持下，组成摄政内阁，并代理内阁总理，兼任交通、教育两部总长；11月1日又以代总理摄行总统职权。

以这样深厚的关系，黄郛觉得有将冯玉祥拉到蒋介石一边的可能。

1927年6月19日，黄郛、张静江陪同蒋介石到徐州。经过黄郛从中斡旋，蒋介石与冯玉祥在徐州会面，实现“中正”、“玉祥”并肩携手。

不仅如此，黄郛还亲自起草了蒋、冯联名通电，实现了蒋冯联合对付武汉政府和北洋政府的局面。

冯玉祥从徐州返回郑州后，便致电武汉政府，敦促汪精卫等人实行宁汉合作。

冯玉祥的反戈一击，给汪精卫以沉重打击，使武汉政府处于孤立之局。

黄郛促使蒋冯联合，为蒋介石赢得了调整内外关系的时间，使刚刚开张的蒋家王朝得以维持。

1927年5月18日，南京政府任命黄郛为上海特别市市长。7月7日，上海特别市政府成立，黄郛于同日宣布就职，蒋介石到场致辞。8月，蒋介石因为内部争权斗争，采用以退为进之策，宣布下野，黄郛与蒋介石共进退，8月17日也宣布引退。

1928年初，蒋介石重新登台。复职后的蒋介石急欲实现“统一”大业。

2月6日，蒋介石推荐黄郛为南京国民政府外交部长。因为蒋介石知道，成就“统一”大业，外交问题是十分重要和棘手的，而与黄郛兄的多年交往证明，此人在外交方面屡建功绩，特别是帮助自己“清党”之事，更表明他在外交上有谋有略。

所以，蒋介石请黄郛担任外交部长这一要职，专门去做争取各帝国主义谅解、支持的工作。

对于蒋介石的这一心意，黄郛自然明白。

黄郛任上海特别市市长

2月21日，他从上海到南京就任外交部长，并与蒋介石就国民政府的对外方针作了一番讨论。他认为，必须改变大革命时期那种盲目排外的方针，将国民政府的外交活动与国际公法接轨，但同时也不能骤然放弃大革命时期提出的“废除不平等条约”的口号，而是在此口号下，进行“改订新约运动”。

黄郛担任外交部长后，便发表宣言，提出了国民政府六条对外方针：

（一）现经公认为不平等之中外条约，国民政府为促其早日废除起见，当并力准备，切盼于最短期内得与各友邦开始商订新约，以平等及相互尊重领土主权为基础。

（二）在前项新约尚未订立以前，国民政府准备与各友邦维持并增进其亲善关系，俾有以顺现代之变更情势，并解除中外人民间接之发生困难及误会之因。

（三）国民政府当按照国际公法，尽力保护居留外人之生命财产。

（四）嗣后各地与外国政府订立之任何条约或与外国公司或个人订立之任何契约，经国民政府参与或许可者均为有效，其各国间关于中国方面之任何条约协定经国民政府参与者亦认为有效。

（五）对于重要悬案，国民政府准备适当时期以公平及互谅之精神，设法解决。

（六）对于干涉中国内政或破坏中国社会组织之外国，国民政府为保全本国生存之计，不得不采取并施行最适宜之应付方法。

这样，南京国民政府的外交方针，已经由武汉国民政府时期的“打倒列强”和“废除不平等条约”，转变为“依照国际公法”和“改订新约”。

要与英、美等国建立正式外交关系，并得到他们的支持，首先必须解决1927年3月发生的所谓“南京事件”，即“宁案”。

黄郛上任后的第一件事，就是采取妥协的外交方针解决“宁案”，赢得英、美列强对南京国民政府的支持。

在与美国公使马慕瑞和英国公使蓝浦生就“南京事件”进行谈判时，黄郛完全执行了蒋介石屈辱妥协的外交方针。3月30日，黄郛在其住宅内与美公使马慕瑞签订了解决南京事件的协定。这项协定，不仅将该事件的起因归咎于“共产党的煽动”，还向美国政府“深表歉意”，答应由南京政府“赔偿损失”和“惩办凶手”，并无耻地承认美国军舰炮轰南京是“保护美侨生命”；而对中国军民所受到的重大伤亡和一切损失则只字不提。只是在事后，由黄郛提出一个照会，乞求美国做做样子，向南京政府表示“歉意”，却遭到美国政府的拒绝。

该协定签字后，蒋介石非常高兴。他为自己的盟兄有如此杰出的外交手段而自豪，他竟将黄郛这种媚外妥协行径吹嘘为“外交上的一个胜利”。

随后，黄郛又主持南京政府外交部先后与制造南京惨案的英、法、日等帝国主义达成同样的协定。

按照黄郛的外交计划，在与英、美等国达成谅解后，下一步便是依照国际惯例，与西方列强“改订新约”了。

事态正沿着既定的方针进行着。

然而，接着发生的“五三惨案”，打破了黄郛对外妥协的迷梦，使其一味对外妥协政策受到挫折。

五、甘愿替蒋“担丑”

1928年5月1日，蒋介石随同北伐军到达济南，黄郛也应蒋之召来到济南。当时，日本军队在正金银行楼上设立了司令部，准备武装占领济南。蒋介石对日本侵略者明目张胆的武装挑衅，不作任何防范，只是让黄郛去与日军谈判。

黄郛到了正金银行，福田司令只派参谋长黑田与黄郛相晤，以示对国民党军的轻蔑。黑田向黄郛提出，蒋军仍有在抵抗的部队，必须立即停火，并一律退出日军警戒区。蒋介石立即照办，严令蒋军不许还击。5月3日，日军趁蒋军停止抵抗之机，开始对中国军民进行大屠杀，屠杀中国军民5000余人，制造了震惊中外的“济南惨案”。

在事变发生时，黄郛被日军福田师团长以老相识骗到日军司令部，加以软禁，并逼其在一个日本方面写好的文件上签字。

黄郛见此情景，勃然大怒，拒绝签字。

此时，黄郛设在津浦路局的办公处，也被日军占领。黄郛及其卫士被日军缴械，徒手退出，狼狈迁往蒋介石的总部办公。

在济南事件中，黄郛作为中华民国国民政府外交部长被扣压、逼供，简直是奇耻大辱。黄郛当时是这样说的：“日本人没有当我们中国人是人，这种耻辱与残酷，不仅自己从来没有受过，恐怕在历史上都不曾有过。”

面对空前的屈辱，何去何从？

黄郛强压住内心的愤恨，认真分析了形势。

他判断，五三惨案绝不是偶然的，而是日本干涉中国的一个信号，是日本阻止蒋介石北伐的明确表示。如果此时与日本发生正面冲突，很可能为日本继续派兵入侵中国提供借口。这样一来，不仅会使准备已久的北伐功败垂成，而且会迅速激化中日矛盾，导致中日开战。他深深地知道，中国远远没有对日作战的精神和物质准备，日本的目的也显然是害怕蒋介石统一中国后势力强大，威胁到日本在华利益。在如此复杂的情况下，既要达到继续北伐，一鼓作气消灭北洋军阀、统一中国的既定目标，又要避免中日直接冲突、排除日本干涉和阻挠。所以，他认为最明智的办法是暂时对日妥协，委曲求全，不与日本直接对抗，绕道济南继续北伐。

黄郛向蒋介石建议：“决定不撄蛮日军之锋，绕道渡黄河以完成北伐，统一中国，再图其他。”

他的这一想法，道出了蒋介石的心声，两人一拍即合。蒋介石决定绕道济南，继续北伐，并令张群、黄郛等人与日本方面进行交涉。

本来，按照蒋介石的意思，是先直接与日军在阵前进行交涉，争取达成协议。但日军代表福田的蛮横态度，打碎了蒋介石以忍让求妥协的幻想。5月8日，蒋介石致电谭延恺及黄郛称：“中正至此，虽欲对福田继续谈判，亦恐无从着手。应请钧府立即向日本政府提出严重抗议，并以此事宣告全世界。”

此电表明，蒋介石准备改变单一的军前交涉方式，企图用外交方式来解决济南惨案。

1928年5月14日，蒋介石致电黄郛：“昨答福田条件一电谅达，唯党家庄被土匪占领，与日军交通阻绝，何雪竹至今尚在丫山站，不能提交，请酌告其代达福田。倾接岳军与田中晤后电，彼言不妨碍我军北伐，如其能不妨碍我津沪交通，予以自由运输，则对于反日运动，中正可以极严厉手段阻止之。如此，则向来关系依然继续，日益加厚，中正为增进睦谊计，宜可以向日军道歉表示真诚也。”

但蒋介石担心，这样明目张胆地对日妥协和忍让，会有损自己北伐“英雄”的威名，故接着又电告黄郛，让他以个人名义与日方谈判，不要用他“蒋介石”的名义。其电文如下：

“黄外交部长：前上一电，即请托矢田或汝耕转达之意，最好以兄之名义电告，可代表弟办到多少程度，不必用弟名义。如何？请酌，总以速了为宜也。中正灰未。”

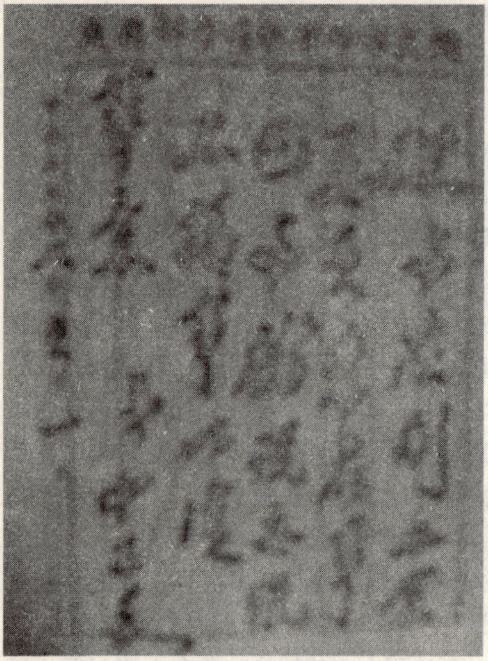

蒋介石给黄郛的密电

黄郛收到上述两份电报后，深深理解蒋老弟的用意。

蒋介石此时已经是国人心目中打倒军阀、统一中国的“英雄”，如果在此时与日本妥协谈判，就太有损自己的“光辉”形象了，并且有可能陷入国人的攻击之中。作为兄长，当然有为老弟分担忧愁的责任，更有为革命领袖担“丑”的义务。

正因如此，黄郛立即回电蒋介石，一边向他诉苦：“反对派攻击外交，集中个人，甚觉困难”，一边力争使蒋老弟解脱困境，替蒋介石分忧担“丑”。他在给予日方直接办交涉的殷汝耕的电文中，要其“请再见田中，如彼（指日方）元（十三）日所谈，果属望总司令为收拾时局之中心人物者：（一）应免除其现处地位之困难；（二）应不伤其对国内之威严。将临（时）协（定）一说，统归后方并案办理。”

为了保证交涉的成功，黄郛小心翼翼，避免一切可能刺激日方的举动。1928 年 5 月 15 日，南京国民政府会议，决定彻底扫除奉军，通令全军迅速前进。黄郛得知后立即致电南京，要求“万不可宣布”，“如已见报，应宣传至山海关止。值此形势紧张之际，弟因国际上有所闻，关系太大，不敢不言”。

南京国民政府成立后，蒋介石的权势如日中天，炙手可热，日本军方制造济南惨案的目的，显然是企图给蒋一点颜色看看，杀杀他的威风。对此，黄郛与日本交涉后，便立即探到了日本方面的意图。

1928 年 5 月 17 日，黄郛电直接与日本谈判的殷汝耕称：日本当局既对蒋个人及对中国统一抱有极大希望，“既责望其将来，宜先爱护于今日。在前方订一临时协定，对于希望蒋收拾时局一层不无影响”。他要求殷前往磋商，“通归后方交涉”。同日，再电殷汝耕云：田中如果希望蒋成为“收拾时局之中心人物”，则应免除蒋“现处地位之困难”；应不伤蒋“对国内之威严”。

18 日，殷汝耕再次会见田中，田中称：“日决定防止满洲战乱，已于本日正式向南北提出觉书，并于昨召集英、美、法、意各使，宣示内容，奉张如不放弃政权，与南军抗战，则战败后思回满而不能；肯和平接受，仍可退保关外。”

经过与日方谈判，殷汝耕认为：“济案症结，在我方欲避开福田，另觅交涉，而日方则碍于福田，故有先订临协之说。”

正因如此，他向黄郛建议：“敷衍福田，使之软化，我以表示遗憾形式代道歉。”

日本方面明确提出蒋介石应该向日军道歉，这样的条件显然是黄郛无法接受的。

黄郛要顾全蒋介石的面子，日本政府则要维护以福田为代表的强硬派军方的面子，双方意见相持不下。

福田催促蒋介石代表到军前商量，蒋介石死活不同意，他要求黄郛和福田商量，声称“济南交涉已奉国民政府命令，移归外交部办理”，建议黄郛催松井速往青岛；如松井不来，则派张群赴东京谈判。

从 4 月下旬起，黄郛等就邀请松井石根来华，但松井迟迟不肯动身。5 月 18 日，蒋介石致电黄郛称：“请注意，弟已认为绝望也。”

黄郛与蒋介石有同感，立即复电蒋介石称：“绝望一说，我早见及，狂想增烦恼，不忍言耳!”

但这样拖着也不是办法，必须尽快打开谈判的局面才行。在黄郛的努力下，5 月 20 日，张静江、李烈钧、于右任、蔡元培、何应钦、黄郛等召集外交委员会会议，商讨对日交涉事宜。

会议决定：一、前方临时协定既经多次接洽，日方坚持不允免除，唯有由前方速派代表前往办理，以便结束；二、道歉以我方虽曾有令保护侨民，仍不能避免冲突，引以为歉为辞；三、觉书因含有确定日本在满特殊地位之关系，拟简单答复，大意为连年用兵，为求统一，东省日侨，自当保护，同时以口头表示，张作霖能下野，退出北京，自无用兵必要。

这一决定，在缔结前方临时协定问题上接受了日方条件；在道歉问题上，有保留地接受了日方条件；在东北问题上则以回避法婉转地拒绝了日方的要求。

这个会议，基本上确定了解决济南惨案的各条具体办法，黄郛感到解决济案的时机已经成熟。

会后，黄郛拟偕张静江赴前线与蒋介石商量。

然而，就在此刻，形势却发生了戏剧性的变化。

自济案交涉起，黄郛就备受各方，包括国民党内部的指责。日本向南京政府提出所谓“觉书”后，舆论指责更加猛烈。迫于这种压力，蒋介石对黄郛的态度发生了微妙的变化。

5月19日，蒋介石在郑州与冯玉祥会晤，商讨继续北伐和对日交涉之事。

蒋介石叹了口气说："膺白外交办理失败了，一般老先生均不满意。"

冯玉祥则建议："何不任命王正廷为国民政府外交部长，让他与日本交涉?"

蒋介石知道王正廷是冯玉祥幕府中人，为了拉拢冯玉祥继续北伐，他同意了冯玉祥的意见。

5月20日，蒋介石致电黄郛："昨去郑州，与各方详商大局，谓近日外交紧急，请兄暂行辞职，并望从速。否则，各国外交亦受影响，我军到达京津，更难办理也。"他要求黄郛"暂辞"外交部长，专任外交委员会委员职务。

同时，蒋介石致电谭延闿、张静江，说明变更理由："日本外交业已绝望，必须接近欧美。王正廷与欧美素洽，与日本亦接近。"

蒋介石的这一态度，完全出乎黄郛的意料。他没有想到的是，尽管自己竭力为蒋介石分忧担"丑"，非但没有得到嘉赏，反而很快便被蒋介石解除了外交部长职务。5月22日，黄郛致电南京国民政府，要求辞去本兼各职，电称："受命三月，无补时艰，乃外交正切进行，而情志终难曲达"，要求"谨避贤路"。

蒋介石看到黄郛真的有点愤怒了，连忙致电黄郛，一方面向他解释情况，另一方面劝他以大局为重，不可辞去兼职。他说："兄辞外长本职，对内对外，皆足表示态度，不可再辞兼职，以免外人猜测，如政府慰留，则观察形势，不必坚辞。"

蒋介石知道盟兄的脾气，担心自己的电报说服不了他，便让国民政府主席谭延闿出面，致电黄郛慰留。

但羞愤至极的黄郛哪里能听他们的劝告?

5月25日，黄郛致电谭延闿，表示了对蒋介石的强烈不满："事理人情，余勇已两无可鼓；且去职既系应前线意旨之求，再来又何能内外相维之效!"他要求"迅选贤能，立予接替"。

6月10日，王正廷致电黄郛，引用黄过去所说"我辈视同一体，应为互助"，要求黄担任外交委员会主席，为黄郛拒绝。

同月27日，王正廷再次致电黄郛，要求他出任驻德大使，黄郛干脆连信都不回了。

异常愤怒的黄郛，携带妻女一同到莫干山隐居了。

"济南惨案"中，蒋介石的妥协退让，激起了国人的激烈抨击，也受到了国民党内许多人的批评。由于黄郛以外交部长的身份替蒋介石担"丑"，人们将愤怒的情绪一股脑儿抛向替蒋介石办理妥协外交的黄郛，是十分自然的。蒋介石权衡半天，只好采取"舍马保车"的策略，忍痛将黄郛的外交部长免去，任命王正廷为外交部长。蒋自感对不起为自己担当恶名的兄弟，专门派人向黄解释说：“膺白外交办理失败了，一般老先生均不满意。”希望黄能够谅解。

然而，这件事对黄郛的刺激太大了。一方面是因为自己替蒋担“丑”，千方百计维护蒋介石的名誉和威望；另一方面，自己经过一番努力，刚好找到解决济案的办法，却在根本没有任何征兆的情况下，被蒋介石突然免了职，做了蒋介石的“替罪羊”。

在莫干山隐居期间，黄郛曾向好友张群略吐衷曲。他在致张群的信中写道：“济案所受刺激，公私两项皆为生平未有之伤心事。……实令我没齿不能忘。”

对公，作为一个具有强烈民族自尊心和爱国心的政府高级官员，竟然为日军扣押，目睹日军暴行，不仅是个人的耻辱，更是民族和国家的耻辱，真可谓“旧仇未报，又添新恨”。

对私，作为蒋介石的兄长和高级幕僚，他真可谓侠肝义胆，不计个人得失，为蒋介石担“丑”，极力维护蒋介石领袖的“英雄”形象。可到头来，并没有得到蒋介石的嘉奖，反而作为替罪羊，被蒋介石免职。

更令他愤怒的是：蒋老弟太不讲义气了，即便是要免我的职，事先也要通通气，何必搞突然袭击！

在军政界摸爬滚打十多年、有着丰富从政经验和外交手腕的黄郛，何时吃过这样的亏？何时受过这样的委屈？

尽管受到了巨大的委屈，但黄郛还不能记恨蒋介石。他必须从维护南京国民政府和蒋介石威望的大局出发，将一肚子委屈埋在心中，自己默默地忍受。

隐居莫干山的黄郛及家人

作为同黄郛一起参与过“济南惨案”交涉的杨永泰，非常清楚其中的内幕，能够体会到黄郛痛苦的心情，也感到让黄郛一人来担当罪责实在不公平。为此，在“五三惨案”纪念周年时，他向黄郛提出：可以请蒋介石在纪念“五三”时，就济案问题在回顾中有所申明，以免后世不明真相，真的将“济南惨案”的罪责全扣在黄郛头上。

然而，以国家大局为重的黄郛，觉得这样做，“恐妨碍国家、妨碍介石地位，主张不必”。

黄郛真可谓为蒋老弟忍辱担“丑”到底了。

蒋介石并没有忘记黄郛为自己所作的巨大牺牲。1929 年，蒋介石出任导淮委员会委员长，任命黄郛为副委员长。在给黄郛的电文中，他特别强调：自己仅仅挂个虚名，一切都由黄郛做主，并请黄郛“为三十年友谊勿却”。

但已经无意政途的黄郛，复电云：“欲保三十年友谊于不敏，故不共事也。”字里行间，流露着对蒋介石的怨气。虽然他勉强下山到南京参加导淮委员会成立大会，但还是坚决辞去了副委员长的职务。

从这件事情可以看出，蒋介石对他的结义金兰之兄黄郛替他担罪，充满了“感激”之情，信中似乎也有着一丝丝“内疚”之感。

六、再为盟弟“跳火坑”

尽管黄郛拒绝出山任职，但蒋介石并没有忘记他；尽管蒋介石屡次委他以高官，但黄郛却拒绝就任。在黄郛看来，除了在最危急时刻帮蒋介石的忙外，他是绝对不会再出山的。

黄郛担“丑”之事并没有就此结束，因为蒋老弟在“危难”之际，始终没有忘记他的黄兄。

1931 年 4 月 14 日，蒋介石游莫干山，与黄郛座谈多次。黄在日记中说：“多年未得机会畅叙，今日杂谈甚久，皆关大局，供参考。（一）剿共应军事政治兼施；（二）应仿曾文正维持礼教宣言，政府态度欠鲜明。”黄郛平常对蒋从不劝进，日本在东北发动“九一八”，又在上海扰事后，他备感忧虑，又闻蒋辞职之讯，所以，异乎寻常地写了一封长信，劝蒋不可辞职，国难当头之时，应与全国人共负对外之责。

正是有这样的思想基础，他才态度坚决地应蒋介石之邀，于 1933 年 5 月北上。

1931 年“九一八”事变后，民族危机日趋加剧。

黄郛在上海倡议组织“新中国建设学会”，鼓吹“广义的国防中心建设计划”，为蒋介石的不抵抗政策作掩护。他一面声称研究“学术救国方案”，组织“新中国建设学会”，一面与日本侵略者代表会晤，为蒋的媚日外交效力。1932 年 9 月间，黄郛在汉口同蒋见面。秉承蒋“有机会同日本可接洽之人接洽”的旨意，10 月中旬会晤其老相识日本铃木贞一大佐。在短短的几天时间里，双方在上海黄郛住宅会晤五次之多。在会谈中，黄郛闭口不谈日寇侵略中国的野蛮行径，却认为解决东北问题，要考虑中日双方利益。

1933 年春，日军乘蒋介石热衷于反共内战的时机，打进山海关，占领热河，越过长城各口；4 月底，日军逼进通州，平津危急。

蒋介石在火烧眉毛的时候，再次致电邀请黄郛到南昌商量对日政策。

国难当头，盟弟有难，黄郛能坐视不管吗？他应邀来到南昌，与蒋介石密商应对之策。

5 月初，蒋介石设立“行政院驻北平政务整理委员会”，黄郛为委员长，上任后即北上负责对日交涉停战问题。

5 月 4 日，黄郛回到上海，亲友们听说黄郛要北上，都劝阻说：“你既然已经屡次谢绝政府的任命，为何在此时还要作这样大的牺牲？这次北上，只会有过，不会有功，是任何人都不愿受命的，你又何必干这个出力不讨好、受人责骂的使命呢？”

黄郛这次出山，无疑是替蒋介石“跳火坑”。华北危急，平津不保，国民政府的统治受到了极大威胁，蒋介石忙于在江西“剿共”，无力北上抗击日军。值此危急存亡之秋，他怎能不替蒋介石分担忧愁？

明知是火坑，但必须有人去跳！他不去跳，难道让负有更大责任的蒋介石去跳吗？

想到这里，黄郛叹了口气，向劝阻自己的亲友们说：“我岂见不及此！第国事危迫，覆巢之下，安有完卵！我迟早终为牺牲，如其牺牲于将来，与国人同尽，何如牺牲于今日，犹有幸全之望。我自入山以来，岂复计及毁誉?! 佛云：我不入地狱，谁入地狱？我今实践此言。天若怜恤，当不虚负此行也！”

众亲友听后，知道他已经下定了决心，不好再劝阻，便建议他由南京绕道南昌晋见蒋介石，让蒋介石明白自己的举动全是替蒋介石而为，以免将来独自承担卖国的罪责。

黄郛谢绝了亲友的苦劝，认为华北存亡，在于一身，责无旁贷，没有时间再绕道南昌了。5 月 14 日，他带着殷同、殷汝耕、李择一、刘石荪等一批亲日派随员，兼程北上就职。

起程之后，火车在沪宁路险遭出轨之厄，至天津近郊又被一爱国青年投掷一枚炸弹，黄郛险些被炸死。

抵平后，黄郛便接到国民党政府行政院长汪精卫的密电：“除签字于承认伪国、割让四省之条件外，其他条件皆可答应。”

蒋介石也致电黄郛：“但求能确守国防会议有（廿五）日决议之原则，中央内部当可一致。唯盼文字斟酌，打磨干净，不可有影射，纵属同一意义，而用语必须堂皇，则电呈核准，自亦可不成问题也。”

5 月 22 日，黄郛与日本驻北平使馆代办中山进行密谈，达成了妥协性的原则方案。此后，又令熊斌与日本关东军代表冈村宁次在塘沽继续会淡，于5月31日，签订了《塘沽协定》。根据这项协定，国民党政府实际上承认了日军占领长城及山海关以北地区的合法化，并把长城以南的察北、冀东20余县划为不设防地区，使整个华北门户洞开，平津有随时被侵占的危险。

1933年8月，黄郛在上海的一次演说中，对于这次临危受命、与日本签订屈辱的《塘沽协定》的情况，作了这样的回顾：

“予离北平已八年，人事方面已完全变更，当时在北平方面之日本人亦无相识者，当然不能有所往还。十八、十九两日，前方战事甚紧，北平天空，日机日来飞行示威，人民已逃避一空。二十日晨，天津来一旧友，本可设法介绍与日本永津武官会晤，适其时发生一青年暗藏青龙刀过日兵营，将日哨兵砍伤之事变，不独不能会谈，而日兵队长因感情冲动之故，遂带武装卫兵直冲新华门（黄与何应钦驻节之所）来责问，形势异常危险。是晚（二十日）十一时，周市长又来电话报告谓：‘本晚便衣队有暴动消息，乞注意’等语。予抵平甫四日，城内防务尚未明悉，除电卫戍司令部请其加紧防范外，当无他法。

“二十一日，军分会开军事会议，各路总指挥长齐集，予亦列席，有所献替，然会商数小时，亦只能以‘各尽最后之力’一语为结语。下午天津北宁路局钱慕霖次长来电话请示，亦谓：‘天津日本驻屯军司令部派人至局，要求次长五时特开一列车，将增派守备队五百名至平’等语。予与何部长敬之（应钦）刘次长子楷讨论良久，一因照辛丑条约，无法拒绝，二即使拒绝，津方必发生事变，只能准其照开。傍晚东北两战线均告急，且思次日增援日兵如开到，连原驻北平之日兵及武装日侨，合计约有三千之众；深虑日方必有举动。至十一时，汪院长（精卫）忽来一电谓：‘除不承认“满洲国”外，其他条件皆可磋商。’予乃再至军分会，至则唯有黄季宽（绍宏）先生一人在，予告以亟须与日人谈判，若予个人有事变，请通知予沪寓，唯在予未返时，君幸勿走！予乃偕李择一君同往，与日方作舌敝唇焦之谈判，经过十余支雪茄烟、五六杯啤酒之后，始拟就一觉书，其时不觉东方已白，于晨曦中驱车归，六点一刻到丰泽园（黄驻节所），事件经过情形如此。”

《塘沽协定》签订后，华北危局暂时缓和。接着，黄郛主持与日本举行华北善后交涉。

1933年11月6日，日本关东军副参谋长冈村宁次等抵平，向黄郛、何应钦提出《关于北支善后交涉之商定案》草案。冈村宁次表示：“满洲国”已经日本天皇诏策承认，有日本一日，即有“满洲国”一日。

黄郛表示：无论何种方案，内容如带有承认“满洲国”之意味着，在我立场上决办不到。

冈村随即表示：贵方苦衷，我方甚为谅解。草案中于“满洲国境”字样，均避而不用。但有一二处，为求文义显明，不能不用，如有好文句，不妨酌改。

这样，冈村就明确无误地摆出了架势：文字可以修订，而实质则绝不能改动。

当日下午，中日双方指定人员举行会谈。中国方面为殷同、殷汝耕、陶尚铭，日本方面为喜多诚一、根本博、花轮义敬。

当晚，黄郛、何应钦致电蒋介石、汪精卫报告说：“修改条项要点在酌量容忍其骨子，而将伪国关系字句彻底删除。”这就是说，只要不出现“满洲国”字样，准备接受冈村所提草案的“骨子”。

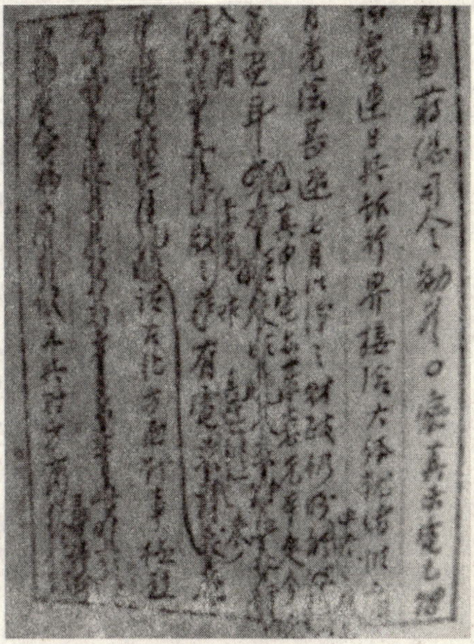

黄郛致蒋介石密电

黄、何二人保证：“在未定议之前，双方绝对不发表；即令定议，亦不换文，不签字。”

谈判中，日方态度蛮横。8日，黄郛、何应钦向蒋介石、汪精卫报告说：“在磋商时，遇我主张歧异之处，彼方屡次表示坚决态度，谓我方如不愿接受，宁可不事不谈，一任事态迁移。”

接受自己在交涉“济案”时的教训，黄郛希望悄悄地谈判，尽量不留痕迹，不露风声，不受到舆论抨击。但是，东北已失，人们不能不关心华北的命运，担心再出现先签字后报告的第二个《塘沽协定》。所以，不仅一般民众对黄郛在华北对日交涉持反对态度，而且国民党中央内部，也有人明确在国民党中政会召开的谈话会上提出：在与日方谈判时，绝对不能议及与伪满洲国通车、通邮、设关等问题；甚至有人在立法院会议上提出：“即下决心，在华北开始军事行动。”

黄郛与日本的谈判受到两方面的压力，其艰苦程度可想而知。

黄郛、何应钦与冈村宁次等人的会谈虽然形成了一份会谈记录，没有履行签字、换文等手续，但它事实上是《塘沽协定》之后的又一个丧权辱国的协定。黄郛事后既痛苦，又担心。11日，黄郛又致电蒋介石说：“我既无实力以取消伪国之存在，我又何能凭口舌以阻止伪国之进行！深盼能使各方了解此实际环境，外瞻内审，共济艰危。”

黄郛非常关心中政会谈话会的情况和社会舆论。他很快就发现，舆论对他既不谅解，更不支持。11 月 14 日，他致电汪精卫，要求辞职："吾人犹在此忍辱含垢，勉支危局者，无非希望各方忏悔既往，奋发将来，因急公而捐私，为求伸而受屈，如此而已矣。乃连日消息传来，事实昭告吾人，并此而亦不易得。长此以来，恐庸愚终无裨于国家，迁延将益增罪戾。"

15 日，汪精卫电复黄郛，鼓励他坚持到底，电称："环境之艰，横逆之来，固已夙料，亦所不避也。"

1934 年，黄郛主持华北政整会，被内外事务搞得焦头烂额，颇有"力薄难回劫后天"之感，几次要求辞职，蒋介石均未许。

1934 年 4 月初，黄郛南下到南昌晋见蒋介石，商讨对付华北问题的对策。此时，蒋介石正忙于对江西红军第五次围剿，没有精力和心思考虑华北问题。当黄郛向他汇报了华北严重的局势，并提出辞职时，蒋介石说："你在华北辛苦了，请你一定坚持下去，不要管别人怎么议论。等我将江西'共匪'剿灭，我再全力对付倭寇。"

蒋介石没有批准黄郛的辞请。

黄郛的南昌之行没有达到目的。他深知，蒋介石一门心思都在如何剿灭江西红军上，根本无暇兼顾华北，华北危局还要自己单独扛着。4 月 10 日，他在江西对自己的朋友林竞抱怨说："本人在华北地区极感困难：消极则影响于大局；积极则又为事实所不许，中央尚未有一定之方针，蒋委员长则又为'剿匪'分散力量。"

6 月，蒋介石与黄郛再次会晤于杭州。黄郛再次向蒋介石提出了辞职要求。

看着一天天消瘦的盟兄，蒋介石心头一热：为了党国大局，盟兄拖着病体在苦苦支撑，外受日寇欺负，内受国人攻击，还要忍着病痛的折磨，真是太不容易了。这一次，他终于被黄郛说动了，答应黄郛不必再回北平。

黄郛从蒋处夜归，如释重负地告诉夫人沈亦云：蒋介石已同意他不再去北平，他们可以暂时休整一段时间了。

不料，当黄郛离开后，蒋介石便又变卦了。

如果黄郛不去替自己坐镇北平，华北局势会更加严重，势必影响到自己的"剿共"战争；目前，只有黄郛是最佳的人选：有他在，日本人不敢胡作非为；有他在，那些倾向于日本人的汉奸不敢放肆；有他在，华北民众不致发生太大的恐慌。我怎么能答应他在此危急关头滞留南方呢？蒋介石为昨天晚上的诺言而后悔。

第二天一早，蒋介石亲自来到黄郛的住处，表示收回昨晚的承诺，劝黄郛准备北上。

黄郛闻听，自然明白蒋介石的意图，沉默无语。在一旁的黄夫人实在忍耐不住了，向蒋介石说："你既然已经答应膺白不去北平了，为什么出尔反尔?"

蒋介石自知理亏，赔着笑容问："膺白北上，是为党国负责，你为什么一定要阻止呢?"

黄郛的夫人沈亦云及女儿

想到黄郛在"济南惨案"替蒋介石担"丑"，反而落得国人谩骂。想到黄郛临危受命，赴华北与日军交涉，替蒋介石"跳火坑"，反而受到国人谩骂，黄夫人再也忍受不住愤怒的情绪，火气十足地答道："辱国差使，宜派人轮流充当，为什么只让膺白一人独担?!"

蒋则婉言劝说："你既学佛，当知'我不入地狱，谁入地狱'之旨。"

黄郛看到这般情景，示意夫人不必多言。

拖着病弱的身体，黄郛再次默然上路。

黄郛根据蒋介石的指示，委派代表与日本方面谈判华北与伪满间通车与通邮问题，均达成协议。这一协议又等于变相地承认了伪满洲国的存在。黄郛在华北一系列的媚日投降外交，遭到全国人民的唾骂。

对此，黄郛心中坦然。7月1日，他对新闻记者说："余山居六载不问世事，徒因华北风云紧急，半壁江山已在险境，为国家民族计，不得不舍一己之清闲，尽个人之绵力，凭三寸口，以理智论述东亚利害，《塘沽协定》绝无附带条件。至于余家上无父母，下无子嗣，本人除国家观念外，绝无政治欲望，世人有不谅者，唯有付之一笑耳!"

黄郛在上海的寓所

蒋介石没有忘记这位仁兄。盛夏之季，他邀请黄郛夫妇到庐山牯岭避暑，借以休养身体，等天气凉爽时再北上。8 月 13 日，天津《大公报》著名记者王芸生采访了黄郛，向黄表示："北方人士多盼望黄早日北返，冀以减少战区内民众痛苦。"

黄郛感慨地答道："恐怕无补于大局啊！"

接着，他沉痛地向王说："这一年的经过在明了国家情况的人那里，当然能够谅解，一般人则以为我黄某天生贱骨头，甘心做卖国贼。对外未曾做什么事，对内却须时时做解释工夫，真是痛苦万分。一年以来对内对外，尽做矮人，我并非不知道伸腰！只是伸伸腰之后有什么善后办法？为国家设想，不能那样冒险。"

他停顿了一下，控制了一下激动的情绪，继续说："我现在好比打网球的球。日本人说：黄先生你若是没有办法，还不如请你趁早躲开，免得碍我们的事！一球拍把我拍到南方来。到了南方，逢人便问：'膺白，你什么时候回去？'又一球拍把我拍回北方去。但一谈到办法，便好像我向中央讨债，夹在这两种心理中间，能办出什么成绩来？对方（日本）气量是小的，力是大的，而欲无穷。国人则眼光是短的，调子是高的，肩头不负责任。我的困难可知，且挂着华北政整会的招牌，办理对日本关东军的外交，北方各省的事情，无论什么都可以找到头上来，但结果是什么事都管不了！"

看着黄郛激动的神情，王芸生也被感动了。过了好一会儿，他才问："北方人士真的很希望你能北返，不知你是否准备回去？"

"为我个人设想绝无再回北方的理由，"黄郛平静地说，"但国家既需要我唱这出戏，只得牺牲个人以为之。我年已 55，大小的官都曾做过，尚复何求?!"

这样，为了替蒋介石分担忧愁，为了党国的安危，该年 9 月，黄郛又一次拖着病弱的身体，回到了北方，主持与日本进行的关内外通邮、通车谈判。

在通邮谈判中，他指示负责谈判的中方代表，一定要坚持两项原则：一是依据过去之事例与精神，在不涉及承认"满洲国"原则下，专谈通邮上之技术问题；二是双方完全以诚意为基础，不为成文之规定。

同时，他命令殷同向日本提出双方举行废除《塘沽协定》的谈判，以期收回一些失去的主权，变外交被动为主动。经过几个月的谈判，双方达成通邮协定，从 1935 年 1 月 10 日正式恢复关内关外的邮递。

通邮谈判的消息传出后，黄郛更成为国人抨击的对象，被视为对日妥协退让的卖国贼。黄郛处境更加艰难。

蒋介石也心急如焚，想为忠实执行自己对日妥协政策的盟兄留一条退路。

1934 年 12 月 5 日，在国民党中央政治会议上，蒋介石批准内政部长黄绍竑辞职，提议由黄郛继任。蒋介石的意图非常明显：华北政务整理委员会的使命即将完成，他要为黄郛留一条退路，用来安抚替自己"跳火坑"的盟兄。

七、虽背黑锅而无憾

1935年春，黄郛托病回到莫干山。此后，日本先后在华北挑起“张北事件”和“河北事件”，强逼何应钦签订了《何梅协定》，河北及平津等地的国民党党部及中央军退出华北。黄郛闻讯，异常焦虑，深感民族灾难即将来临。为此，他劝蒋介石改变对日政策，加紧抗日准备，甚至拖着病体，从上海到南京，向蒋介石进言。

蒋介石何尝不明白日本人侵略中国华北的野心！1935年11月，在国民党五中全会上，蒋介石在确定外交方针时，表示：“和平未到完全绝望时期，决不放弃和平，牺牲未到最后关头，也不轻言牺牲”，“以抱定最后牺牲之决心，而为和平最大之努力，期达奠定国家复兴民族之目的”。

黄郛等人的努力起到了一定的效力。国民政府的对日外交逐渐强硬起来。

面对日本人在华北的进逼，很多人都想起了黄郛。这年的12月，程远帆在晋见蒋介石时，向蒋介石提议，赶快委派黄郛北上。他说：“膺白先生之在华北有数利：（1）华北外交非有赤胆忠心者任之不可，黄在华北，即华北有一精忠报国之政治领袖；（2）黄为东瀛人士所尊敬，坐镇彼方之时，虽有枝节之问题，尚不敢有过分之要求；（3）黄在华北可以笼络政客，震慑汉奸。”

蒋介石对此又何尝不知？如果有黄郛坐镇平津，日本人怎么敢这样放肆？

可惜黄郛已经病入膏肓，根本无力北上。

大概此时日本人也看到了这一点，利用黄郛无法北上的机会，积极策划华北五省自治，企图兵不血刃地将华北控制在自己手中。11月，汉奸殷汝耕在日本人的一手导演下，组织所谓“冀东防共自治委员会”，华北危急！

12月初，黄郛再度拖病到南京，与蒋介石会晤，商讨对付华北危机的方针大计。他再次向蒋介石强调：一方面继续与日交涉，另一方面加速对日作战准备。

这是黄郛最后一次进京。为了对付日本人的入侵，为了稳固蒋家王朝，这位蒋介石的“半师半友”，真可谓“鞠躬尽瘁，死而后已”。

1936年8月，黄郛患病住进了上海宏思医院。11月，他知道自己即将离开这个世界，便立下临终遗嘱。在遗嘱中，黄郛仍然吹捧蒋介石为“忠贞为国”的“英雄”，要求人们对蒋介石“一致信任”、“全力协赞”。

临终前，他给蒋介石发一电，称赞蒋介石：“吾弟始终以相忍为治之心，委曲求全，以政治贯彻初衷”，嘱咐蒋介石继续坚持“相忍为治”的治国之策，尽量用政治手段而不用武力解决政治纠纷。

12 月 6 日，黄郛以肝癌病死于上海寓所，时年 57 岁。

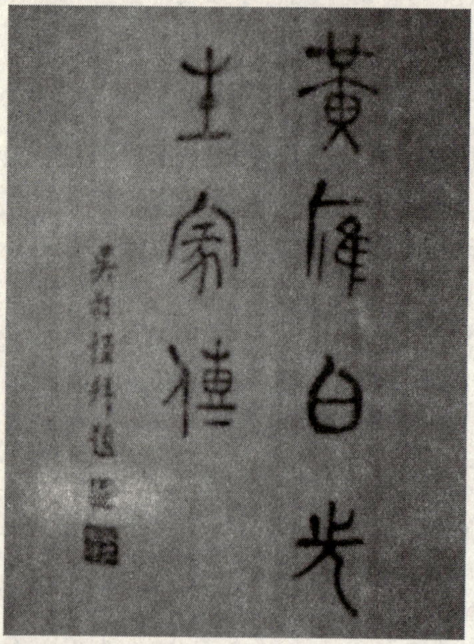

吴稚晖为黄郛题词

黄郛离开世间不足一年，抗日战争爆发。1945 年，抗战胜利，蒋介石戴上了“抗日英雄”的桂冠。此时的蒋介石再也不必介意当年的一些隐情，尽力为曾替自己忍辱负重的黄郛大唱赞歌。

1946 年 11 月 28 日，蒋介石为黄夫人沈亦云所写《黄膺白先生家传》作序，字里行间表现出盟兄间之情意：

“辛亥以来，英士、膺白二先生皆与余安危同仗，甘苦共尝，相互融勉。金石交朔，不啻手足。今英士殉国将 30 年，而膺白忧国谢世忽忽亦已 10 年矣。稽草频凋，精诚弥耿。回溯膺白许身报国，临危受命，志足以慑强寇之气，而势不能弥铄金之口，其忍辱负重，诚有非常人所能堪者。自来志士仁人临汤火而不避者易，受疑谤而不辞者难；当其困心衡虑，不计毁誉，以一身翼卫国族之安全，谓非大仁大勇曷克臻此。皎皎此心，至今日抗战胜利乃克大白于天下，可哀亦可庆也。”

倘若膺白有灵，当可长笑矣。

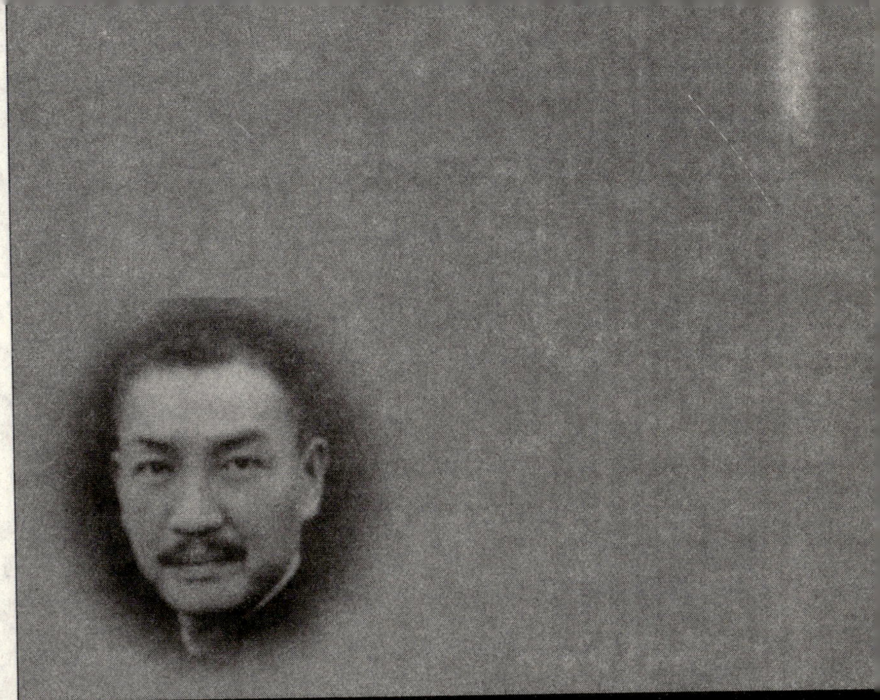

第四章 “畏友良师”——戴季陶

他是蒋家王朝的精神支柱，既是蒋介石的拜把兄弟，又是他最大的国策顾问。蒋介石几乎所有的大政方针，都离不了他的参与和谋划。哪曾想，他却作为蒋家王朝最早的陪葬者，魂断岭南。

一、与蒋介石的非凡关系

熟悉蒋介石的人都知道，蒋介石一生敬畏的人有三：陈其美、张静江和戴季陶。陈其美是蒋介石的革命引路人，他自然敬佩；张静江是蒋介石的“导师”，当然令他敬畏；而戴季陶之所以令蒋介石敬畏，则是因为戴是蒋介石的精神支柱，是蒋介石的政治灵魂，是蒋介石的最大国策顾问。

蒋介石结识戴季陶，是在民国初年反对袁世凯的革命洪流中。

戴季陶，名良弼，又名传贤，字选堂、季陶，笔名天仇，晚年号孝国。原籍浙江吴兴，1891 年 1 月生于四川广汉县。

1909 年，戴季陶在日本大学法科毕业，先到江苏地方自治研究所任教习，受人排挤后，弃职来到上海。恰逢同盟会的喉舌《天铎报》向全国招聘编辑，便前去应聘。他以过人的学识和精湛的文采，博得了社长陈屹怀的赏识而被录用。

此后，戴季陶以“天仇”为笔名，暗示与清王朝有不共戴天之仇，写出了一篇篇评论。这些文章“以极犀利的词锋，写出极激越的言论，煽动力至强，引起读者兴趣，一时名满海内”。两个月后，戴季陶被破格提拔为《天铎报》总编辑。

22 岁的戴季陶已是上海新闻界的风云人物；“穷达利眼识天仇”，成为上海新闻界的一句日常用语。

然而，《天铎报》的激烈反清言论招来了清廷的嫉恨。1911 年春，清廷指名逮捕戴季陶。他匆匆告别新婚妻子钮有恒，亡命于南洋槟榔屿。在槟榔屿，由老同盟会员雷昭信介绍，加入同盟会。

辛亥革命爆发后，戴季陶为国内激烈的革命斗争所感召，从南洋回国，参加了武昌保卫战，后又到了上海，协助陈其美发动上海起义，并于此时认识了蒋介石。由于当时忙于反清斗争，二人并无深交，仅为一般工作关系而已。1912 年，戴在辛亥革命前后的表现，赢得了孙中山的信任，被任命为孙中山的机要秘书。

当时孙中山 46 岁，戴年仅 23 岁。他曾颇为自豪地说：“本人在当年追随总理的同僚们中间，要算最年轻的一个。”此后，对于孙中山领导的民主革命，他几乎每役必从，奠定了他日后在国民党内元老重臣的地位。

1913 年 7 月，“二次革命”爆发。由于敌我力量的悬殊和革命党人内部的不一致，“二次革命”以孙中山失败告终。袁世凯命令他御用的北京总检察厅，下令通缉发动“二次革命”的革命党人。戴季陶被列为“执重要事务”的34名通缉犯之一，被迫在上海隐蔽起来。

追随孙中山（前排左二）的戴季陶（后排左二）

“二次革命”时，蒋介石在上海协助陈其美组织起义失败后，为逃避袁军搜捕，携其侧室姚怡诚避居在法租界贝勒路369号。当时戴季陶住在同益里，张静江住在环龙路，三人相距不远，经常暗中相聚。直到此时，戴与蒋介石才关系密切。

这时的蒋介石和戴季陶都不失为热血青年，他们互相介绍了自己的家世，惊奇地发现有许多相似之处：二人都生于没落的封建家庭，皆是早年丧父，又都是少年外出求学，东渡日本，接受了资产阶级民主革命思想，萌生了反清志向。

共同的经历和志向，使他们很快结为盟友。他们大有相见恨晚之感，决定以兄弟相称，互换兰谱，结为拜把兄弟。据说“蒋中正”这个名字，就是戴季陶给取的。

戴季陶曾在一封信中向蒋介石殷殷表白：“自信爱兄……唯有一爱，在爱之变体成为痛则有之，决不成为愤也。”

蒋介石也颇带感情地向戴表示：“然兄之待吾，私爱之厚，道义之深，有过于孙先生与静江之待吾者；而吾之待兄，固亦奉为畏友良师。”

此时的戴季陶与蒋介石，其亲密的关系，已远远超过国民党中的一般同志。所以，他们互相称兄道弟，戴季陶的儿子戴安国也称谓蒋介石为“三伯伯”。这种亲密的程度，决非常人所能比拟。

他们在上海避居的时候，孙中山电令二人到东北，联络在东北的革命党人，探索在东北发动革命的可能性。这是蒋介石与戴季陶第一次合作执行孙中山的使命。两人怀着“二次革命”未酬的壮志，渡海前往大连，想在大连重新聚集力量，组织一支精悍军队，从东北打进关内，直捣北京，推翻袁世凯的专制独裁政权。

当时，全国的反袁斗争已经低落下去，但在大连却正秘密进行。大连的革命党人宁武、刘纯一、石磊等人不顾环境恶劣，发起组织“实业研究会”，并以此为基础，积极准备揭竿而起。他们发展党员，筹措款项，购置军火，只等时机一到，就公开打出反袁旗帜。蒋介石、戴季陶到东北后才了解到，大连虽有反袁的领导机构“实业研究会”，但整个东北地区的革命势力分散，战斗力也不够强大，加之袁世凯防范极严，难以举事。这样，二人虽是宏图万里，却展翅难飞，只好先后“饮泪回东”，流亡日本。

在这严重关头，革命党人内部思想混乱，意见分歧，加上生活困难，互相诟骂，“20年来之革命精神与革命团体，几乎一蹶不振”。但孙中山没有被袁世凯的嚣张气焰吓倒，而是团结一批坚定分子，组织了中华革命党。蒋介石和戴季陶都成为中华革命党的中坚分子。

1916年，袁世凯在全国人民的唾骂声中死去。中华革命党的讨袁军事遂告结束。黎元洪继任为中华民国大总统，实权却操在国务总理段祺瑞手中，国事依旧衰败不堪。面对此情景，蒋介石与戴季陶的高昂情绪低落下来，闲住上海无所事事。戴季陶这时有五言绝句一首，反映了当时的心情：“去年车马地，今年旧战场。桃残春黯淡，衰柳带斜阳。”

在无聊的消磨之中，张静江忽萌开办证券交易所的奇想。于是，他与蒋介石和戴季陶商量，利用中华革命党向北京申请在上海开办证券物品交易所搞起了证券交易。戴家在四川广汉原本经营商业，戴季陶也颇受熏陶，对于贱买贵卖、投机取巧的商人手段，他也略知一二。所以，张静江的提议立即得到响应。张静江、戴季陶和蒋介石联合陈其美的侄子陈果夫，合办了“恒泰号”证券交易所，1000元一股，共35股，总资本共35000元。股东共17人，张静江本人5股，全家合起来13股，因此，张的侄子张秉三为“恒泰号”经理。蒋介石（蒋纬记）4股，戴季陶（小恒记）2股，陈果夫（陈明记）1股。蒋介石的4股，是张静江代交的，他本人则一无所有。

1919年，他们又联合虞洽卿等合伙开办上海证券物品交易所。理事长为虞洽卿，共10万股，向日商抵押7万股，对华商抵押3万股。交易所开办后，屡屡中的，“不到半载，迭获巨利，母子相加，竟达数十万元”。1920年底，共获利270万元。除日商押款和保存的4万股应缴纳外，仍余325000元，全部归张、戴、蒋三人所得。后来4万股股票涨至120元，共值480万元之全部股金，也全为他们三人所获。

交易所获利的款项，不仅使蒋介石、戴季陶从经济的困境中走出，而且也多次资助了在南方忠于孙中山的军队。据说，陈炯明率军由福建打回广东，驱逐桂系，开拔费就是蒋介石等人在上海提供的。

在交易所的几年活动中，经济上的收入只是其一，重要的是政治上的收获。蒋、戴、张、陈开始了密切的交往，这几个浙江人以地域为纽带，紧紧抱成一团，成为江浙财团和上海帮会势力在政治上的代表。

交易所的生意做得不错，可戴季陶的家庭生活却起了轩然大波。

讨袁时代，戴季陶数次亡命日本，由于年轻单纯，他的身上奔流着小资产阶级的激情，把革命看得浪漫而简单，而斗争却一次又一次地失败，“只是播种，而无收获，只有前因，而无结果”。这对于爱在理想天地里驰骋的他来说，是一个严峻的考验，他不能接受这个冷酷的现实，情绪低落，意志消沉。加之妻子远在国内，生活十分孤独苦闷。无聊之中，与日本房东的女子缠绵上了情丝，1916 年，生了一名男孩。

身着和服的戴季陶

1919 年，日本女子带着孩子来上海投奔戴季陶，戴季陶欲纳为侧室，无奈戴夫人是一刚烈女子，誓死反对他纳妾，事情便僵持住了。

戴季陶的夫人钮有恒，是湖州名士钮承聪的女儿。此人堪称奇女，不但人长得娟秀可爱，而且精通佛学与西学。1911 年，二人经钮有恒的叔父做媒，在上海正式结婚。钮有恒长戴季陶 4 岁，处事严谨周详，戴季陶半敬半惧地称之为“姐姐”。戴季陶惧内，国民党内人人皆知，一些人还常常以此警醒他。据说有一次国民党召开中央会议，胡汉民任会议主席，戴季陶发言时，喋喋不休，胡汉民急得没办法，又不好当面阻止，便轻声说：“你姐姐来了。”这句话果然十分灵验，戴季陶马上结束了讲话，令与会者忍俊不禁。

钮有恒不容日本女子，日本女子对戴更是不依不饶。夹在两个女人中间，戴季陶不知如何是好。

蒋介石知道了戴季陶的狼狈处境后，给戴季陶出了个主意：留下孩子，送日本女子一笔钱，打发她回日本。

几经周折，日本女子走了。但留下的孩子怎么办？戴季陶仍愁眉苦脸。

蒋介石仗义地表示：由自己的侧室姚怡诚抚养，做自己的儿子。

这就是蒋纬国的身世。

姚怡诚与蒋介石同居之后，并无子女，蒋介石又常在外面奔走，她独守空房，在寂寞孤独中消磨时日。现在白白得到一个儿子，欢喜万分，精心抚育，视若己出。

蒋介石也把蒋纬国当做亲生儿子一样，关怀备至，经常寄钱邮物，以尽父子之情。

本来是难以了断的家丑，经蒋介石略施小计，冰消雪融。戴季陶自然万分感激。

二、决定蒋氏命运的战略性建议

1921 年，孙中山又在广州树起护法大旗，就任非常大总统，反对北洋军阀政府。戴季陶赴广州，留在孙中山身边协助工作。

在孙中山重建广州革命政府时，事业艰难，任务繁重，急需用人，几次电催滞留在奉化的蒋介石赴广州效力。但蒋介石每次都以家母有病为辞，拒不应召。孙中山极望蒋介石前来，托以重任，见蒋介石不动，心中十分着急。

戴季陶见此，为解孙中山忧愁，又自认为与蒋介石交情笃厚，便自告奋勇，亲自到溪口劝说蒋介石。

1921 年 12 月 25 日，戴季陶千里迢迢抵达溪口后，劝蒋介石“以党国事业为重”，随他赴广州任职。但蒋介石有自己的想法，仍然拒不应召。蒋介石的意图很明显，是要利用此机会向孙中山施加压力，以便捞取更大的职权，不达目的，决不罢休。孙中山此次要他回广州，并没有说明给他什么职务，所以他决计不加理睬。

正是有这样的考虑，所以对于戴季陶的苦苦劝说，当然听不进去。气急败坏的戴季陶对他大发脾气，指责他：“太任性自为！”

蒋介石也颇不服气，也恶语相加。兄弟俩拍桌子踢板凳，闹得不欢而散。

戴季陶气得拂袖而去。

事后，蒋介石自觉过意不去，曾给戴季陶书信一封，检讨自己：“为人不自爱惜、暴弃傲慢”，认为“有何面以对良师益友”，大有悔不当初的心情，请戴季陶见谅。

戴季陶冷静下来后，也回书一封，和盘道出了自己不远千里到溪口请蒋赴粤的一片良苦用心：“劝兄赴粤，虽属为公，亦一半系为兄个人打算。……兄

之自我之强，又不可挡着他。然而权酒失意，辄任性使气，不稍自忍。以此处世，深虑招祸，即不然，亦足碍事业之成功。”

在写这封信的时候，戴季陶对国民党内各种势力作了认真权衡。他觉得，蒋介石有可能成为国民党内最有前途的后进力量。但蒋介石如不在孙中山身边，就等于远离权力中心，难以把握机会，以图进取。另外，蒋介石任性自为，动辄辞职使气，次数多了就有碍政治上发展，引起孙中山的厌恶。因为戴季陶知道，孙中山曾写信批评蒋介石：“刚而嫉俗过甚，故常龃龉难合。然党员重大之责任，则勉强牺牲所见降格，以求所以为党，非为个人也。”

倘若蒋介石继续这样闹下去，必将失去孙中山的信任。

蒋介石接到此信，深受启发，忽然领会了其中的要诀，回信戴季陶云：“吾之取重于兄者，增我见识，长我学问，不客气，不敷衍，规劝督责，不稍假借。时时能导我于正，强我为善。此弟之所以须臾不能离兄者也。……而兄之所不能轻弃夫弟者，而终望弟有成业之一日乎？吾甚愿吾兄规劝不怠……则中正或能变化气质，而渐进于道义……本性亦未始不可易耳。”

由此可见，蒋介石对戴的信真的动了心。为了事业，他开始考虑改变一下暴戾和任性的脾气。

他表示接受戴季陶的劝告，立即到广州去。

蒋介石回到广州，孙中山很高兴，戴季陶也一举双得：既使蒋介石觉得戴是为自己升沉着想，能体面回粤应感激这个把兄弟，把自己当做谋臣；又使孙中山觉得，戴能为自己分忧解难，完成别人不能完成的使命，加重了自己在孙中山心目中的地位。

蒋介石回到广州后，便辅佐孙中山，并在陈炯明叛乱中因表现突出赢得了孙中山的高度信任，捞取了政治资本。孙中山随后便将建立国民党新军的重大使命赋予蒋介石。

1924年7月，黄埔军校成立，蒋介石如愿以偿地当上了校长，开始了一生中命运的转折。

但老谋深算的戴季陶却深为蒋介石担心，因为蒋介石手下并没有得力的心腹干将。

他认为，要成就一番事业，必须造就并笼络一批人才，所以，1924年9月中旬，戴季陶与蒋介石进行了一次极为重要的谈话。

戴季陶向蒋介石提出了成就大业的建议：“蒋兄要想将来成就大业，在中国必须具备两个条件，一为要有自己的势力；二为要有自己的军队。你现时这两个条件都不完备，希望你留神。”

“我也想过这两个问题，但还没有想出好的办法解决。这两个问题，请问

1922年初回到广州的蒋介石

戴兄有何高见?"蒋介石回答。

戴季陶思索了一阵，深沉地说道："依吾愚见，军队方面以黄埔军校学生为主，抓住学生，将来就抓住了军队；文的方面应广揽天下贤士，收到你的手下，使其效命于你。这样，慢慢你就会壮大起来。"

蒋介石闻后，称："善！日后我一定照兄长说的办。"

自从戴季陶向蒋介石提建议以后，蒋介石就极为用心地发展黄埔势力和招揽社会上颇有名气的文人墨客，以图霸业。1925年春，当邵力子在上海被逐之际，蒋介石接受了戴季陶的建议，立即邀其来广州黄埔军校辅佐自己。5月，邵力子应邀来到广州，就任校长办公厅秘书处处长；7月，任少将秘书长兼政治部副主任。8月，蒋介石派邵力子去张家口，同冯玉祥的国民党进行联络。邵力子不辱使命，很有成绩。蒋介石见邵力子颇有外交才干，同时与共产党有一定的联系，故日后重大对苏、对共活动均派邵力子去办。邵力子成了蒋介石的对共秘书。

多年的政治交往和运筹谋划，加深了蒋介石与戴季陶的感情。1925年12月13日，戴季陶致蒋介石说："年来弟之于兄自信无一刻不念念于心，而兄之于弟，其厚情亦所铭感，今后弟唯以一纯粹私人，日夕祷祝兄之成功，与身体之康健耳。"

随后，两人虽然并不经常在一起，但在反共"清党"等重大问题上却表现出了惊人的一致性。

三、配合默契的反共双簧戏

戴季陶是以反共理论家著称于世的。在他抛出反共理论之前，对社会主义和马列主义，多少有些研究。

十月革命后，马克思主义在中国思想界迅速传播，学习和宣传马克思主义成为公认的“时髦”。戴季陶作为一个激进的民主主义者，对马克思主义也产生了浓厚的兴趣。然而，戴季陶研究马克思主义的目的，是试图将其纳入三民主义的轨道，然后挥舞这面更“时髦”的大旗去争取群众，使民众都归依到三民主义的思想中来。这个目的，他在《星期评论》上发表《访孙先生的谈话》一文，作了清楚的表白：从五四运动中工人罢工来看，“工人直接参加攻治社会运动的事，已经开了幕，如果有知识有学问的人不来研究这个问题，就思想上认识上来领导他们，将来渐渐地趋向到不合理不合时的一方面去，实在是很危险的”，因而要用“温和的社会思想来指导社会上的多数人”，以避免“那些做煽动工夫的人，就靠了一知半解、系统不清的共产主义，传布在无知识的兵士和工人里面……发生出动乱来，真是一塌糊涂，没有办法了。”

正是基于以上两个原因，戴季陶读了大量关于社会主义学说的书籍，虽然撰写了不少介绍马克思主义的文章，但并不赞成阶级斗争学说。他认为，阶级斗争学说给中国带来的必然是流血、屠杀以及国家的分裂和外族的入侵，因而，决不能让这种学说在中国流传。

正是带着这种反共情绪，戴季陶对第一次国共合作持消极态度。当孙中山派廖仲恺到上海敦促自己南下广州时，他明确表示反对联共政策。他告诫廖仲恺要注意两点：第一，绝对不能借款充军费，即使非借不可，也应该保持绝对自由，不要让国民党受到苏联的牵制；第二，共产党人加入国民党，必须在共产党和国民党两党的党籍中作出取舍，否则不能让其加入，必须造成单纯党籍。他告诉廖仲恺，自己绝不担任与中共合作的国民党中央委员，也不出席国民党一大，只愿负责一家报馆或出版社。

但因为戴季陶并没有公开反对孙中山，孙中山也并没有重视戴季陶的反共思想，仍坚持令其南下，参加国民党一大。

国共合作虽已开始，但国民党内部“左”派和右派的意见互相对立，右派从一开始就反对共产党。据右派分子黄季陆称：右派分子反对国共合作，“着眼点仅在组织的排拒性上，表现出一种对共产分子的不安，至于理论思想上的对立与不同……戴季陶先生便是创作反共理论的第一人”。

当时戴季陶还没有公开站到孙中山和共产党的对立面，他以让中共党员加入国民党后脱离中共党籍来掩盖其反共的真面目。

为此，他八方活动，借维护国民党的单纯党籍为由，煽动中共党员退出中共。他曾劝谭平山放弃党籍，说：“今日中国之需要，则仅为一有力之国民党，共产党人亦既承认之矣，若于此日，共产党之同志，能牺牲其党籍，而完全做成一纯粹之国民党，使国民党中不致同时有两个中心，然后一切纠纷，乃可尽除，而组织工作，乃不致受此无形之障碍。”

对此，谭平山一口回绝：“欲共产党人抛弃其党籍，则绝不可能。”

戴季陶的反共态度，自然受到维护国共合作的各方面人士的批评和指责。戴季陶大为恼怒，以辞职来表示不满。

1924年夏，戴季陶甚至连蒋介石也没有告诉，便一气之下离开广州返回上海。

国民革命时期的戴季陶

戴季陶的举动，不仅没有引起蒋介石的不满，而且得到了盟兄的理解与支持。蒋不但没有指责戴季陶，反而添油加醋挑拨国共关系，攻击共产党，他歪曲事实说：“共产党用唯物论和阶级斗争思想来曲解三民主义，只有他们用马克思主义曲解三民主义才算得上是‘革命的思想’，反而指本党党员对三民主义的正确解释为‘不革命’或‘反革命’，最显著的事件就是排挤宣传部长戴季陶及青年部长邹鲁，致使其愤而离粤。”

戴季陶回上海后，很快便于7月5日给蒋介石写了一封信，他在信中说：“……归沪后，屡欲有所言，而千头万绪，不知从何说起……国事当时代转换之秋，旧秩序已破裂，新秩序未建成，人自为意，必不可免。盖社会心理在革命期中之必然状态，无足忧亦无足惧，吾人当有正确之见解，与宁静之态度以对之斯得矣。”

戴季陶在信中还自言词理晦涩，不足尽意，但可以明显地看出他是为自己的行为开脱和辩解；言语间又露出了他对局势的担忧。

蒋介石很快就回函戴季陶，对戴季陶的关心深表感谢，同时表示矢志为党牺牲自己的一切。

蒋介石之所以支持戴季陶，不仅是从个人感情出发，更主要的是与戴季陶在反共立场上的思想一致。

在国共合作一开始，蒋介石就反对孙中山的联俄容共政策。他给廖仲恺写信说：“俄党对中国之唯一方针，乃在造成中国共产党为其正统，决不信其党可与之始终合作，以策成功也。”

只是此时他的羽翼尚未丰满，不敢公开露出反共面目。为借助革命力量打击军阀，扩充自己的势力，蒋介石暂时将反共的思想隐藏起来，他到处讲："国民党的同志，对于共产党的同志，尤其不可有反对，因为我们要晓得，'反共产'这句口号，是帝国主义用来中伤我们的。如果我们也跟着唱'反共产'的口号，这不是中了帝国主义者的毒计吗?"

此话与他前言对照，可以见到蒋介石的真假两种姿态。

1925年3月，孙中山逝世。蒋介石认为这是向权力顶峰攀登的难得时机，开始思考如何把他的反共思想变为行动。面对共产党人与国民党"左"派联合的强大阵容，蒋介石感到反共是一个难做的题目。首先，他反共的目的是向上爬，虽然此时他担任粤军总参谋长、黄埔军校校长、长州要塞司令等职，但还不是国民党中央执委，自感人微言轻，没有号召力，搞不好会断送前程。其次，蒋介石认为要对付共产党，先要准备好反共政治理论，共产党在军事上没有优势，在理论上却强大无比。

武人出身的蒋介石自知无法在理论上与中共抗衡，所以，他想到了反共理论家戴季陶，从广州打电报到上海，召戴季陶前来密谋。

蒋、戴经过一番筹划，决定由戴季陶先从理论上向共产党开火。戴季陶告诉蒋介石："理论是革命行动的明灯，没有革命理论的行动，好似盲人骑瞎马，不辨东西南北。建立正确的革命理论，便是对付共产党的最大武器。"

蒋介石对此言钦佩不已，从军校经费中支出一笔巨款，给戴季陶做活动经费。

怀揣这笔经费，戴季陶信心十足地回到上海，挂出了"季陶办事处"的牌子，从事反共理论著述。几个月之后，便炮制出了《孙文主义之哲学的基础》、《国民革命与中国共产党》两本小册子，连同他在广州发表的《三民主义哲学系统表》，三篇文章构成一整套理论体系，"戴季陶主义"从此成形。

在戴季陶的反共理论体系中，以建立"纯正的三民主义"为目标，以孔孟儒家思想取代孙中山的革命思想，以"仁爱是革命道德基础"的观点反对马克思主义的阶级斗争学说；以"纯正的三民主义"来反对孙中山联俄、联共、扶助农工的三大政策。他说："共信不立，互信不生；互信不生，团结不固；团结不固，不能生存。"

戴季陶主义的出笼，迎合了国民党新右派势力反俄、反共、取消工农革命斗争的政治主张，并为他们提供了理论武器。胡汉民称："戴氏之著作系极忠诚的研究成果。"邵元冲在广州《民生日报》撰文，与戴氏桴鼓相应；许崇智把戴氏著作印发粤军全体官兵阅读；邹鲁将戴氏著作分散给中山大学的学生。在黄埔军校，戴季陶主义更是"孙文主义学会"的理论基础。

看到戴季陶主义产生了这么大的反响，蒋介石暗自高兴，更加坚定了以实际行动反共的决心。

有人指出："戴先生对于本党总裁公交谊最厚，亲如手足，而敬若兄长……举凡党国大计，革命理论，靡不互相研讨，彼此参政，说者皆谓蒋公思想与戴先生如出一辙。"

事实确实如此。戴季陶说国民党内不能有"两个主义"、"两个中心"，蒋介石也说："凡是一个团体里面有两个主义，这个团体一定不会成功的……尤其是一个团体里面，有两个中心，有两个领袖，这个团体不但不能巩固，而且一定会分裂的。"

戴季陶污蔑中共"借国民党的躯壳，发展他自身组织"；蒋介石也指责中共"拿国民党三民主义来做招牌，暗地里做共产主义的工作"。

戴季陶叫嚣三民主义的哲学基础是民生哲学；蒋介石也对黄埔军校第二期毕业生讲话，申明三民主义的哲学基础为民生哲学，与共产主义不同。

戴季陶著书大谈三民主义与共产主义的界限；蒋介石则到汕头市总商会的欢迎会上发表演讲，强调国民党不是共产党，国民革命军也不是共产军。

正因如此，周恩来一针见血地指出：蒋介石的灵魂便是戴季陶！

1925 年 8 月 10 日，戴季陶致书蒋介石，诋毁共产党。12 月 13 日，戴季陶给蒋介石写了一封长函，痛陈其一贯反共的政治立场及其忧虑所在：

"党中共产，非共产之疑心，又随时随地而发现。弟在此时，确知其他问题，皆不过部分之争端，与一时期之现象。唯此两种中心之不能容，则为本党之基本问题，此根本问题不能定，则其他相为因果之纠纷，将永无已时。盖主义思想为一问题，而组织与人事，又为一问题，此混杂不清之组织，虽有上智，亦无能为力，因此而忧心不已者累日。……盖一方则旧日同志，绝不觉悟，不合群，不努力；一方则共产党之扩张发展，日进无已，而党之基本政策，又造成一含混不清之局，组织则有两重纪律之危险，宣传又有两重理论之困难，因此之困难，既非由我造成，更非我所乐就，又非我之所能解决。……此时弟更虑者，则为军事上新旧势力之争，而影响之最大者，厥为兄与汝为两兄之隔膜，教育系统与军政系统之不统一，为军事上之大病。既有此病在，迟早必有冲突之日，不及早图缓和与谅解，将来必难保持和平。而况尚有一党政之根本困难在，其冲突之酿必更速。"

然而，蒋介石的回信，却令戴季陶不胜惊诧。

蒋介石一改初衷，完全是一副"左"派的面孔，他公开表示："我这个盟弟，以尊重总理，实以侮总理，是总理的不肖之徒，吾侪当鸣鼓而击之！"

实际上，蒋介石早已将戴季陶的理论铭记在心，并由衷地敬佩盟弟反共水平的高超和态度的坚决。只是此时自己还羽翼未丰，不具备与共产党翻脸的实力，还不能重蹈盟弟的覆辙，故采取了一种“万全之策”：用“左”的口号来掩护右的行动，既达到了反共的目的，又保护了自己，便于积蓄反共的力量。

他在耐心地等待着反共的时机。

三个月后，蒋介石就向中共发难，挑起“中山舰事件”，这不能不说是受戴季陶的反共理论影响。

1926 年春，为将第一军中的共产党员排挤出去，蒋介石支持“孙文主义学会”分子不断制造事端。3 月 20 日，蒋介石发动“中山舰事件”，逼迫共产党员退出第一军，并在军中取消了党代表。事后，他曾公开宣称：“凡是一个团体里面有两个主义，这个团体一定不会成功的，而且一定会发生冲突……尤其是一个团体里面，有两个中心，有两个领袖，这个团体不但不能巩固，而且一定会分裂的。在国民党里，几乎有两个主义，这种现象一定会相矛盾的，会发生冲突的。”

这完全是用戴季陶的腔调来表示蒋介石内心的思想。此时，在反共问题上，兄弟二人一文一武，已经合而为一了。

不久，在国民党二届二中全会上，蒋介石又提出了《整理党务案》。经过“整理”，蒋介石把共产党员从国民党各级领导机关中整理出去，自己当上了中央执行委员会主席、组织部长和军人部长，造成了新右派当权的局面。

北伐战争开始后，蒋介石以总司令的身份，控制了国民党的军事大权，势力骤然强大起来，公开反共的时机也到了。

为了替蒋介石看守后院，1926 年 9 月，戴季陶南下广州，接受中山大学校长职务。上任伊始，他便与张静江等人密谋，整顿中大，肃清中共和国民党“左”派势力。

1926 年 12 月，蒋介石的势力利用北伐之机更加壮大，便电邀戴季陶到南昌，密谋“清党”反共大计。

1927 年 2 月，蒋介石在南昌发表演讲。第一次公开讲出了要“制裁”、“纠正”共产党的言论。讲演中，蒋介石引用了戴季陶《国民革命与中国国民党》中一些论调，说：“怎样使党的权威提高起来的问题，不是在人的问题，而是在我们党员对于党能否坚决的信仰问题。……究竟哪个是真正的党员，哪个是跨党的党员？哪个是忠实的中央执行委员，哪个是跨党的中央执行委员？弄得大家没有一个坚定的信念，就是不能够互信，所以必须制裁跨党分子。”

在蒋介石决定“清共”前，为取得日本对他的支持，派戴季陶到日本，但由于日本政界对蒋介石采取观望态度，戴季陶的使命没有完成。

回到上海，正赶上“清党”开始，戴季陶对此表现出极大的热情，立刻发表《告国民党的同志并告全国国民》一文，对蒋介石的“清党”反共，大肆赞扬：“蒋介石同志为了保持继续总理事业能够不怕死，而刻刻努力，立己立人，张静江、吴稚晖、李石曾等几位先生，他们都有这两个特点。”接着，对自己以反共先锋的姿态进行了表白：“前年中山先生逝世以后，我所以大胆地冒瞠，犯大难，要求国民党的同志，很纯粹地集中在中山的思想和主张下面，同时劝告在共产党的青年不要为了迷信一个唯物史观打破国民革命，就是明明白白地看见后来的悲惨，不晓得当时为什么全党同志都迷惑不醒。”

现在，以蒋介石为首的新右派终于“醒”了，怎能不让戴季陶“欢欣鼓舞”呢？

在共产党人血流成河之时，蒋介石于 4 月 18 日在南京建立了国民政府。至此，兄弟二人反共的“伟业”终于完成。

蒋介石成了全国的统治者，戴季陶则成为蒋介石幕府中的智囊人物，是最受信任的国策顾问。

四、联手对付胡汉民

1928 年 2 月，在戴季陶等人协助下，由蒋介石一手操办的国民党二届四中全会在南京召开。四中全会的中心议题是要整顿党务，肃清中共影响，建立蒋介石个人独裁统治。在这次会上，蒋介石被推为军事委员会主席、国民革命军总司令。10 月，蒋介石又出任国民政府主席，集党政军大权于一身。这次会议也是戴季陶春风得意的开始，他入选国民党中央执行委员会，成为 9 个常委之一，并且当选宣传部长，不久又任国民政府考试院院长。

从此后，戴季陶一直身居高位，岁岁红紫。

1928 年 10 月 10 日，国民政府行政、立法、司法、监察、考试五院正、副院长在南京国民党中央党部举行宣誓就职典礼，戴季陶出任考试院院长。

就职后，戴季陶选址南京鸡鸣寺东关岳庙，开始兴建考试院大楼，次年落成。院外大墙书醒目大字：“教养有道，则天无枉生之材；鼓励有方，则野无抑默之士；任使得法，则朝无幸进之徒。”

考试院接待室悬挂一联：“入此门来，莫作升官发财思想；出此门去，要有修己安人功夫。”戴季陶的办公室，则命名为“待贤馆”，以“选贤任能”相标榜。

戴季陶为了蒋家王朝的万世基业，要担负起举才、储才的重任了。

任考试院院长时的戴季陶

1931年，考试院举行第一次高等考试，戴季陶担任主考官兼典试委员长，亲自主持命题。考试完毕，数万考生停候南京等待消息，戴组织人员日夜阅卷核分，根据录取人数，典试委员会决定凡55分以上者一律给予及格分录取。放榜后，他又组织复审，发现一考生已达55分以上，却未能录取。戴季陶一面下令录取，一面上报呈请处分。

在国民政府会议上，戴季陶声泪俱下，认为首次高等考试，承办人因受催促忙中出错，情有可原，处分不妨从宽；至于他本人急于放榜，领导无方，必须从严处分，才能教育属下，以儆将来。

蒋介石表示：过严处分，恐今后再无人敢做主考官，决定戴季陶本人罚扣薪俸3个月，秘书长罚薪1个月，科长记过1次。

戴任院长20多年，颇有“使天下人才尽入彀中”之意，为国民党黑暗统治蒙上了一层温情脉脉的虚伪面纱。

1930年中原大战之后，蒋介石便做起了总统梦，想通过召集国民大会选举总统，当上名正言顺的独裁者。此举遭到立法院院长胡汉民的强烈反对。

胡是国民党元老之一，在国民党内，只有廖仲恺、汪精卫才能同他相提并论。胡汉民以孙中山的唯一继承人自居，以孙中山《建国大纲》为理论依据，坚决反对蒋介石以军御政，以政御党的个人独裁。双方在国民党三届四中全会后展开论战。

蒋介石一介武夫，虽号称孙中山的“忠诚信徒”，却远不如胡汉民熟读原著，辩才超群，蒋介石到处讲演的讲稿的捉刀人是陈布雷，理论指导是戴季陶，其个人理论远不及胡汉民，在舆论战中自然占不到多少便宜。

于是，蒋介石派国民党另一元老吴稚晖去劝胡汉民“休养休养”，以便为蒋介石独裁让开道。没想到，吴稚晖刚张开口，便被胡汉民骂了个狗血喷头，蒋介石也被夹带大骂一顿。

对于胡汉民的不妥协态度，蒋介石感到无计可施。

论其南京国民政府成立之初的蒋、胡关系，的确有一段时间是非常融洽的。胡汉民两度与蒋合作，给他支持，都非无保留的。如他在 1928 年入南京前就说："退一步说，假如我到南京是帮助介石个人，则我希望这所谓个人，是凯末尔（基马尔）不是袁世凯。如果这所谓'个人'是袁世凯，我必首先反对他，任何牺牲，在所不辞。"

但随着西山会议派、改组派及冯、阎、桂系等大敌的削弱，一度蒋、胡合作很好的局面逐渐破裂了。胡汉民对蒋介石身为军事领袖，却不断向党务、政务伸手十分愤慨，他不无挖苦地说："其实什么机关都可以不要，只存一个陆海空军总司令部，便可以了。既简捷，又经济，对于减少目前的财政恐慌，大概也不无小补！"

胡汉民自恃在国民党内的元老地位，常与蒋介石争执，使蒋难堪，面子上下不了台。蒋的不少亲信，也常受到胡的攻击。吴稚晖是蒋介石的传声筒，受胡汉民讥讽最多。宋子文向立法院提出的议案，"往往碰钉子"。

他在公开场合下指责李石曾："不能利用国民党清客的地位，貌为清高，却结党营私，专干不光明的勾当。"陈果夫、陈立夫兄弟把持党务，唯蒋介石意志行事，多次被胡汉民嘲弄。

蒋介石的智囊杨永泰想在立法院谋个"委员"职位，胡汉民拒而不受，并挖苦说："杨某昔曾反对孙总理及陷害同志，吾焉能用之？"

这些人都对胡怀有不同程度的仇恨，成为他政治上的敌人。

国民党元老胡汉民（左一）

1931 年 1 月 20 日，蒋介石在南京成立了国民会议选举总事务所，负责国民会议的代表选举事务，蒋介石专门委派戴季陶出任事务所主任，以期望收到较好的效果。可戴季陶在新年第一天就南下广东去办理中山大学的事务，一直都没回来，蒋介石真有些着急。

2 月 23 日，戴季陶从广东返回南京，蒋介石闻讯大喜，急忙把戴季陶召去密谈。戴季陶与胡汉民虽说也有很深的交往，但在蒋、胡相争时，戴的感情明显偏向于蒋介石。

戴季陶细细地听完了蒋介石的意思之后，思索一番，献上了绝计一条：

“一不做二不休，先劝胡汉民辞职，不成，强行扣留!”

这个主意，正合蒋介石的心意。于是经过一番准备，蒋介石摆下了鸿门宴。

2月26日，胡汉民接到蒋介石的请柬，邀他28日晚到国民政府主席兼陆海空军总司令部赴晚宴。

2月28日，是立法院例会的日子，身为立法院长的胡汉民从早到晚主持会议。等他按请柬约定的时间到达司令部赴宴时，大约是晚上8点45分。他万没料到，等待他的，不是满桌的美味佳肴，而是一群荷枪实弹的士兵。

胡汉民的汽车刚在门口停下，蒋介石所派的卫队就围上来，把胡汉民近20个警卫引到别处，解除了他们的武装。胡汉民走进房间，看见戴季陶、朱培德、吴稚晖、何应钦、王宠惠等十几位高级军政官员已先在左边的宴会厅内。这时，有人接过他的呢帽、手杖等物，却把他引到了右边的会客室。胡汉民进去见室内已先坐着首都警察厅长吴思豫，门口又来了两个卫兵守住。

吴思豫待胡汉民坐定，递上了一封很厚的信。这是一封有蒋介石批注的检举信，信中罗列了胡汉民的种种“罪状”：“近来反对政府，反对介石，无论在党务政治方面，处处与他为难”。具体表现是：勾结许崇智，运动军队，包庇陈群、温建刚，反对约法，破坏行政等。在每一“罪状”之下，都有蒋介石加的注。

在信的最后，蒋介石写道：“先生每以史丹林（斯大林）自命，但我不敢自承为托罗斯基，中正欲努力革命，必须竭我能力，断不敢放弃自身责任也。”

胡汉民看完信，如五雷轰顶。他真想不到蒋介石敢这样对他下手，且动作如此之快。但自负的性格又使他不肯轻易认输，所以他感到“又气又好笑”，命人把蒋介石找来，他要和蒋介石当面论理。

躲在一边的戴季陶见状，连忙示意蒋介石的另一心腹邵元冲出面打打圆场。但在胡汉民的一再逼问下，邵元冲忍不住说出了蒋介石的意思：要胡辞去立法院院长。胡汉民气愤地说：“何止辞去立法院院长，我什么都可以不干。组庵未死时，我已说过辞职了。但必须找介石来，这样便可以了事了吗?”

从约法之争开始，蒋介石就一直在背后动作，避免与胡正面冲突，也许有些心虚，蒋介石本来就不想露面。在胡汉民再三要求下，他才带着侍卫长及几十个卫士赶到。

胡汉民一见蒋介石，劈头就说：“你近来有病吗？……我还以为你发了神经病了。”他强作镇静，争取心理上的优势。

接下去，便是一场唇枪舌剑。胡汉民把蒋介石给他定的“罪名”逐条批驳。辩论中，胡汉民在言辞上占着上风，蒋介石说话不多，有时还被胡驳得

"哑口无言"。这场交锋持续了两个多钟头。胡汉民精神突遭打击，粒米未进，长时间的讲话，使他终于感到心力交瘁，知道任何抗辩都无济于事，便赌气地说："去年组庵在世时，我已说过'不干'了。从今天起，我什么都可以不问。"

蒋介石盼的就是这句话，他立即接过去说："胡先生能辞职，很好。但不能不问事，我除总理以外，最尊敬的便是胡先生，今后遇事，还是要向胡先生请教。"

败局已定，无可挽回。

但胡汉民仍不服输。他指着蒋介石说："你不对，只有我教训你。除我以外，怕没有人再教训你了。你不要以为我不敢教训你，如果我畏死，也不至今日才畏死，早就不出来革命了。我现在已经50余岁，妻子老了，也能自立，女儿大了，也已出嫁，我更脱然无累。"

3月2日，蒋介石授意国民党中央召开临时会议，在胡汉民被监禁的情况下，由戴季陶出面，作约法问题的报告，批驳胡汉民的观点。在戴季陶的操纵下，会议决定：一、通过蒋提出的关于制定约法的决议案；二、批准胡汉民"辞去"立法院长职务，选举林森为院长。

蒋介石的强权政治，战胜了胡汉民的"民主"政治。在这场政治斗争中，戴季陶站在蒋介石一边，为其出谋划策，起了重要作用。

胡汉民被搞下台后，蒋介石立即着手起草约法，由戴季陶负责起草国民会议组织法，大有全胜之势。

但此举引起党内轩然大波。胡汉民的亲信、国民中央监委、国民党政府文官长古应芬辞去文官长职务，以抗议扣压胡汉民。接着胡派粤籍中央委员纷纷离宁赴粤，与"广东王"陈济棠联合反蒋，形成宁粤对立。新任命的立法院长林森，不甘当蒋的工具，弃职出走。司法院长王宠惠也出走荷兰，不愿再与蒋合作了。

在这种众怒难犯的情况下，蒋介石只好放弃与戴季陶共同编织好的总统梦，向全国表示："国民会议只应制定约法，不必且不应提出总统问题。"

尽管如此，广东方面却并不罢休。

解铃还须系铃人，戴季陶看到事态闹到了出人意料的地步，便建议蒋介石赶快释放胡汉民，争取尽快平息宁粤对立的纷争。

然而，国民党内部的纷争，为日寇侵华提供了绝佳机会。未等蒋介石与戴季陶平息内政，日寇便发动了"九一八"事变。

五、谋划对日方略的“日本通”

国民党各派沉醉于内战与争权时，日寇发动了侵略中国的“九一八”事变。从此，蒋介石的敌人除共产党和国民党内反对派之外，又多了一个日本帝国主义。但蒋介石对日本抱定不抵抗主义，而全力以赴指挥几十万人马围剿中央红军根据地，把对日交涉这个棘手的问题抛给了戴季陶。蒋介石决定设立特种外交委员会，专门负责对日外交事务，戴季陶为委员长，宋子文为副委员长，于右任、丁惟汾、邵力子、邵元冲、陈布雷等人为委员。

对于日本，戴季陶是非常了解的，特别是对日本侵华，戴季陶心中早有预料。

1927 年，戴季陶代表蒋介石访日时，就已经觉察了日本军国主义的野心。黄郛、张静江、张群、戴季陶与蒋介石在庐山确立“离俄清党”大计后，蒋介石便派戴季陶秘密赴日，寻求日本方面的对反共“清党”的支持。在下山途中，戴氏为掩人耳目，颇费心思，设了一个“盘马弯弓”之计。

黄郛的夫人沈亦云回忆说：“膺白与我是到汉口的。事前只知道一件事，季陶先生的任务是往日本。在车上，他和邓演达坐在一起，别人问他，他说和择生同往汉口，并说他的铺盖行李都是择生的当差代为料理。择生者，邓演达的号。我暗想戴先生东行的消息不确，难道要西至汉口再向东行？直到过了大半的路，戴先生忽然肚痛，将到九江，他说不能再走，请邓演达叫当差把他的铺盖行李放下。这段盘马弯弓之计，至此方才明白。”

从九江下车后，戴季陶乘船秘密到上海，然后从上海赴日。在日本活动的一个半月中，戴季陶先后与日本的外务省次官、亚洲司长、条约司长等政府要员会谈，提出了蒋介石请求支援的问题，但收效甚微。

此时的日本政府还没有把蒋介石放在眼中，而且蒋介石的表现也还没有吸引他们的地方，尤其是此时蒋介石还在革命阵营里指挥北伐军东征作战，从某种程度上来说，甚至是外国列强的敌手。所以，日本军政界对蒋介石采取的只是观望的态度。

戴季陶肩负的秘密使命虽然没有完成，但他却进一步加深了对日本侵华野心的体认。在日本欢迎他的宴会上，日本军部、黑龙会的侵华分子，公开叫嚣要向满蒙殖民，那穷凶极恶的侵略嘴脸，令戴季陶终生难忘。他精辟地断言：“日本者，东方之德意志也，其国力既足以自保而有余，而以人口增殖，地方限制之故，绝不能不为对外之扩张也，琉球并吞矣，台湾占领矣，高丽亦亡矣，则其势之所趋，必进而侵略中国内部，亦势之使然也。”他认为日本侵略中国东北，是接踵而来之事，“南满一带，步朝鲜之后也，瞬息间事耳”。

戴季陶的论断，无疑是很精辟的。

身穿童子军军装的戴季陶

1928年春，戴季陶写下了《日本论》一书，详细地分析了日本国的兴衰史。他认为，自日俄战争以后，日本已经成为彻头彻尾的军国主义，其政治、经济、军事、外交和教育，皆为其军国主义服务。日本的对华政策是不希望中国统一于革命的。它将采取从辽东半岛、山东半岛两面对中国大陆进攻，而从台湾窥视华中、华南到东南亚的“蝎形政策”。

事实证明，戴季陶的分析是正确的。1928年5月，日本侵略者一手制造了震惊中外的“济南事件”。这说明日本帝国主义野心勃勃，已经准备开始侵略中国了。

1931年9月，一直担心的事情终于发生了。

日本关东军制造了“九一八”事变，大规模向东北进攻。此时，国民党内部纷争不断，出现了宁粤对立的复杂局面，中共领导的根据地势力迅速发展，国民党不得不集中力量抵御外侮；蒋介石采取对日“不抵抗”政策，致使日寇很快便占领了中国东北大片国土。

面对日本的入侵，面对复杂的国内局势，应该采取怎样的方针？戴季陶颇费心思。

对于蒋介石提出的不抵抗主义，戴季陶颇能体谅。国民党内部纷争不断；共产党势力发展迅猛，时刻威胁南京政府的统治；地方实力派拥兵自重，怎能谈得上“抵抗”？况且，以目前中国的军事力量，连保全关内领土都不可能，还如何谈得上在关外抵御日寇、收复失地呢？

对于一个弱国，既然无法抵御强敌，剩下的出路便只有求助于国际联盟对日本侵略行为进行制裁。

戴季陶的想法，与蒋介石的想法自然是不谋而合。他所主持的特种外交委员会，并没有提出具体的收复失地的办法，而是秉承蒋介石的“不抵抗”基调，求助于国际社会的同情和支持，向国际联盟控诉日本的侵略行为，向签订非战公约的各国呼吁，以求得国际舆论的支持。

为此，戴季陶拖着病弱的身体，踏遍了所有的外国驻华使馆，详细地向各国公使们谈了日本侵华对世界和平的影响，寻求他们的支持。

经过两个多月的奔波和商议，戴季陶终于向国民党中央政治会议提交了题为《处理时局之根本方针》的报告，专门论述日本侵略中国的问题和应采取的方针。

他分析说，日本在东北将会进一步扩大侵略，直至占领整个东北三省；国联对日本侵略中国一事，将不可能做出什么有力的制裁，日本占领东三省后，将会进一步对长江流域进犯。这是日本的一贯方针使然，它决不会放弃这个既定的侵华方针。

戴季陶的这些预见应该说是正确的，因为他对日本的侵略本性了解太深刻了。有了这样深刻的预见性，合乎逻辑的对策应该是停止内部纷争、集中力量抵御外患。

然而，戴季陶所提出的对策不是停止“剿共”战争，举国一致，收复东北，抵抗侵略，维护国家主权，而是妥协退让的方针：

第一，无论如何，中国不先对日宣战；

第二，须尽力维护各国对中国的好感，赢得国际舆论的支持；

第三，须尽力顾虑实际利害，直至万不得已时，虽在军事上为民意而牺牲，亦在所不惜，唯须筹划取得真实牺牲之代价。

戴季陶的三点对日方针，立即得到了蒋介石的赞赏。11 月 22 日，国民党召开的四全大会，以全票通过了戴季陶起草的《处理时局之根本方针》，并依据戴季陶的三点方针，于 11 月 16 日向全世界发表了关于日本侵华的宣言，将中国的命运寄托在国联和英美等大国对日本的制裁上。

戴季陶的三点对日方针，没有将希望寄托在中国自身的抵抗方面，而是寄希望于国际联盟的干涉，实际上是听任日本占领东北，与蒋介石的“不抵抗”政策是一致的。故此，戴季陶的三点方针立即遭到全国人民的一致反对。1932 年，戴季陶视察西北时，西安各校学生在他讲演时，对他和蒋介石政府的妥协态度，表示了强烈的愤慨，放火焚烧了他的汽车。

正当蒋介石、戴季陶把希望寄予国际舆论之时，国民党内的反蒋力量乘机发动了反攻。广州方面宣布蒋于 1931 年 12 月 20 日前不辞职，则国民党统一的四届一中全会将不能举行。在各方压力下，蒋介石被迫宣布下野。

对于蒋介石的辞职，戴季陶颇有点兔死狐悲之感。他与监察院长于右任、立法院代院长邵元冲等人同时宣布辞职，以示与蒋介石同进退。

为使蒋介石能卷土重来，老谋深算的戴季陶向蒋介石提出建议，一定要在蒋下野前在重要省份安插上自己的亲信，同时给继任者设下财政陷阱，使其不能长久！

对于戴季陶的建议，蒋介石自然言听计从，对戴季陶患难之中的“忠诚”深为感动！

六、高叫“讨伐”的主战派文人

1936年12月12日，张学良、杨虎城将军为逼迫蒋介石抗日，毅然发动西安事变。消息传到南京，国民党政府内部顿时一片慌乱。军政部长何应钦立即把戴季陶、吴稚晖等请到家中，商量对策。

戴季陶听说蒋介石被张、杨扣押了，犹如五雷击顶，怔了好长一段时间，他才稳定住自己的情绪。他建议，迅速召开中央政治会议，派总司令指挥全军，主持一切。他们紧急决定：以事实真相不明为理由，对可能同情张、杨的冯玉祥、李烈钧、程潜等重要人物，对事变的情况秘而不宣；以军事需要为由，严格新闻检查，切断南京与西北的一切交通和通信，使事变真相不能公布于世。经过密商，何应钦、戴季陶等人定下了武力讨伐西安的计划。

以戴季陶与蒋介石的关系，本该首先考虑蒋介石的生命安全，与宋美龄等人主和，而不应与居心叵测的何应钦站在一起，主张对西安方面进行讨伐。但戴季陶有自己的想法。

他所以主张讨伐，一是当时并不了解西安的情况，对和平解决事变的可能性估计不足；二是认为讨伐并不一定会危及蒋介石的性命。他说：“如果中央处置得法，委员长方可确保无虑，如何处置得法，必须使叛逆知中央威严，而后方能使其就范。”

12日晚上，何应钦通知在南京的中央委员到何公馆开会，共商对策。这个非正式的会议一开就是几个小时。军政要员们分为两派，以冯玉祥、孙科、李烈钧等为首主张以蒋介石的生命安全为要，和平解决事变；另一派以戴季陶、何应钦、居正、叶楚伧为首，坚决主张以武力讨伐西安，两派在会上发生了激烈争吵。由于不知蒋介石的生死，不明张学良、杨虎城的具体动机，加上南京谣言流传，使得这些大员谁也不敢拍板定案。主和，则有可能成为容共降鏖之举，将来在一贯反共的蒋介石面前说不清楚；主战，则有可能伤及蒋介石的生命，落下个不忠之名。

以戴季陶与蒋介石的关系，主战西安，许多人感到难以理解。其实，戴季陶有自己的考虑。他判断，张、杨日益靠拢共产党，此举定是按共产党之意图而为，从反共出发，必须对西安进行讨伐；同时，张、杨以刀枪见于一国之主，以下犯上，此事古来已有，实为万恶不赦，为维护纲纪，必须武力惩罚，万万不容姑息。

正从反共卫道立场出发，戴季陶坚决主张对西安方面武力讨伐。

由于代理行政院长孔祥熙和宋美龄在上海，因此，何应钦以军政部长身份成了南京的中心人物。何应钦在中央党部主持的紧急会议中，正式宣布蒋介石西安蒙难，生死难测。会场鸦雀无声，继而响起一片涕泣之声。何应钦告诫大家："此刻不是抒发感情的时候，赶快拿出办法来。张、杨内结反蒋地方实力派，外联中共，劫持领袖，以蒋委员长的生命为要挟，援出敢治上之要求，所以中央既不能曲从其狂悖，陷国家于伦胥；尤不能瞻顾蒋公之安全，置国家纲纪于不顾。"坚决主张武力"讨逆"。

坚持武力解决西安事变的戴季陶

冯玉祥等人则认为："张、杨此举如真为抗日，则在国策上只有时间之出入，而无性质上之枘凿，如果一旦开战，舆情生背，而先弱国力，益以外患，国将不国，遑论纲纪？"坚决不主张对西安用兵。

两派争论激烈，深夜2点还无结果。

戴季陶见状，甚为着急，他大声喊道："会议如此之久，倘无决定，明日报纸不见中央处置，政府将没有立场，亦即没有国家。"

看到会场静了下来，他引经据典地说："明朝英宗也被擒去，因后方镇定有办法，明英宗才能回来。要是张、杨生命掌握在我们手上，蒋先生的生命才有保障。现在他被张、杨所劫，那是很危险的。因此希望全党全军要镇定，不要动摇，迅速派兵包围西安，将张、杨生命控制在我们手中才行。"

戴季陶这番引古喻今的话，加上他与蒋介石的特殊关系，很快使主战派占了上风。会议决定："张学良撤职查办，军队归何应钦指挥调遣。"

13日清晨，孔祥熙和宋美龄星夜赶回南京。下午3时，应孔、宋要求，在中央党部召开中央常务委员会和中央政治委员会的联席会议。会议的焦点再次集中到战与和的问题上。

孔祥熙会上表示对西安事变，"希望能以和平解决"。由于宋美龄不是中央委员，无资格参加会议，所以，他的话实际代表了宋美龄的意思。何应钦心里当然明白这些，但他并不把这些放在心上，要求国民政府主席林森马上下达讨伐令，遭到林森反对。

这时，戴季陶站了出来，说出了一番惊人之语："张学良已完全被赤化，很早就同共产党挂上了钩，听说他还会见过毛泽东。对这样的叛逆，应毫不留情，坚决严惩！"

戴的发言，立即得到一片附和之声。

孔祥熙则针锋相对地说："张、杨二人在新的历史条件下，联合共产党去抗日，是值得国民政府思考的问题。张学良主张联共抗日，也是可以商量的嘛。在未摸清西安方面的虚实之前，不应贸然出兵。我们不要着急，蒋先生的生命要紧；急狠了，蒋先生就没命了！"

闻听此言，戴季陶不由得大怒，责备道："你的谈话不合适！"

孔祥熙气愤地质问："哪一句不合适？"

戴季陶轻蔑地说："你尽讲外行话。这件事非采取主动不可，否则挽救蒋的生命毫无希望，因为张、杨的命运没有掌握在我们手中。"

说完这几句话，他突然走到孔祥熙面前，恭恭敬敬地作了三个揖，甩袖而去。会议不欢而散。

孔祥熙接着就以代行政院院长的名义，在孔公馆召开高级会议，商议在讨伐前如何营救蒋介石的问题。会前，宋美龄对黄埔系将领做了说服工作。她把"复兴社"干事长邓文仪找到寓所，要邓转告"复兴社"成员，不要支持迅速讨伐西安的主张，并有针对性地说主张讨伐的人员是"别有用心"。所以，尽管这次会议上两派仍旧对立，但主和的人多了起来。

会上，戴季陶、何应钦还是坚持前议，但在会议途中，戴季陶却起身进了休息室。过了很久，他才走出休息室，来到众人面前，撩起长衫，缓缓跪下，冲着与会者磕了一个响头。

众人被他奇怪的举动搞得莫名其妙。

戴季陶望着大家，平静地说："我是信佛的。活佛在拉萨，去拉萨拜佛有三条路：一条是由西康经昌都，二是由青海经玉树，还有一条是由印度越大吉岭，这三条路都可通拉萨。诚心拜佛的人三条路都走，这条不通走另一条，总有一条走得通的，不要光走一条路。”

说完，他又向众人磕了一个响头，站起身来，哭丧着脸退出会场。

戴季陶这一番话，使得在场人全都愕然，搞不清楚他的真意何在。经过仔细品味，人们推测：戴季陶可能认为救蒋有多种办法，都可以试一试，不是一味主张要武打了；可先进行和平营救，若无结果，再进行武力讨伐。

这样的推测，使得大部分人的意见趋向集中，主战派和主和派之间，第一次出现缓解矛盾的契机。

唯有何应钦不愿就此罢手。

12 月 16 日，国民党中央召开政治会议，研究西安事变解决的最后决策。何应钦首先发言：“对西安必须用兵，要快速行动，一直围到西安城下！”

戴季陶接着说：“事变以来，我一直没有上床睡觉，连饭也顾不上好好吃一顿，希望中央迅速决定，不要再拖了，一切要以党国大业为重。”

说到此处，他激动地站起来，近似疯狂地大声疾呼：“现在委员长吉凶未卜，若是不幸而为凶，则我们还去和叛逆谈洽，岂不是白白上了他的当，乃至将来无法申大义讨国贼。若是委员长还是安全的话，则我们用向绑匪赎票的方式将委员长救出来，则委员长何以统率三军，领导全国?！现在我们只有剑及履及地讨逆，才能救委员长的生命，挽救革命事业。我要敬告大家，若是今晚我们不能决定讨逆的大计，明天全国立刻大乱！政府也垮了！大局无法收拾！我们有何面目以对总理！何面目以对委员长！”

说完这番话，他意犹未尽，望着何应钦说：“万一有意外，也只有我们两个做文武两翁仲耳。”

由于何、戴寸步不让，极力主战，孔祥熙只得让步，提出了“军事政治，同时并举”的方针。会议决定推何应钦为讨逆总司令，指挥中央军进攻西安，国民政府下令讨伐张、杨，推于右任为西北宣慰使，分化张、杨部队。

会后，宋子文来到戴公馆，责备戴季陶不该在会上提出那样措辞激烈的主张。可戴季陶根本就不买他的账，反驳道：“我与蒋先生的关系，决不下于你们亲戚。老实说，我的这一套也是为了救他，我不反对你们去同张学良作私人周旋，拯救蒋先生。同时，你们也不能反对我的意见，因为这是政治问题，不能不如此！”

这句话，道出了他在孔公馆下跪的真意，那就是：和平营救是蒋家亲戚的私事，尽可以去交涉；但作为党国，非武力讨伐不足以逞威。

12 月 26 日，蒋介石飞回南京，戴季陶亲自到机场迎接。蒋介石握着戴的手，对他仗大义撑危局多有赞词，这让戴季陶心中颇感安慰。

然而不久，当他看到由宋美龄名义发表的《西安事变回忆录》时，不由得勃然大怒。

宋美龄在文中对戴季陶、何应钦多有指责，她写道：

“此时当余之前者，不仅为余夫一人生死之关系，实关系全民族最重大之问题，其变化实易受热情与狂想之激荡，而余本人复系有严重之个人利害。第一念袭我心头，余为妇人，世人必以为妇人当此境遇，必不能再作理智之探讨；故余必力抑压个人疆情，就全局加以考量。继余复念，此事若处理得宜，必能得合乎常情之解决，余必坚持我主张，将一切措施纳诸合理规范之中。中央诸要员，于真相未全明了之前，骤于数小时内决定张学良之处罚，余觉处置太骤；而军事方面复于此时，以立即动员军队讨伐西安，毫无考量余地，认为其不容诿缺之责任。余更不能意所其为非健全之行政，军事上或有取此步骤之必要，委员长抑或悬盼此步骤之实现，然余个人未敢苟同。因此立下决心，愿竭我全力，以求不流血的和平与迅速之解决。是非得失，将付诸异日之公论。”

看到这里，戴季陶不由气上心头。蒋介石竟然将自己与他的政敌放在一起抨击，这是戴季陶根本无法忍受的。他拿起鸡毛掸子将家中瓶子全部打碎，以泄心中怨气。经此刺激，神经衰弱的病复发，一连几天，卧床不起。

此后，蒋介石与戴季陶二人在心灵上都留下了感情的伤疤。

然而，戴季陶毕竟与蒋介石有着非同一般的关系。他依然受到蒋介石的信任。

1937 年 2 月，在国民党五届中央执委会第三次全体会议上，蒋介石决定辞去行政院长之职。国民党各方都认为宋子文在西安事变中救蒋有功，行政院长非其莫属。这样，蒋推举宋子文继任，无人异议。

出人意料的是，唯独戴季陶站起来表示反对。他说：“子文同志侃侃大才，党国倚畀正殷，将来必委以重任。但在今日之情况，则天下将以为委员长以国家名器为私人酬佣之具，反为子文同志出处之玷，非所以爱子文之道。”

这一番慷慨陈词，显得堂堂正正，无可辩驳，宋子文的行政院长就眼睁睁地丢了。

宋子文哪里会知道，这实际上是蒋介石与戴季陶两人合演的双簧戏。对于行政院长一职，戴季陶与蒋介石早有密议。虽然宋子文与蒋为姻亲，但因其颇具才干，在英美方面又很有影响，蒋介石十分嫉妒；宋子文有英美撑腰，不愿俯首听命，这更是蒋介石所不能容许的，所以，便借戴季陶的元老地位阻止了宋子文的出山。

七、助蒋打内战的老辣计谋

1945 年 8 月 15 日，日本投降的消息传到山城重庆，为胜利刺激不眠的人们整夜燃放喜悦的爆竹。而作为蒋介石国策顾问的戴季陶，却不为这胜利的欢呼所动，相反，却“忧恐至数日不能起，起时亦无喜色”。

戴季陶忧在哪里，恐在何处呢？

虽然他患有严重的神经痛，受病魔煎熬，卧床不起，但是也不至于忧恐数日。他忧虑的是：抗战后共产党的影响比以前更加扩大，力量比以前更加强大，这在战后必然对国民党构成最大的威胁。

在床上经过几昼夜的思考，他郑重其事地提醒蒋介石：“今兹倭寇降而共匪炽，正与捻匪当年局势无殊。战时固艰苦，战后艰苦将十倍于战前，危险亦不可想象。非不可避免，只在人心知与未知一转耳。”

戴季陶的忠告，使沉浸在胜利喜悦中的蒋介石冷静下来，开始考虑战后如何消灭共产党的问题。

抗战即将结束时，一个现实的问题摆到蒋介石的面前：国民党在军事战略上并不占上风。8 月中旬开始，国共两党分别为迅速受降及抢占敌伪地区而全力以赴，甚至为争夺华北一些重要铁路和战略要地已经开始发生军事冲突。但由于国民党军队大部在西南地区，它要接收的首先是东南和华东地区，其次才是华北和东北，东北此时尚无国民党军。而中共军队却利用苏军占据东北的有利条件开始大规模渗入东北，热河、察哈尔、绥远、山西、河北、山东，乃至江淮地区之大部，也都在中共的掌握之中。依靠少量军队，国民党无力与中共进行争夺，而要调集大军，则又耗费时日，难免使华北乃至东北大部都迅速为共产党占领。这是蒋介石根本无法容忍的。

抢占胜利果实，发动内战，消灭中共军队，这是蒋介石既定的方针，但自己的军队远在大后方，不仅没有能力立即与中共开战，而且在抢占有利地位方面也没有占多少便宜，因此急需一段时间抢占战略要地，加紧军事和政治部署。正是在这样的背景下，蒋介石发动了和平攻势，电邀中共领袖毛泽东到重庆谈判，玩弄了一手假和平真内战的把戏。

1945 年 8 月 14 日，蒋介石致电毛泽东：“倭寇投降，世界永久和平局面，克期实现，举凡国际国内各种重要问题，亟待解决，特请先生克日惠临陪都，共同商讨，事关国家大计，幸勿吝驾，临电不胜迫切悬盼之至。”

蒋介石摆出了一副渴望和平、共商国是的姿态，发起了和平攻势。对于蒋介石的邀请，中共中央根据以往的谈判经验，立即断定：蒋介石是没有谈判诚意的，此次也只不过是玩弄新的和谈阴谋罢了。

所以，毛泽东在16日回复蒋介石的电文中，轻描淡写地说："朱德总司令本日午有一电给你，陈述敝方意见，待你表示意见后，我将考虑和你会见的问题。"蒋介石判断：毛泽东的回电是以此为挡箭牌，根本拒绝谈判。因此，8月20日，蒋介石决定"假戏真做"，向毛泽东发出第二封邀请电，内称："大战方告终结，内争不容再有。深望足下体念国家之艰危，悯怀人民之疾苦，共同戮力，从事建设。如何以抗战之功收抗战之果，甚赖于先生之惠然一行，共定大计，则受益拜惠，岂仅个人而已哉！特再驰电奉邀，务恳惠诺为感。"第二天，重庆《中央日报》全文刊载了上述电文。在该电中，蒋介石把自己打扮成"体念国家之艰危，悯怀人民之疾苦"的领袖，而将国家能否走上建设道路、人民能否获得和平的希望，都系于毛泽东能否赴渝谈判一事，好像只要毛泽东答应赴渝谈判，国内和平立即降临一样。

面对国民党的和谈邀请，毛泽东经过几天的观察和分析，很快改变了态度，考虑接受蒋介石的邀请，并先派周恩来前往重庆接洽谈判事宜。22日，毛泽东复电蒋介石："兹为团结大计，特先派周恩来同志前来进谒，希予接洽，为恳。"次日，中共中央政治局召开扩大会议，着重讨论重庆谈判的决策问题，毛泽东分析了抗战结束后的国内外形势，认为中国已经进入和平建设的新阶段，自己应该亲自赴重庆谈判，不能拖。

戴季陶从顽固的反共、仇共、恐共立场出发，对政学系企图利用重庆谈判，从政治上压服共产党持怀疑态度。他告诫蒋介石："断无视匪为正当人物，以匪徒之言论为正当道理者。而今竟至视为合法之团体，视其人为社会之贤达，趋向之不正，人心之不竭如此，安能不使天下之人，群趋之为匪?"坚决反对与共产党谈判。

对于戴季陶的担心，蒋介石信心十足地安慰戴：不必多虑，我已准备了谈和打两手。

见蒋介石决心已定，戴季陶便不再多说什么，只好建议蒋：做好准备，认真对待谈判，不要中了共产党的阴谋，并表示自己不与毛泽东等作正面接触。

蒋介石接受了他的建议，以政治要求极宽容，对军事问题则严格统一，不稍迁就。

戴季陶与毛在大革命时就已相识，并先后在一个部门工作过。当时戴季陶在国民党中央宣传部任部长，国民党二大后，毛泽东也曾任国民党宣传部代理部长。当年的两任部长，今日的斗争对手，每念及此，戴季陶都免不了暗生感慨。

更令戴季陶想象不到的是，毛泽东到重庆后，竟然亲自来“陶园”拜访自己。

8月30日下午3时，毛泽东亲自到陶园拜访戴季陶。近20年不见，戴季陶感到毛泽东已不是当初那个喜欢谈农民问题的青年人了，而是周身充满凝重、睿智和胆识的政治家了。看到这些，戴季陶情不自禁地为蒋介石悲哀起来。

蒋介石与毛泽东在重庆谈判

当毛泽东从戴季陶处出来后，正好遇上前来看望戴季陶的蒋介石。在小道上狭路相逢，蒋介石问毛去哪里，毛泽东从容回答：“刚刚拜见过戴季陶先生。”

蒋介石先是一怔，随后笑着说：“好，见见好，见见好。”

毛泽东走后，戴季陶与蒋介石进行了一番谈话。他再次忠告蒋介石：以我对毛泽东的观察，此人气度是不可小视的，他有着豁达大度的气质，已经不是20年前那位毛头小子了，已经成为了国民党的有力挑战者！

重庆谈判是蒋介石“和”的一手的运用，他并没有与共产党长期合作的诚意。《双十协定》墨迹未干，他就命令国民党军队向解放区进攻，挑起内战。

蒋介石的方针是：“先打关外，然后关内”，消灭东北的中共力量后，再回师入关，夹击华北，一举消灭中共。对于这个计划，戴季陶不以为然。

戴季陶通过自己的分析，认为从全局来考虑，华北是中共首脑机关所在，战略地位重于东北，如果不控制华北，局势发展难以预料。他不顾衰弱的身体，约集何应钦、白崇禧、张治中、朱家骅、陈立夫等人为蒋出谋划策。戴季陶向蒋介石建议：“收复东北，不可操之过急，千万不能派兵出关，宜由当地自主去应付，宜步步为营，否则派去部队必遭损失。”

然而，蒋介石并没有接受他的意见，因为他早已按照政学系首脑之一熊式辉所制定的方案实施了。

原来，早在1944年，熊式辉在中央设计局成立了研究台湾和东北问题的特别委员会，专门讨论战后如何对付共产党趁机进入东北的问题。经过反复的讨论，熊式辉向蒋介石提出东北问题的几项原则意见，其主要内容有：

（1）将东北三省划为九省；（2）在东北以实行三民主义为总的施政方针；（3）抽调一部分精锐“国军”长驻东北，作为军事基础；并改编整训伪满军队作为军事辅助；(4) 将东北作为全国经济建设的基地；(5) 在人事安排上，争取中间派的合作，遏制共产党势力的扩张，坚持国民党一党专政的实质，但表面上要涂上一层民主的色彩。

对于熊式辉的这个方案，蒋介石基本同意，并于1945年8月31日，任命熊式辉为军事委员会委员长东北行营主任，兼任东北行营政治委员会主任委员，主持东北军政事务。

戴季陶本来就不同意政学系提出的与中共举行重庆谈判的主张，更对熊式辉解决东北问题的方案持否定意见。他看到自己的主张没有被蒋介石采纳，心中隐然不乐，对国民党的前途更加忧虑，也对政学系产生了强烈的反感。

1947年3月，国民党召开六届三中全会，戴季陶虽因病加重，好长时间没有到考试院视事，但由于这次会议是为实施宪政作准备，他还是抱病出席了。几天的劳累，使他竟晕倒在会场，不得已请长假休息。尽管如此，他还是念念不忘蒋家王朝的兴衰，继续为蒋出谋划策。

鉴于当时的政治形势，戴季陶认为，要稳定国民党政权，必须重视党化教育，培养忠于党国的人才。共产党之所以迅速强大，在于有大批忠诚的干部和培养了许多信奉共产主义的青年。而以前国民党从事党的教育的一些学校，大都没有得到重视。特别是中央政治学校，成立20多年了，虽然培养了不少高级党务人才，但抗战后没有得到应有的发展，也放松了党化教育。他给负责党务的陈果夫、朱家骅等人写信，要他们对中央政治学校给予足够的重视。

戴季陶对国民党政府的忠贞之心，终于感动了固执的蒋介石。蒋介石采纳了他的意见，将中央政治学校更名为国立政治大学，加强党化教育。

八、为蒋当“总统”而登台表演

1948年春，蒋介石为给他摇摇欲坠的独裁政治涂上一层“民主”的色彩，决定召开“行宪国大”。按照1946年“国民大会”制定的《中华民国宪法》规定，国民党中央政权的政体是“内阁制”。召开“行宪国大”，就意味着蒋介石要当总统了。

但问题并没有这么简单。军事上的失利和经济上的危机，使蒋介石的威信大打折扣；1947年夏，美国政府派魏德迈来华调查南京政府的情况，魏德迈认为蒋的政府腐败无能，麻木不仁，如要使中国复兴，必待富有感召力的领袖出现。这对蒋介石无疑是沉重一击。现在他要做总统，就需要别人拥戴，这样

才能回击美国的指责。

如何才能获得人们的拥戴？蒋介石使出了惯用的“以退为进”的撒手锏——坚决辞让做总统候选人。

4月4日，国民党中央在南京召开六中全会，讨论总统候选人提名问题。蒋介石在会上声称：“余不拟参加大总统竞选，望本党同志慎重选择未来元首。”他提出总统候选人必具这样的条件：（1）文人；（2）学者专家；（3）国际知名人士；（4）不一定是国民党员。

很显然，蒋介石提出四个条件，意在敷衍美国人。在他看来，美国政府希望胡适当选总统，蒋介石所提出的这样的条件，显然是针对胡适而定的。

下午会议继续进行，由何应钦主持，讨论总统候选人问题。蒋介石为“避嫌”没有到会。由于蒋明确表示不当总统候选人，会场极为活跃，有人直截了当提议胡适为候选人，有的提议元老派于右任、居正、吴稚晖为候选人。只有CC系大将潘公展等人极力拥戴蒋为总统候选人。

坐在会场前排的戴季陶面对这种纷乱的局面，正襟危坐，不置一言。

其实，他心中正绞尽脑汁地思考扭转这种局面的对策。他心里非常清楚，蒋介石提出不做总统候选人，是做戏给美国人看的，也是对部下忠诚与否的最后检验。近30年的交往，他对这位盟兄弟太了解了。以退为进，是蒋介石的一贯手法；正话反说，是蒋介石谋取权力的一种暗示，他越是提出不当总统，就越是说明他想当总统。况且在这风雨飘摇之中，只有蒋介石能与共产党相抗衡，稳住半壁江山。

因此，戴季陶断定这首任总统，只有蒋介石才能做。

想到这里，戴季陶气冲冲地站起来，用教训的口吻训斥说：“你们真是不懂政治，不顾大局！这种做法只能置中华民国于绝境。从国民党历史和目前局势来说，都非蒋介石当总统不可！”

以戴季陶在国民党内的地位和他与蒋介石的关系，谁还敢起来反驳？这样，戴季陶一锤定音。会议推张群、吴铁城等人向蒋介石劝驾。

果然不出所料，蒋介石欣然接受中央提名。

4月19日，蒋介石以2430张选票当选为“中华民国总统”。

蒋介石当选后，对戴季陶的耿耿忠心，非常感动。他希望戴继续担任考试院院长，与他携手共撑危局。

但病弱不堪的戴季陶，不愿再担此大任了。

除了身体每况愈下、不堪公务之苦、希望长期休养的原因外，戴季陶已经感到，国民党人心离散，大厦将倾，自己已经没有回天之力了。因此，在“行宪国大”上，他以年迈多病为由，坚决辞去考试院院长之职。

蒋介石哪里能答应？他离不开与自己患难与共30年的盟兄。

蒋纬国奉父命亲到戴家劝驾。

尽管蒋纬国与戴季陶有父子之情，怎奈他主意已定，坚不受命。见此，蒋介石只好顺从戴的意愿，让他卸任考试院院长之职，由张伯苓继任。6月5日，蒋介石任命戴为国史馆馆长。这样，戴季陶结束了20年考试院院长的政治生涯。

由于戴季陶的鼎力相助，总统问题顺利解决了，但副总统的选举，却使国民党内部权力斗争达到白热化。

戴季陶（前排左二）与蒋介石（前排左三）于右任（前排左四）等人

蒋介石原想由国民党中常会作出决议，指定孙科为副总统候选人。却不料党内提名的方式遭到否决，副总统候选人一下冒出6个：孙科、于右任、李宗仁、程潜、莫德惠、徐傅林。

至于副总统一职，蒋介石为何属意孙科，时任国民党中央秘书长的吴铁城一语道破天机："蒋一向自认为是继承孙中山先生的，现在确定孙哲老继承蒋，将来又盼望孙哲老栽植蒋经国为继承人。为此，则由孙蒋而蒋孙，又回复孙蒋，续续三朝，岂不是好事吗？"

更重要的是：孙科在国民党内是庸碌之辈，对蒋介石不能造成威胁，更不会取蒋而代之。

而李宗仁则不同了。他是新桂系的首领，时任北平行营主任；桂系的另一首领白崇禧坐镇南京国防部，黄旭初在广西看家。如果再让李宗仁当上副总统，桂系将对蒋产生更大的威胁，那不等于自掘坟墓吗？

因此，蒋介石不惜一切手段压制李宗仁，全力支持孙科竞选。

在蒋介石对副总统候选人的态度没有明朗之前，戴季陶原来是准备支持李宗仁的。戴季陶信佛，国民党内人所共知。李宗仁为取得戴的支持，曾派人从北平专程送来金佛像一尊。据说这座金佛是日本人由东京本愿寺移到北平，准备放在北长街建寺供养的，是价值连城的珍品。

戴季陶见如此贵重的礼物，心中十分高兴。但表面上却装作清高廉洁之态，双手合十说："我无德消受，当转广东刘大师供养。"

当来人说明了李宗仁送佛的目的后，他欣然接纳，满口应承道："德邻先生配合蒋公，真党国之福也。"他亲笔写信给李宗仁，表示理当支持他竞选。

但李宗仁与他的关系，哪里能与他和蒋介石的关系相比！几十年来，他与蒋介石有"一荣俱荣，一损俱损"的荣辱与共的交情，特别对他亲手辅助建立起来的蒋家王朝，虽然到如今已是残破不堪，但仍怀有特殊的感情。

正因如此，当蒋介石反对李宗仁竞选副总统的态度表现出来后，戴季陶立即来个一百八十度的大转弯。

戴季陶早已将与李宗仁的君子协定置之脑后了，转而支持孙科竞选副总统。当李宗仁第二次派人来见他时，他虽是热情款待，却绝口不提竞选之事。

李宗仁白搭了一尊金佛，只好自认晦气。

为帮助孙科战胜李宗仁，蒋介石指使走卒动用了党部、同学会、宪兵、警察、中统、军统全部力量，对"国大代表"实施威逼利诱手段，甚至半夜三更还到代表住所"访问"，向其说明蒋介石的意思，从蒋者有官有钱；违背蒋志者，自毁前途。"国大代表"不堪其迫，怨声载道，议论纷纷。戴季陶也四处活动，与于右任、吴稚晖一起向李宗仁施加压力，要李退出竞选，李宗仁不为所动，坚持不让。

戴季陶决定改变方式，广拉选票，抗衡李宗仁。

当时李宗仁在长江以南各省有强大优势，孙科仅占有广东一省。戴季陶分析形势后，决定利用自己任职蒙藏委员会委员长多年的基础，多方联络边疆各省代表，争取支持，以期从选票上压倒李宗仁。

为拉拢边疆地区代表，戴季陶以病弱之躯，同孙科一道举行盛大的茶话会，邀请边疆代表参加，恳请各位代表投票支持孙科。边疆各省区的代表碍于戴季陶的面子，一致同意支持孙科，并且要求代表当场"看票"。孙科见此，连忙站起身来向众人鞠躬致意，谦称不必，表示绝对相信大家的诚意。

戴季陶见此，心中甚是欢喜，表面上又冠冕堂皇地说："秘密投票是宪法给你们的权力，自愿公开投票，以示负责更是你们的自由。不过宪法保障于先，孙先生对诸位的热烈支持坚信不疑于后，诸位似乎不必坚持看票了。"

这句话真是说得精妙绝伦，天衣无缝，既在暗中对边疆代表施以小利和压力，拉到了选票，又高谈宪法自由，给行将就木的蒋家王朝注入生机。

然而，竞选的结果却给戴季陶浇了一头冷水。29日的选举结果，是李宗仁以1438票对孙科的1295票的微弱多数，当选为副总统。

戴季陶上上下下白忙乎了一段时间，当听到孙科落选的消息后，再也坚持不住，终于病倒了。难过归难过，他仍感到安慰。把蒋介石抬上总统的"宝座”，毕竟圆了蒋介石的“总统梦”，也够对得起盟兄了。

九、蒋家王朝的无字挽歌

然而，出乎戴季陶意料的是，1949 年 1 月 21 日，在人民解放军的炮火和桂系逼宫的交相攻击下，被迫下野的蒋介石，恼羞成怒，反过来又责骂当初劝驾的人，连戴季陶也在责骂之列。他怒气冲冲地抱怨：当初自己不愿当总统，就是戴季陶等人硬将自己推上总统宝座，这是天大的错误。结果弄得党内意见分歧，离心离德，对外对内，都受很大影响。

听了蒋介石这些昏头的话，戴季陶气得差点背过气去。你蒋介石将好好的江山弄到这种混乱的局面，明明是你想当总统，却将罪责都推给他人！失败者居然不知自省，反而诿过他人，如何又能挽救危局呢？

看来，蒋介石的气数将尽了！

“行宪国大”之后，戴季陶的身体病痛加剧，为了有利于身体的恢复，他迁入了自己设计的别墅——“孝园”。初到孝园，他心情十分舒畅，远离尘世的烦扰和纷争，在落日余晖中寻找逝去的岁月，确实让人陶醉。但搞了一辈子政治的戴季陶，怎能忘怀现实的政治？他对外边的时局，如战争的形势、社会的动态、人事的变更、中央应变的策略都详细询问，并常流露出伤时之感。他曾对身边的秘书说：“世风日下，衰病之身，毫无所补，每一念及，则深惶汗。”

由此看出他虽在休养之中，却国事难忘，经常关心着时局的发展。

如果说戴季陶还能忍受身体上的病痛的话，那么政治上的打击则使他对国民党彻底失去了信心。

1948 年 12 月底，华中“剿共”总司令的白崇禧致电蒋介石，抢先打出和谈旗号，逼迫蒋介石下野。白在电报中说：“民心代表军心，民气犹如士气。默察近日民心离散，士气消沉，遂使军事失利，主力兵团损失殆尽。倘无喘息整补之机会，则无论如何牺牲，亦无救于各个之崩溃。”他建议请美、苏、英三国出面斡旋和平，由民意机关向双方呼吁和平。

戴季陶看到国民党内人心离散，政治衰败已经无可挽回，心中充满了“流水落花春去也”的伤感。

这一年 11 月 13 日，蒋介石的“文胆”陈布雷看到蒋家王朝大势已去，带着“油尽灯枯”的感慨，在南京自杀身亡。这一举动，使戴季陶精神受到强烈刺激。

想当初，他与陈布雷，一个谋臣，一个“文胆”，辅佐蒋介石，着实干了一番“事业”。今“文胆”既去，他不禁顾影自怜，悲从心来。

1949年12月28日，戴季陶与新婚夫人赵文淑及随员乘“美龄”号专机离开南京，随国民党中央南迁广州，被安顿在广州国民党省政府的招待所迎宾馆，后又转往东园宾馆居住，备受关怀礼遇。

戴季陶（左三）与家人合影

此时，三大战役已经结束，国民党机械化部队损失殆尽，国民党已是回天乏术，死亡在即。面对这种情况，国民党要员纷纷带着金银细软，携妻带子争相逃亡台湾。一天，监察院院长于右任来看望戴季陶，老友重逢，戴季陶久病之颜出现了难得的笑容。二人从个人躯体之疾，谈到国民党政权“之疾”，都不胜悲观，相对嘘涕。

于右任毫不客气地指出：以戴和蒋的关系那样深，蒋今天把国家弄成这样，戴也有责任。

戴季陶听后，涕泪纵横，无言以对。

难道这不是事实吗？作为蒋介石身边最重要的谋臣和最大的国策顾问，将国家折腾到这种地步，自己难道没有责任吗？

几天后，国民党中央党部派人劝戴季陶早日去台湾。

戴季陶断然拒绝说：“不必去！”

他不想抛骨异乡孤岛，同时身体状况，也经受不起旅途的劳累，他要回四川老家，以竟终年。

其实，对于自己的归宿，戴季陶早已有了定见。还没有来广州前，他曾对身边人员说：“共产党不会放过我，我也不会失节的。为民族尽大孝，为国家尽大忠，此其时矣。你们应好自为之，二臣不能当，有史以来，历代皇帝对前朝臣民，大都采取怀柔政策，但共产党奉行马克思主义，实行无产阶级专政，与怀柔政策不同。蒋先生大势已去，将来偏安之局也难保。今天的局面，蒋先生一木难支大厦，外援无望，现已是众叛亲离。历代帝王，统一天下，失天下的为其后代不肖子孙，蒋先生则不然，自己得的天下，自己失之，人谋之未臧。”

这番宏论，不是戴季陶应景而发，而是他对蒋家王朝命运的总结。他既不愿随蒋偏安，又怕成为共产党的阶下囚，归宿就只有一条路——自杀。

1949年2月12日，戴季陶在广州东园宾馆服安眠药自杀，与蒋家王朝一道走向了死亡。

戴季陶死后，由其长子戴安国运灵柩直飞成都，与原夫人钮有恒合葬在成都郊外西枣子巷黄太夫人墓地。

与陈布雷不同的是，戴季陶没有给蒋介石留下任何遗书，因为他知道，蒋介石是自己得天下，自己失去天下的，留什么都无用，也就什么都不用留。但他的死，却给国民党22年的统治，留下了无字的挽歌。

蒋介石闻听盟兄逝世的消息后，异常悲愤，“故人零落，中夜欷歔”。3月31日，他发表《褒扬令》，称戴季陶“才识恢弘、勋尤懋著”。

戴季陶之死，使蒋介石也看到了蒋家王朝的末日。

第五章 智囊“厨子”——张群

他与蒋介石交往最深，被公认为蒋的心腹智囊。蒋的一举一动，他无不心领神会；他的所作所为，无不唯蒋命是从。他说：“我只是个厨子，主人喜欢吃什么菜，我就做什么菜。”从蒋介石早年留学日本直到最后在台湾去世，60余年他始终追随其左右，是个名副其实的“终身智囊”。

一、患难与共的金兰之盟

张群是19岁那年与蒋介石相识于赴日留学途中的。

张群本是四川华阳的一个热血少年。1889年5月9日出生在父亲张汉霞为官的长宁县。从小受到良好教育的张群，在进入华阳中学后，不仅学习新的科学文化知识，还读到了不少进步书报，萌发了投笔从戎的愿望。

1906年冬，18岁的张群考上了清政府陆军部开办的通国陆军速成学堂（保定军校前身）。他到保定入学后，被编入步兵第二队学习，当时蒋介石也在这所陆军速成学堂学习，但两人相互并不相识。1907年末，陆军速成学堂选派40名公费生去日本留学，张群和蒋介石都被幸运地选中了。在东渡日本的轮船上，张群与蒋介石攀谈了起来。当他听说蒋介石曾在两年前自己闯到日本去想学军事未能如愿，后来在清华学校住了几个月，结识了不少人，很为蒋的见多识广、侃侃而谈所倾倒。当蒋介石大讲炮兵在当今作战中如何如何重要之后，张群决定改变学习步兵的志愿，跟蒋介石一道学习炮兵。从此两人成为了同窗好友。

张群和蒋介石等40人在日本神户上岸后，改乘火车到了东京，进入振武学校第十一期学习。这所振武学校，原来是日本军部为了培训“忠君爱国，顺服长官”的中下级官佐而设立的，1903年起成为日本专为接待清政府派遣赴日学习军事的留学生的陆军预备学校。学校纪律非常严厉，严格规定学生不仅要专心学习，而且要顺服上级，要耐劳忍苦，要敏捷准时，不准随便议论等；教官灌输的尽是效忠天皇、重名轻死、崇尚勇武等“武士道”的封建道德观念。张群和蒋介石等人苦苦学习了近3年，所学的课程是普通学和军事学两部分。所谓“普通学”，有日语、历史、地理、数学、物理、化学、情报、图画等科；所谓“军事学”，有徒手教练、枪械教练、部队教练、测量、战术等。

在振武学校学习时，校规很严，只有星期天才能出校自由活动。为在周日能轻松舒服地度过一天，张群和蒋介石等人合租了一间只有在周日才使用的房子。一到周日，几位同学就在一起嬉闹玩耍，然后自己生火做饭。当时振武学校学生的伙食费是每月13元，清政府发10元，学校发3元，每日早餐只需4分钱。那时日本人不知道吃猪内脏，他们买下一头猪的全部下水只花8角钱，再搞点清酒助兴，生活很是宽裕。

当时蒋介石22岁，张群19岁，两人活泼好动，对学校的严格制度难以忍受。据张群回忆，为了抗议《留学生规则》太严，蒋介石和他写了退学报告书，跑到神田的中国料理店龙涛馆不出来，死守一个月左右，最后学校让步，只给他们扣分处分，仍予恢复学业。

这是蒋介石与张群第一次“患难与共”。

1910 年，张群和蒋介石等人在振武学校学习结业，按照规定，他们要以“士官候补生”的身份发到日本军队中去实习。他们一批 16 人，被分发到第十三师团野炮兵第十九联队去实习。第十三师团驻扎在本州西北部新鸿县高田(今上越)，是一个寒冷多雪的地方。严格的军营生活，磨炼了他们的意志。每天清晨 5 时就在军号中起床，快步跑到井边提取冷水洗脸。然后在长官的带领下去马厩擦马。擦马是野炮兵每天必做的一项重要课目，蒋介石在几十年后对军人训话时还印象清晰地说：

“擦马的工作，要从马蹄、马腿擦到马背，经过马背擦到马头、马尾，这马的每一个关节，每一块肌肉，都要用禾草束尽力地摩擦。这样大概经过一小时，将马的浑身擦热了，马的血脉流通了，而我们的本身亦因用劲擦马，努力工作，虽在这样的冷天，不仅不觉得寒冷，而且身上和手足都发热，有时候还要流汗。……等到马擦完了以后，再将它牵到厩外雪地里的马槽去饮水和喂料，等到马喂好了，我们自己才能回营房去吃早饭。到了傍晚，再要同样地到马厩去擦马一次，然后才去吃晚饭。”

蒋介石这段回忆，细致地记述了炮兵生活的一幕，可以看到他们当年所经受的磨炼。

军营的伙食，对张群和蒋介石来说也是一种磨炼。每人每餐只能吃一碗冷米饭，有时则是麦饭；菜常常是几片萝卜干或一块咸鱼，星期日才能吃到一点豆腐、青菜和肉片。这点饭菜对于一个青年军人来说，实在是难以支撑，有时饿得他们直冒酸水。

更大的磨炼，是对上级的顺服。张群和蒋介石到了高田，都是二等兵，上面还有上等兵、下士、中士、曹长、特务长，再上面是一级又一级的军官，都要绝对服从。不仅要给他们洗衣服、刷靴子，还要伺候他们吃饭、睡觉，毕恭毕敬，有时还会受到斥责。

这种磨炼，对蒋介石和张群的影响是十分深刻的。蒋介石后来曾不止一次地对国民党军官说：“在高田的日本军营，纪律的约束和生活的单调、枯燥无味，使我当时觉得太不合理了。但是我今天回忆起来，我生平生活之所以能够简单，工作之所以能够有恒，四十年如一日，的确是由于这一年士兵生活的训练所奠立的基础。”

对于张群来说，终身受益的不仅仅是坚忍耐苦，还有更重要的一条，这就是对上司的绝对顺服。

1911年10月10日，武昌起义爆发，湖南、江西、安徽、广东等省纷纷响应，宣告独立。在上海筹划起义的陈其美，非常缺乏军事指挥人才，便向蒋介石发出了一份“十万火急电报”，叫他迅速回国参加起义。

蒋介石接到电报后就同张群商量，决定马上动身回国，一同实习的陈星枢也表示要跟着回国。他们向第十三师团长长冈外史写了书面报告要求请假。日本军队的纪律十分严格，任何军人都不得擅自离开队伍，否则就是逃亡，由宪兵缉查，严厉惩处。长冈外史对蒋、张等人的请假要求自然严厉拒绝。他表示：“你们这些留学生是清国陆军部委托我们管理的，没有清国的许可，不能许可擅自回国。”

蒋介石并没有气馁，又去找联队长飞松请假。在联队长的职权范围内，最多只能给48小时的假。飞松联队长准了蒋介石等人48小时假，同时对蒋介石说：“你如果在48小时内不归队，就要被当做逃兵而受到宪兵的缉查。”

两天时间要离开日本，是完全来得及的。蒋介石和张群立即收拾行装，从高田乘火车到东京。在向同盟会驻东京浙江支部领取路费后，48小时的期限已到。于是，蒋、张二人脱下军装，蒋介石换上日本和服，张群换上日本学生装，登船起程，返回上海。

在登船之前，蒋介石将在高田野炮兵所穿军服和所佩军刀寄回高田野炮兵联队，以表示自己离队的决心。

10月30日，张群和蒋介石登船起程，当日便到达上海。这时，陈其美等人正在为上海和杭州的起义作最后的准备。蒋介石被派往杭州去指挥武装起义；张群则留在上海，在陈其美身边参加上海的起义活动。11月4日，上海光复后，陈其美被推举为沪军都督兼都督府司令部部长。陈其美乘势组建沪军，由黄郛担任第二师师长，蒋介石任第五团团长，张群先在军务处任军械科长，后在第二师任参谋。

蒋介石与黄郛、张群朝夕相处，又有日本留学时结下的深厚友谊，便仿古人“桃园三结义”之举，在打铁浜45号焚香点烛，互换兰谱，结拜为盟兄弟。这年黄郛已有31岁，蒋介石是24岁，张群才22岁，自然居三。

奉陈其美之命派人刺杀光复会领袖陶成章后，蒋介石被迫离开上海到日本避风。临行前，他将第五团团长一职交给张群代理。张群代任团长后，一面竭力平息部属对蒋介石的猜疑和不满，一面联系去英国深造之事。

然而，正当张群在南京换火车北上时，传来了宋教仁在上海火车站被刺杀的噩耗。张群取消了去英国留学的计划，与陈其美、黄郛、蒋介石一起在上海参加了讨袁的“二次革命”。

上海讨袁军的第一个进攻目标是江南制造局。7 月 23 日，陈其美指挥讨袁军分路发动进攻，张群和蒋介石也带领一支队伍参战。但由于力量悬殊，敌人有“海筹”号等大型军舰支援，讨袁军在敌人的强大火力面前无法前进，僵持了两天，不得不撤退。

看到这种局势，蒋介石认为，要攻破制造局，就要增加新的战斗队伍。他立即想到一年多前自己领导的第五团。第五团在全国统一改编军队时被编为第九十三团，张群离开后，团长由广西籍的陈其蔚接任，驻扎在上海近郊的龙华。如果将这支部队运动过来，无疑将会成为讨袁军的生力军。

28 日，蒋介石和张群一道前往龙华去策动九十三团起义，结果只有张绍良一个营的士兵响应。蒋介石率领张绍良营离开龙华向市区进发，投入再次攻打制造局的战斗。炮火虽然很激烈，但讨袁军兵力有限，弹药不济，一次又一次的进攻都以伤亡惨重而告终。经过三天三夜的战斗，蒋介石和张群被迫率军撤退到闸北。驻在闸北租界的英国军队趁机解除了这支军队武装。其他讨袁军陆续退到吴淞、宝山一带，蒋介石、张群等人逃入租界暂时躲避，“二次革命”失败后，他们被迫先后亡命日本。

这是蒋介石与张群又一次“患难与共”。

流亡到日本后，张群在 1914 年春进入陆军士官学校第十期炮兵科，继续他的学业；蒋介石则参加孙中山组织的中华革命党，往来于东京、上海之间，继续策动反袁。1915 年 12 月 25 日，蔡锷等人在云南举起反袁护国的旗帜后，浙江等省也纷纷宣告独立。蒋介石在上海协助陈其美进行反袁活动；张群则立即化装潜回国内，担任浙江省省长兼督军吕公望的参谋，并秘密前往上海在浙江驻沪办事处担任联络各方的工作。

尽管张群与蒋介石在上海并没有干成什么轰轰烈烈的大事，但他们不畏生死，投身于反清、反袁斗争，并为孙中山所重视，这无疑成为他们起家的政治资本。

二、令人刮目的钻营之术

张群由日本士官学校毕业回来后，便加入了政学会。1916 年春，政学会拥护岑春煊在肇庆组织军政府，反对袁世凯的洪宪帝制，张群任军政府副官长。当时政学会的骨干分子章士钊任军政府秘书长，杨永泰任广东省省长。张群在肇庆见政学会势力强大，便依草附木，以政学会为政治起家的阶梯。

正因如此，后来人们将张群视为国民党新政学系的首领。

袁世凯死后，黎元洪继任大总统，段祺瑞任国务总理。由于担任北京政府总理的皖系军阀首领段祺瑞，公开拒绝恢复《中华民国临时约法》，也拒绝召开国会。1917年7月，孙中山为保护"约法"，率一部分海军南下广州，发动了"护法运动"，建立中华民国军政府，自任大元帅。张群和蒋介石先后被孙中山任命为大元帅府参军。

在孙中山大元帅府任参军的蒋介石

这时，四川督军熊克武支持孙中山的护法运动，请求孙中山派一位才识胆略俱佳的得力助手到四川任警察厅长。孙中山环顾左右，只有蒋介石没有重要任务，可去担任此职，于是写了一封介绍信，交给蒋介石，让蒋介石前往。

蒋介石从未到过四川，对蜀中政局一无所知，便向张群请教。

根据与蒋介石多年的交往，张群知道蒋介石不愿离粤入蜀，便对蒋介石说："熊克武为人一贯骄横自大，对孙中山先生亦多不买账。况且你与熊克武既无一面之交，又对川中政局不甚了解。现在仅凭先生一函书信入川，我想不会十分如意。万一去了合作不好，不欢而散，反失去了先生一方机会。不如请中山先生另修一函，介绍另一熟知四川情形之人去见熊克武。你可在上海安心暂住，以待中山先生另有发展时，取得适当工作，自比入川好得多。"

闻听此言，蒋介石觉得张群分析得很有道理，便决心不去四川。同时，他也听出了张群有回四川的想法，便想成全他。蒋介石对张群说："你说得有道理，我决定不去四川了。如果我在中山先生面前推荐你去见熊克武，你如何来报答我？"

张群听了蒋介石这半开玩笑的话，大喜过望："我如得兄之力，得到好差使，我一定按月汇上海300元，做你一家的生活费；你如在中山先生处得意了，我立即辞掉四川的事再来跟你。"

"就这样决定了。"蒋介石高兴地说。

第二天，蒋介石去见孙中山，说明自己对川中情况生疏，又不是四川人，去了也难以立足，请求孙中山先生重修一书，推荐张群去见熊克武。

孙中山听说蒋介石自己不去四川，还要另荐一人，心中不快，便冷冷地说：“你如不愿入川，我亦不勉强你。张群虽是四川人，为人如何我不太了解，不能随便向熊克武推荐。”

蒋介石受到孙中山的训斥，感到很不是滋味。他很不情愿地将孙中山写的推荐信呈上。

孙中山展阅后，撕毁投于纸篓中。

回到寓所，蒋介石把孙中山不肯另荐人去见熊克武的事如实告诉张群。

张群怅然良久，灵机一动，将孙中山致熊克武信中措辞一一记起，大胆假冒孙中山写成一封致熊克武的书信，除略述孙、熊过去情形一番客套外，请熊克武一定为张群在四川有所安排。

假信写好后，张群便告别蒋介石，秘密入川去见熊克武。熊克武正热切地盼望孙中山赶快推荐人来任事，哪里还去辨其真假？张群竟弄假成真，被委为成都市警察局长。

这件事，蒋介石被蒙在了鼓里。

一天，孙中山召见蒋介石，将一电文掷给蒋介石。蒋介石展开一阅，原来是熊克武来的，内容是：“已遵命委张群为成都警察局长。”他不由得大惊失色，冷汗顿时流了下来，急忙对孙中山说：“张群去四川，我原本不知。熊克武来电说遵命委派，必定是张群假冒先生的信，请先生回电否认，由熊克武追究。”

孙中山看蒋介石急成这个样子，脸色缓和下来说：“去电否认，似可不必。你既不知此事，我可以原谅你。但张群为自己不择手段，非正人君子，你以后以不近他为是。”

蒋介石听了，连声诺诺而退。

对于这件事，蒋介石确实对张群不满，但又见张群处事工于心计，长于计谋，以后可以引为谋臣，不满之情也就烟消云散了。

因为有孙中山的告诫，后来蒋介石在黄埔办军官学校，广为罗致保定军校、日本士官学校的同学，如张治中、王柏龄、顾祝同、陈诚、徐庭瑶、陈仪、何应钦、刘峙、钱大钧等先后任教带兵，形成他最早的军事班子，却一直不敢重用张群，怕再招致孙中山的质问。

张群到四川后，极力推动熊克武支持孙中山的护法运动，与四川各种政治势力周旋。这时候，担任四川督军的熊克武同省长杨庶堪两派尖锐对立，省警务处长兼省会警察厅长杨维祖护杨庶堪，为熊克武所不满。张群到成都后居间调停，颇得双方的赞许。

可是，熊、杨之间终难融洽。1920年冬，杨庶堪与吕超结合，并且得到滇黔军的支持，熊克武被迫出走。张群斡旋不遗余力，但仍无力弥补，只得离川返沪。后来他得悉黄郛在北京政府担负要职，便赶去北京，在黄郛的举荐下，先后担任总统府总务处长、交通部航政司长等职。

1924年10月，冯玉祥在黄郛的帮助下发动北京政变，联合胡景翼、孙岳共同建立国民军。胡是张群在日本留学时的好朋友，政变成功后担任国民军副司令兼第二军军长，到开封出任河南督军。张群应胡的邀请赴豫，出任河南省警备处长兼警备司令，又任省会（开封）警察厅厅长，帮助胡景翼管理治安。

张群与蒋介石分手近10年，在北京、四川、河南多次出任官职，学到了不少政坛宦海的为官之道，诸如谦恭待人，绝不颐指气使；贪敛有度，不可买卖官缺；顺从上司，遇事察言观色；度量宽宏，能够忍辱不恼，等等。

张群正是带着这些为官之道，在大革命的浪潮中去投奔已经发迹的盟兄蒋介石的。

三、游说孙大帅局外中立

自1917年同张群一道被孙中山任命为大元帅府参军后，蒋介石走了一条与张群不同的发展之路。他先是担任粤军总司令部作战科主任，以后任粤军第二支队司令，但因为与粤军将领不合，时时离职回家或滞居上海。1922年6月，粤军总司令陈炯明公开叛变，蒋介石应孙中山之召从家乡奉化赶至广州，在粤护侍孙中山40余日，博得了孙中山的极大信任，为自己捞取了一笔政治资本。

1923年2月，蒋介石被任命为大本营参谋长。8月，他率“孙逸仙博士代表团”去苏联考察访问，归来后被派任黄埔军校校长，担负培养训练国民党军事人才的重任。1925年2月，蒋介石率领黄埔军校师生参加东征陈炯明之役；5月，又回师平定了刘、杨叛乱；8月，廖仲恺被刺后，又与国民政府主席汪精卫、国民政府军事部长兼广东省政府主席许崇智三人共同担任特别委员会委员，与汪、许并驾齐驱，拥有政治、军事、警察全权，控制局势和处理廖案。此后，他又得到汪精卫的支持，驱走了许崇智，夺得军事大权，一跃成为国民党和国民政府的军事首领人物。10月，他任东征军总指挥，率领三个纵队再次东征陈炯明，取得完全胜利，威信骤增。1926年1月，在国民党第二次全国代表大会上，蒋介石当选为中央执行委员，会后又被推选为中央常务委员，

还任国民革命军总监，统辖广东地区的六个军。通过“中山舰事件”和《整理党务案》，蒋介石不仅打击了在国民党中央和国民革命军中的共产党力量，还逼走了汪精卫这个国民政府主席、国民党中央常务委员会主席、军事委员会主席、黄埔军校党代表，夺得了国民党中央常务委员会主席、军事委员会主席、国民革命军总司令等要职，成为国民党内迅速升起的一颗政治明星。

这时，从开封避居上海的张群，看到盟兄在广东发迹了，便日夜兼程南下广州，投奔蒋介石。

正在为自己的总司令部缺少智囊、高参而四处招揽人才的蒋介石，喜出望外，立即将张群请进了总司令部，参与北伐战略、政略及重大事项的谋议。

蒋与张虽是同学加兄弟，但毕竟有近10年各奔东西未在一起共事了。在蒋介石过去的印象中，张群是个对自己百依百顺、没有主见之辈，不料经过10年后再相见，张群简直变了一个人，不仅举止彬彬有礼，卑恭谦和，谋思缜密，而且口若悬河、善于言辞。

初到广州，张群就赢得了蒋介石的愉悦和信赖。

出师北伐，就是要向控制大半个中国的北洋军阀发起总进攻。当时的北洋军阀有三大系：张作霖奉系，占有东北全境和山东、直隶（今河北）一部以及京津地区，控制津浦线北段，拥有35万兵力；吴佩孚直系，占据豫、鄂、湘三省以及陕西、直隶一部，控制京汉线及粤汉线北段，约有兵力20万；还有一支孙传芳直系，以苏、浙、皖、赣、闽五省总司令自称，占据东南五省，控制津浦线南段和宁沪杭线，也有20万兵力。面对强大的北洋军阀，只有号称10万兵力（实际只不过6万，枪不足5万）的国民革命军，经蒋介石和苏联军事顾问加伦以及各军将领反反复复的研究，最后确定了一个集中主要兵力各个击破敌人的战略方案：“先定三湘，规复武汉”，首先打败对广东威胁最大的吴佩孚；然后移师东南，击溃孙传芳；最后在适当时机歼灭张作霖。根据这个战略方案，目前一方面要联络北方的冯玉祥国民军，以牵制张作霖；另一方面要分化孙传芳。孙原来就是直系的人，与吴佩孚有旧谊，一旦他们联系，北伐就难以想象。所以分化孙传芳，孤立吴佩孚，至关重要。

派谁去做分化孙传芳的工作？

蒋介石首先想到了自己的盟弟张群。因为孙传芳原来也是留学日本陆军士官学校回来的，与张群算是校友；孙之左右将领，出身士官学校的或者与张群有同学之谊的多达数十人，加上江苏省长陈陶遗原系国民党员，与张群亦有旧谊，派遣张群去做孙传芳的工作，无疑是最理想的人选。

刚刚投到蒋介石幕下的张群，也想借此一展自己游说诸侯的才华，便欣然应命了。

张群和何成濬等人细致地分析了从各方面得来的情报，认为利用孙传芳与吴佩孚相互之间的戒备防范心理和不同的国际背景，加以离间分化，争取在北伐军进攻湘鄂之时暂时中立，是完全有可能的。

事实证明，张群的判断是正确的。面对北伐军大举入湘，孙传芳的确有自己的如意算盘。他口口声声“保境安民”，“人不犯我，我绝不犯人”，“不加入任何旋涡”，拒绝吴佩孚的出兵援湘要求，实际上是想坐山观虎斗，让北伐军和吴佩孚打个两败俱伤，然后轻取两湖，坐收渔人之利。

8月，张群命何成濬先行，在南京与孙传芳接触，试探其虚实。但老谋深算的孙传芳，三言两语便将何打发了，没有透露任何有价值的信息。

9月初，张群衔蒋介石之命再去南京，亲自游说孙传芳。

张群到了南京后，先与浙军师长周凤岐、陈仪秘密联络，又得到陈陶遗的帮助，与孙传芳作了一次长时间的会谈。

张群重申广州方面的意向：“由国民政府委派孙为东南五省首领，保持五省治安，同时与北伐军一致动作，双方夹击湖北，会师武汉。”

孙传芳表示：“我已经接受了北京政府的任命，不能承认广州国民政府，也不能接受国民政府的任命。”

“北京政府已经腐败不堪，垮台只是时间问题。况且现在为奉系张作霖把持，孙大帅与张作霖隶属直系，与奉张势不两立，何必再受制于人？”张群耐心地开导着。

“我老孙怎么会受制于奉张呢？我是江浙五省联军总司令，他张作霖还不是我的手下败将！他能奈我何？”孙传芳有点急了。

“既然如此，何不与广州方面合作，共同对付奉张呢？”

孙传芳思考良久，说：“我还是不能与广州方面合作，更不能与你们一起对付吴佩孚。我看不如采取这样的合作方案：由吴佩孚、我、唐继尧及两广分区治理，共同改造中央，而不是我们内部互相争斗。”孙传芳当时左右为难，采取了中策，并提出“人不犯我，我不犯人”各自保境安民的主张。

张群看到孙传芳态度有所缓和，便向孙阐述时局发展的趋势，说：“为孙大帅的切身利害计，我有三策可供你选择：一、与国民党革命军携手共同北伐，这是上策。二、局外中立，这是中策；三、帮助吴佩孚对抗革命，此乃下策。我实际上也是局外人，只是看在校友及同为北洋同僚和士官校友的分上，才来劝说大帅的。”

孙传芳对张群说：“我要保障东南五省人民的安居乐业，咱们双方谁也不要妨碍谁。”这是保持中立的意思。

不等孙传芳继续说下去，孙的亲信幕僚、当时担任北京政府农商总长，但当时在孙左右的杨文恺，接过了孙传芳的话说：“我十分敬佩张先生的口才和胆识，既然是站在中立的立场上，我想孙大帅同蒋总司令可以携手合作，也向广州方面提出三条具体办法：一、北伐军不侵犯其辖境；二、将来与广州国民政府位于对等地位，以商量收拾全局；三、广州方面须表明非共产。”

杨文恺的这个方案是一个缓兵之计，看来好像让了一步，好像是同意双方眼下的合作，实际上是现在五省中立，将来五省自治，但蒋介石眼下却要放弃孙中山亲手制定的国共合作政策。

张群是何等聪明之人，他当然明白杨文恺的真实意图。在他看来，杨文恺这个缓兵之计根本就行不通。蒋介石目前不可能放弃孙中山订立的国共合作旗帜，也不可能不在拿下两湖之后转攻江西。但目前最重要的是稳住孙传芳，使其暂不出兵两湖，为北伐军夺取两湖赢得时间。

想到这里，张群对孙传芳说：“孙大帅采取保境安民的中策，自有周详的打算，兄弟表示赞同。至于杨先生提出的三条具体意见，我定当转告蒋总司令，以图进一步合作。”

这样，张群摸清了孙传芳的真实意图。在说服孙传芳暂时不出兵援吴后，张群便离开南京，赶往北伐前线，向蒋介石复命去了。

正当张群在南京与孙传芳进行谈判之时，北伐军以迅雷不及掩耳之势，神速地攻占湖南，并取得汀泗桥、贺胜桥两战的胜利，向湖北大举推进。蒋介石听张群说孙传芳采取“保境安民”的策略后，大为高兴。他一面命令唐生智率北伐军主力围攻武汉，一面积极谋划，并亲率第一军进军江西，开辟江西战场。

然而，战事并不如蒋介石预料的那样顺利，攻打南昌受到严重的挫折。只是由于张群等人争取孙传芳“中立”而赢得了时间，所以攻占武汉后，第四军和第七军两支劲旅得以入赣参战，终于在11月上旬取得了江西战役的胜利。

攻占江西后，蒋介石把总司令部迁入南昌，正式聘请张群为总司令部总参议，不仅参与重大事项的谋议和决策，还主持总司令部的日常工作。

张群成为蒋介石名副其实而又名正言顺的首席幕僚。

张群出任总参议后，参与戎机，运筹帷幄，为蒋介石效力甚勤。他帮助蒋介石观察局势的发展与变化，极力支持蒋介石笼络军事将领，收编各派军队，拥兵自重，以利日后牢牢控制党政军大权。

这时候，张群为蒋介石盘算得更多的，是如何迅速拿下江浙和上海，平定东南，控制中国这一最富庶的地区。张群奉蒋介石之命专程赴天津，请来了盟兄黄郛来南昌谋划大计。随后，黄郛、张群又从南昌来到上海，与江浙财阀及帮会首领进行联络，取得他们的支持。接着，张群又派人秘密访问冯玉祥、阎锡山，笼络他们拥戴蒋介石，以形成“中心力量”。

张群四处奔走，为蒋游说，不惜血本。他曾对友人说：“我这几年积蓄的一万元都快赔光了。”可见，为蒋家王朝的奠基，张群立下了汗马功劳。

正是在张群的参与筹谋、共同决策和四处游说、卖力效劳之下，蒋介石在北伐军进占南京、上海工人武装起义解放上海之后，悍然发动了“四一二”反共政变，在南京另立国民政府和国民党中央。

论功行赏，张群被蒋介石任命为国民党中央执行会议委员，从幕后走到前台，参与谋议蒋介石的一系列重大决策。

四、冲在中日交涉第一线

靠镇压革命起家的蒋家王朝的基业并不稳固。1927 年 8 月 12 日，在武汉的汪精卫、唐生智兴师讨蒋，及在南京拥兵自重的桂系李宗仁、白崇禧的逼迫下，蒋介石宣布辞去总司令等本兼各职，于第二天在上海发表下野宣言。一荣俱荣，一损俱损，依仗蒋介石上台的张群，也借此辞职，陪同蒋介石一起从上海到奉化溪口。

这是张群与蒋介石再一次“患难与共”。

在溪口，张群与蒋介石分析了此次失败的教训，认为缺乏强有力的外援支持是失败的一个重要原因。故此，张群向蒋介石建议：利用在野的机会出游日本和欧美，以进一步取得列强的支持，为日后东山再起作准备。

蒋介石接受了张群的建议。

张群自告奋勇，先去日本为蒋介石的游日作周密安排。9 月 28 日，他又陪同蒋介石从上海乘“长海丸”赴日。他们先到长崎，前往云仙，然后到神户拜见了在有马温泉休养的宋美龄母亲倪桂珍，取得了宋母对蒋与宋美龄完婚的允诺。10 月 23 日，张群陪蒋介石到达东京之后，遍访日本军政界人物和社会名流，包括黑龙会首领头山满以及早年在新泻野炮兵联队实习时的师团长长冈外史和联队长飞松宽吉。

11 月 5 日，蒋介石在张群的陪同下，访见了日本首相田中义一。

田中义一，是鼓吹侵华的有力人物，早年出身陆军士官学校、陆军大学。早在 1918 年秋，张群代表上海《中华新报》和《民国日报》参加上海新闻记者访日团到日本去访问时，就曾与田中进行过会谈，劝说日本放弃支持皖系军阀段祺瑞。但田中根本听不进张群的意见，那次访谈不欢而散。

1927年4月，田中成为政友会首领。7月，在日本召开的东方会议上，他制定了“征服满蒙”、“征服支那”的侵略方针，露骨地阐述侵略中国的计划，公开标榜对华采取急进的武力手段的方针。正是因为有这样的背景，张群认为这次蒋介石访日，最重要的就是争取获得田中的支持。在东京青山首相官邸，蒋介石与田中举行了长达两小时的会谈，张群和日本少将佐藤安之助担任翻译。

张群陪同蒋介石会见田中

会谈中，蒋介石表现得很谦恭，见面便对田中说：“中正以师长相待先生，毫无隔阂，愿蒙先生教诲。”

田中则警告蒋介石说：“如果国民党不统一长江以南的大片疆域，共产党力量将发展，会造成极大的隐患。日本反对中国‘赤化’，对共产党的发展断难袖手旁观。”

“我正有意继续北伐，以完全统一中国的使命，希望日本政府能够谅解并给予支持。”蒋介石接着田中的话说。

田中听后，大为不快，当即以长辈的姿态告诫他说：“我认为蒋先生不必急于北伐，而应采取放任自流为上策。如果定要北伐，希望南京政府不要损害日本在山东的权利，使满洲的治安得到维持。”

这次会谈，蒋介石摸清了日本政府的意向：在反共问题上，日本方面表示支持；但对于继续北伐问题，日本则显出要霸占我国北方、继续支持张作霖的强硬态度。

按照张群的安排，蒋介石在访日结束后，将再去美国。据张群的可靠消息，美国方面对蒋介石的北伐表示支持。在日本期间，蒋介石会见了美国代表，得到美国全力支持蒋“统一”全国的保证。但这时国内时局动荡，蒋介石已敏锐地觉察自己东山再起的机会来到了，便改变了去美的计划，于11月10日回国到上海。

蒋介石觉得日本方面还要多做工作，以便取得他们对继续北伐的支持，便特意命令张群留在日本担此重任。

尽管张群口若悬河地四处游说，遍访朝野各界人士，但是丝毫也不能改变日本帝国主义对中国的侵略政策和狂妄野心。无奈，他只好无功而返。

1928年初，蒋介石重掌党政军大权，担任中政会主席与军事委员会主席，张群则被任命为中政会委员兼外交事务委员会委员，参与中枢决策。

这时，蒋介石加紧筹划对奉系的北伐。张群向蒋介石提出建议：要继续北伐，一定要取得英美等国，尤其是日本的支持。3月6日，蒋介石对日本新闻记者发表谈话，要求外国势力对北伐进军“勿加妨碍”，尤望日本“不为损人利己之举”。4月2日，蒋介石又以总司令名义发表《告友邦人士书》，作出保护外国人生命财产的保证。

但是日本政府并未理会，4月18日召开内阁会议，决定出兵济南、青岛，派军队“保护”胶济铁路。日本首相田中一面训示驻上海总领事矢田告诉蒋介石要北伐军绕避济南，一面正式发布出兵山东声明书。

面对严峻的形势，4月30日，蒋介石派张群以个人名义赴日本，一方面探寻日本政府的意图，一方面继续寻求日本方面的谅解和支持。

但未及张群到达日本，日军已经制造了济南“五三惨案”，局势严重恶化。

5月8日，张群拜见了田中。他对田中说：“中日两国必须友好，中国要达到与日本全面亲善的目的，必须完成北伐，统一全国。国民政府希望日本不只对北伐不加阻挠，更应同情和帮助中国的革命。至于济南事件，应循外交途径谈判解决。”

田中假惺惺地说：“日本增兵山东，目的在于保护侨民，并无影响北伐之意。日本不袒护奉方；当北伐将完成时，日本当相助统一中国。”

但他话锋一转，接着说：“护侨护路问题属于军事，由军部的福田负责；其他交涉，统由双方当局办理。”

张群知道再与田中交涉也不可能有何结果，便于当日回国，到徐州向蒋介石复命。

蒋介石听了张群所汇报的田中的表示，非常高兴，满以为“济南惨案”能顺利解决。然而，在济南的福田十分蛮横，坚持必须在日军面前将曾经抵抗过日军的方振武、贺耀祖、陈调元三个军团全体官兵解除武装，同时将“肇事”军官处以严刑。

张群急电田中，请促松井早日来华；并请电令福田静候和平解决。

随后，松井偕同第六师团参谋长及驻济南总领事西田到济南西南三十里的党家庄车站，与张群等人在火车上谈判。经过反复争议，最终同意循外交途径解决争端。

张群等人向蒋介石建议，鉴于日本的阻挠和破坏，北伐军应该绕开济南，继续北伐。这样，冯玉祥指挥第一、二集团军进击津浦线，阎锡山第三集团军沿京绥线进攻，李宗仁第四集团军负责京广线战斗，三路合力直指京津。此时，日本为确保在东北的“特殊利益”，逼张作霖退守东北。但关东军因张作霖不能完全满足他们的苛刻要求，而于 6 月 4 日晨将张炸于皇姑屯重伤致死。但张学良很快接管权力，并表示愿意归附国民政府。

日本不肯放弃在东北的“特殊利益”，采用种种手段竭力阻挠张学良易帜。

东北能否易帜归附，是国民党政府能否统一全国的最后标志。蒋介石经过与张群的一番商议，8 月中旬，蒋介石向日本方面表示：只要日本当局对东北不抱有任何领土要求，国民政府将承认它在这一地区的特殊地位。

蒋介石的这一表示，立即得到日方的反应。9 月 2 日，田中致电蒋介石，希望他致力改善两国关系，并要求派特使到南京来商讨有关事宜。随后，张群以参加日本阅兵典礼为名，作为蒋介石的私人代表第三次访问日本。

张群向田中介绍中国政局和中国的对日态度，希望日本能在东北问题上保持友好态度，不要阻碍国民党的“统一”事业。

张群还代表蒋介石表示：“愿意讨论双方悬而未决的问题。”

直到 11 月初，田中才表示：东北易帜是“中国内政问题”而加以默许。12 月 29 日，张学良通电全国，宣告“遵守三民主义，服从国民政府，改易旗帜”，终于使蒋介石在形式上完成了全国统一。

1927 年 9 月至 1928 年 9 月的一年间，张群三次出访日本，向朝野各界游说，特别是三次拜见了首相田中义一，施展了他忍辱负重、善于辞令的才华，但是丝毫也不能改变日本侵华政策，徒唤奈何。但是，在蒋介石看来，张群能够在危急时刻始终追随自己，又能代表自己，挺身而出并不辱使命，实在是一位难能可贵的好助手。蒋介石很赞赏张群在日本朝野上下有那么多朋友，又对日本那么熟悉。要与日本打交道，张群确是一名最佳人选。

张群的效劳，很快得到蒋介石的信赖和回报。

1928 年 11 月，张群被任命为军政政务次长。在 1929 年 3 月召开的国民党第三次全国代表大会上，他被选为中央执行委员，出任上海特别市市长。

五　灵活机智的中日交涉高手

1932 年蒋介石复出后，对日本仍然采取妥协退让政策，而倾注全力“围剿”红军，实施他的“攘外必先安内”方针。对蒋介石言听计从的张群，被任命为豫、鄂、皖三省“剿匪”总司令部党政委员兼政务指导委员会常务委员。随后，蒋介石又任命他为湖北省政府主席，加强各级政权建设，严密控制，并实施政治攻势，继续“清剿”工农红军，以便他在向江西中央根据地发动第五次“围剿”时没有后顾之忧。

然而，蒋介石的对日一味妥协并没有换取日本的谅解。日本帝国主义自从“九一八”事变侵占东北、1933 年又侵占热河后，就一直在向华北扩张，不仅迫使国民党当局签订屈辱的《塘沽协定》、《何梅协定》、《秦土协定》，攫取了冀、察两省的大量权益，而且加紧策动五省“自治”，妄想把华北的冀、察、绥、晋、鲁五省变为第二个伪满洲国。日本策动华北“自治”，不仅直接损害美、英、法等国的在华利益，迫使他们无法再“不干涉”，使蒋介石国民党统治陷于困境，一些反蒋派系猛烈抨击蒋介石的妥协退让政策，国民党元老胡汉民直接批评蒋介石的“攘外必先安内”是自杀政策。全国人民的抗日热潮难以抑制，许多爱国将领强烈要求抗日杀敌。1935 年 11 月 1 日，奉行亲日政策的行政院长汪精卫，被爱国青年志士枪击受重伤，只得离职出国治伤。

在内外各方面的压力下，接任行政院长后的蒋介石，面临十分险峻的局面：如果继续对日本妥协退让，华北势必不战而失，那么长江流域便成了日军随时可以践踏的危境之地，那时候国民党统治不是垮台就是投降当傀儡，蒋介石等人不是当张作霖就是当溥仪。为了维护自身的利益和对全国的统治地位，蒋介石和张群等人反复商议，决定调整对内对外的政策。

1935 年 11 月 19 日，蒋介石在国民党第五次全国代表大会上，特地发表了一篇对外关系演说词。这篇演说词，张群等人反复推敲，斟酌用词，一方面还是作出有和平谈判愿望的姿态，表示“和平未到绝望时期，绝不放弃和平；牺牲未到最后关头，绝不轻言牺牲”；另一方面，这篇演说词又宣告：“和平有和平之限度，牺牲有牺牲之决心”，若到了和平绝望的时期和牺牲的最后关头，“即当听党国下最后之决心”，“抱定最后牺牲之决心，而为和平最大之努力，期达奠定国家复兴民族之目的”，作为国民党“建国唯一之大方针”。

这篇演说词的表示，是相当含糊费解的，煞费了张群等人的一番苦心。但是日本方面十分敏感地听出了弦外之音。就在蒋介石宣读演说词的第二天，日本驻华大使有吉明就要求会见，骄横地对蒋说：“势必引起纠纷事态及破坏治安，进而还会严重影响与该地有密切关系之日本及‘满洲国’。”他甚至威胁说，关东军决不会对此默视不问。

日本大使没有想到，此时蒋介石的回答竟是如此强硬：“作为中国，对引起违反国家主权完整、破坏行政统一等之‘自治’制度，绝对不能容许。”

蒋介石接任行政院长后，对行政院的班底如何改组，与张群等人商量良久，他们又想到了盟兄黄郛，如能请他出来当行政院副院长兼外交部长是最合适不过了。可是这位盟兄自从在华北对日屈辱交涉遭到国人抨击之后，就郁郁寡欢住进了医院，势难出山担此重负。蒋介石有意自己主持外交工作，可是顾虑外交事务太繁，还怕遭人责骂，就提名张群为外交部长。

蒋介石深知，对日外交政策不能不变，又不能变得太急。不变，则国人不容；变急了，日本大军压境，也难以应付。

谁能体谅他的苦心呢？只有张群。

况且当时的外交部长，是一个出力不讨好的苦差。过去，蒋介石经常把最不放心、最难处理的事情交给张群去办，张群也能最完整地体现领会蒋介石的意思，不折不扣地去执行。因此，蒋介石便任命张群为外交部长，由他来完成这个对日政策的过渡。

张群在他到台后写的回忆录《我与日本七十年》中说："追怀往事，真不胜其感慨，在这 70 年的中日关系史上，我可说是渊源最久、接触最多的一个……我几乎是无役不从。"对于蒋介石任命他为外交部长的苦心，张群自然心领神会。

他回忆说："蒋院长的这样一个安排，乃是因为鉴于国际间对于日本侵略中国的行动，无法加以阻止和制裁，希望能运用我们这些人的对日关系，直接与日本交涉，调整中日关系与日本取得暂时妥协，设法延缓中日间的紧张情势，如能再争取三两年的时间，则我们安内的工作便得以完成，即可倾全力攘外。"

这段话道出了蒋介石一再对日妥协、求和的真谛：安内先于攘外，"剿共"重于抗日。

张群也深知，外交部长，是一个极其重要的职务，但也是一个十分艰险的职务。

张群深知蒋介石的心意，要改变汪精卫"不与日本直接交涉"的做法，就要直接与日方进行两国政府外交途径的正式谈判，以求全盘调整两国关系，竭力缓和一触即发的情势，对争论不下的重大议案多加周旋，不反对，也不接受，以"拖"的办法再为抗战的准备工作争取两至三年的宝贵时间。

就职第三天，张群正式发表了外交方针的谈话，重申：以不侵犯主权为限度，谋友邦之政治协调；以平等互惠原则，谋友邦之经济合作；以合法途径，解除不平等条约。

第二天，日本政府外务省立即作出反应，不容撤销原订的各项条约，态度甚为蛮横。

张群（前排右一）与日本驻华大使（前排左一）进行马拉松式的谈判

12 月 20 日，张群与日本驻华大使有吉明举行会谈，揭开了两国正式外交谈判的序幕。

张群指出：“中日之间许多问题未能圆满解决，其原因是只为一时之敷衍，未作根本打算。今后应经由外交途径采用正式办法商谈中日之间整个关系之调整。”

有吉明不得不表示：原则上赞成整个调整，可是又说华北问题应仍归华北地方处理，希望中国政府授冀、察政务委员会以较大权限。

张群回答日方：“华北问题仍须由中日双方正式商谈整个调整，别无他途；日方应停止一切在华北之策动，以免发生不良影响。”

有吉明说：“中国的学生运动逐渐扩大，殊堪忧虑，希望中国政府加以抑制。”

张群回答：“学生何以有此举动，日本方面应特别加以认识，不应将责任推给中方。”

有吉明看到在谈判中并不能占据上风，便改变谈判重点，提出：“中日外交已经有了‘三原则’，11 月 20 日拜见蒋委员长时，蒋已无条件赞同。”

所谓“三原则”，就是日本外相广田弘毅，制定了“对华新政策”三原则：（一）中国彻底取缔排日，抛弃依赖英、美政策，采取亲日政策；（二）中国终应正式承认“满洲国”，暂时可对“满洲国”作事实上的默认，抛弃反“满”政策，在华北与满洲接壤地区实行经济文化通融与提携；（三）中国依靠日本排除来自外蒙的赤化威胁，在与外蒙接壤地区作各种合作措施。蒋介石等人研究了日方“三原则”后，提出的答复是：除满洲问题外，一切应回复“九一八”以前之状态，如《淞沪停战协定》、《塘沽协定》等均应立即撤销。10 月 20 日蒋作宾奉命照会广田，日方表示不能同意中国之解释。

如今，日方又想以此“三原则”来作为中日外交谈判的前提，张群自然加以抵制。他指出：我国政府绝非无条件赞成“三原则”，而是赞成对“三原则”

进行商讨。

张群上任的第一次会谈，便使日本处于下风。

当有吉明向日本政府详细报告了这次会谈的情况后，一些急于侵略中国的军国主义分子对有吉明大为不满。1936 年 1 月 21 日，广田在日本贵族院演说中将“三原则”公开发表出来，并威胁说：中国政府“对以上‘三原则’表示了赞成的意思。”

次日，张群立即命外交部发言人严正宣布：“广田外相演说谓中国业已同意，殊非事实。”戳穿了日方强加于人的卑劣手法。

1936 年 2 月 7 日，有吉明被日本政府调回，有田八郎接任驻华大使。

3 月 16 日至 19 日，张群与有田连续 4 天举行了四次会谈。4 天的会谈中，张群和有田唇刀舌枪、你来我往，彼此说明本国的立场和见解。

张群按照事先与蒋介石商定的原则和要点，在会谈中明白道出当前中日两国关系的三点症结：

（一）中国人民对日本人民初无夙怨，其愈趋愈烈的仇恨心理完全出自被动，是由于最近数年日方连续用武力或威胁来压迫中国。广田外相所表示的不侵略、不威胁政策，务须实行，以释中国人民之疑虑。

（二）最近几年中日两国外交失去常规，遇到问题每每不循正常之轨道，而只求局部之解决以弥缝于一时，结果徒贻事后之纠纷。以后任何问题皆须经外交途径由中央解决，方有圆满之时。

（三）中日纠纷起因于“九一八”东北事变，调整中日关系的根本办法先应将东北问题谋不适当之解决。否则中日之间诸问题，任何人为之努力亦终不能解决。

有田在会谈中始终坚持其扶植伪满洲国和华北“特殊化”的侵略立场，竟然说：“日本军方素来认为中国的中央政府没有办法，所以华北问题仍须由地方当局负责解决。”

有田仍然提出广田的“三原则”，企图迫使中国政府承认。

张群明确回答：“中国不能赞成以‘三原则’为调整中日关系之基础。”

张群提出：“满洲问题必须有一适当之解决办法，否则两国关系即不能根本解决。”

有田断然拒绝：“此刻不能再谈满洲问题。”

张群提出：“如果满洲问题一时不能解决，目前最低限度须解决华北问题，先由日本取消中日邦交之障碍物，如《塘沽协定》、《何梅协定》及军人间之一切约束。”

有田则声称：“必须先由中国承认‘满洲国’，而后方能谈判取消《塘沽协定》。”

张群指出：“日本应尊重中国主权之完整，华北问题应当依外交途径由中央谈判解决，不能由地方办理。”

有田则声称：“一定要确定华北政权之独立地位，由华北地方来解决问题。”

有田指出：“日本与中国共同防共，两国应订立防共协定。”

张群回答：“必须满洲及华北问题解决之后，始可考虑。”

张群表示：“日本须先容纳中国方面的要求，方可以接受与日本的谈判。”

有田则说：“中国须先表示对日亲善的诚意，而后日本方可考虑中国之要求。”

张群施展其杰出的外交才华，耐心地与有田周旋。很显然，四次会谈都是“空对空”。

有田仍然无法在谈判中占得上风。日本政府很快便将他调回国，另派日本驻天津总领事、华北事变策划人川樾茂为驻华大使，与张群谈判。

这期间，日本侵略军向华北大量增兵，天津驻屯军由2800人增至1万人；同时在察哈尔制造紧张气氛，在内蒙公开策划德王“独立”，在北平就“华北防共”、“经济提携”等向宋哲元施加压力；还在各地强行走私、大肆贩毒。全国人民对于日本帝国主义的蛮横霸道愤怒万分，抗日救亡运动更加高涨。8月发生了成都事件，9月又发生了北海事件。

对于这两起抗日示威中发生的事件，日本方面又想重演“九一八”、“一二八”事变的故技。外务省与陆海军首脑密谋，训令驻华大使向中国提出三项要求：一、宣布承认广田的“三原则”，并促进实际的“经济提携”；二、“华北明朗化”，迅速具体实施；三、开放长江上游航路，承认日人在沿岸内地侨居、贸易、购地、设厂之自由。同时，日方将舰队开向广东和上海，2000多名海军陆战队在上海登陆进入战争状态。

就是在这种日寇虎视眈眈、双方一触即发的形势之下，日本新任驻华大使川樾茂开始了与张群的八次中日外交谈判。

9月15日的第一次谈判，就是着重谈判成都事件的处理。川樾认为成都、北海事件之发生，皆因中国党政机关未能诚意取缔排日所致，提出要调整两国关系，首先要中国“改善空气”，取缔“排日”。他要求：党部抗日行动由政府负责；修改排日教科书；解散一切抗日团体。

张群严正指出，中国“一般空气”，是因为日本“自‘九一八’以来，一切行动均系侵略，不知野心有无止境，对于贵国之态度，咸抱有绝大之疑虑与不安。此实为进行（两国关系）调整之最大障碍”。

川樾强词夺理，在会谈中还提出了以下六项要求：共同防共；上海福冈联航；成都开埠；减低关税；聘请日籍顾问；逮捕和驱逐反日的韩国人。

张群则说：“最为重要的是解决华北问题，其他问题可以暂时搁置。”

次日，双方举行第二次谈判，讨论北海事件的处置。川樾蛮横无理地说，日本海军正考虑对海南岛或青岛作“保护占领”。

在9月23日第三次会谈之前，张群与蒋介石商讨了两国谈判的对策。由于蒋介石在7月的国民党五届三中全会上，对外交政策又作出明确表示，而且此时全国抗日运动已经形成，因此商定：凡无碍于国家自由平等者，皆当共同解决；苟有碍于国家之自由与平等者，决不稍事迁就。争所必争，论所必论，以严正的态度，进行平等地位的谈判。

蒋介石还给张群打电报说：“此时外交斗争，应目无斗牛以视之，不可以蓉、北二案自馁其气。彼既不欲先解决蓉案，则我亦以应作无蓉案时方针与态度处之。”

9月23日会谈中，日使川樾又一次提出了七项要求：（一）以冀、察、绥、晋、鲁五省为缓冲区域，中央只留宗主权，一切权力皆移交地方政府；（二）仿照华北经济提携方式，在中国全境进行日中经济合作；（三）订立共同防共协定；（四）建立日中间的航空交通线，首先开辟上海至福冈航线；（五）中国政府聘用日本顾问；（六）订立特别优待日本货物的关税协定；（七）完成压制排日宣传，包括修改各级学校教科书，以及取缔朝鲜人的问题。

张群听后，立即以“目无斗牛”之气势指出：所云七项，皆属无理要求，中国断不能接受。张群阐述了中国政府对日方七项要求的明确立场。他指出，调整两国关系，中国政府认为应合乎平等及互相尊重领土与主权完整之原则。中方认为近期应当一并商谈解决的问题是：（一）废止《淞沪停战协定》和《塘沽协定》；（二）取消冀东伪组织；（三）停止走私，并不得干涉缉私；（四）华北日军及日本飞机不得任意行动及飞行；（五）解散察东及绥北匪军。

张群指出，此五项是目前两国纠纷症结所在，若不能解决，则中日邦交无从调整。

川樾根本拒绝讨论，而强行要求容纳日方提案，谈判濒于破裂边缘。

这次谈判，双方都提出了各自的要求，南辕北辙，相距极远。会谈后，张群立即派出自始至终参加会谈的外交部亚洲司司长高宗武专程飞赴广州，向正在那里处理两广事件的蒋介石报告。

蒋介石电告张群，要他读《郑子产传》。子产是春秋时期的郑国执政，当时晋楚争霸，郑夹在其间，子产保持独立和尊严，不苟循其欲，为晋楚所忌惮。

蒋介石是要张群学子产维护国家的独立和尊严。

日使川樾茂在与张群谈判濒临破裂后，于10月8日拜见蒋介石，想要打开僵局。蒋介石回答他：中日两国国交的根本调整，应根据绝对平等及互相尊重领土主权与行政完整之原则，由外交途径在和平友善空气中从容协商。成都事件等地方事件，依照国际惯例即时解决；其他外交问题仍应由我国外交部长与贵大使继续商讨。蒋介石还明确告诉川樾："张部长的意见即系中国政府的意见。"

对日谈判高手张群

此后，在10月19日、21日、26日，张群与川樾连续进行了三次谈判，中心内容是所谓"共同防共"。日方纠缠于"日中共同防共"，而且"防共"及"经济合作"不只在华北，"应包括中国全部"，狼子野心是要霸占我全中国，并且逼迫我国与日本签订反苏军事协定，以驾驭我国成为它反苏的前驱。张群拒绝讨论"共同防共"，同时对于日方加紧在华北扩大侵略的行为提醒日方应予"特别注意"。

日方妄想压服中国的计划落空，川樾将三次谈判的详细经过报告了东京。10月27日，日本内阁向川说发出训令："华北自治及共同防共，须中国先为原则之承认。"川樾要求张群再开谈判。张群即与蒋介石商讨对策，蒋表示："应以完整华北行政主权，为今日调整中日两国国交最低之限度。"

11月10日，张群与川樾的第七次谈判，仍然围绕"共同防共"问题展开。川樾竭力想要中国承认"共同防共"，还说若"一般防共"有困难，则可先谈"华北防共"。张群拒绝与其谈此事，谓早已表示非满洲问题解决则不能谈"共同防共"问题。川樾在向日本外务省的报告中说："中国态度强硬出乎意料，对华北特殊化地位与日中合作防共，坚持不同意。"无可奈何地请求国内指示对策。

这时，日本关东军一手操纵和指挥的伪蒙军，向绥远东北部侵扰，强占百灵庙等地，向中国施加压力，企图在外交谈判中增加砝码。张群责令部属以外交部名义于11月18日正式通知川樾：“日本如继续暗助匪伪扰乱绥远，则中日交涉势将无法继续进行。”

张群向蒋介石述说了外交谈判随时可能破裂的局面，蒋介石主张谈判尽可能延续下去，也不能有碍于领土、主权和行政的完整。他对张群说：“万一交涉破裂，那么表明我们立场的宣言须预先拟定。”

12月2日，青岛日方将全部纱厂无故一律关闭，并于3日派海军陆战队700余人登陆，全副武装，分别包围青岛市党部、铁路党部、胶济路警务处等，任意闯入室内搜查文件，逮捕公务人员。当日，外交部向驻日使馆提出严重抗议。当晚，张群召见日使川樾来外交部，通报青岛事件，并谓今日不谈其他交涉，要他迅速转电青岛日本海军当局，立即撤退海军陆战队，恢复纱厂原状，即日释放送还被捕人员及擅取之文件。

但是川樾支吾其词之后，突然从公文包里拿出一份数千言的备忘录朗读了起来。日方标榜这份备忘录是把历次会谈的要点记录了下来，要张群予以承认。

张群当即指出：“贵大使刻所朗读之文件，其内容与历次会谈情形显有不符之处，不特有我方向未谈及之记载，且对我方重要意见遗漏甚多，其中更有贵大使从未提及之事项，无论如何不能接受此种文件。”

张群还对川樾说：“双方须顾到彼此立场，如塘沽、上海两协定之取消，冀东伪组织之取消，华北非法飞行之终止，察绥伪匪之消灭以及走私之停止等问题，系我方最低限度之要求，均应同时解决。”张群指出，“贵大使今日如此做法，徒使问题复杂。”对两国关系“妨碍殊多，务请贵大使收回”。

川樾无言以对，在张群“万万不能接受”的严正拒绝下，把备忘录丢下即自行离去。

张群叫人立即送去。第二天，川樾又命人投送到我外交部，张群又将其退回。

外交部并发表声明：该件即非谈判之正确记载，不能作参证根据。

第三天，川樾离南京去上海，以此逃避。这真是“掩耳盗铃”、“黔驴技穷”的生动写照。

张群在12月3日深夜向正在洛阳的蒋介石报告了这件“莫名其妙”的事情。蒋介石在当天的日记中写道：“倭使川樾以其片面自制之谈话记录强委张群接受，张群拒绝，而川樾乃置于案上自去，后由我外交部送还其大使馆。此种卑劣伎俩，世界外交上所无，而倭竟以无耻出之，人格扫地，国焉能不亡？”

5日，蒋介石从西安打电报给张群，说既然日方欲强加于我，我即应严词驳斥，从速发表。张群深以为是，第二天即命高宗武以外交部发言人身份向中外记者发表谈话，详细叙述这次中日调整国交的谈判经过，指出谈判未见成效是因为"日方并未准备为彻底之调整"。

中日调整两国关系的正式交涉，至此完全破裂。

张群与日本长达一年的外交谈判，张群自始至终在蒋介石的主持和指示下进行谈判，时时事事秉承蒋介石的旨意忠实行事，与日使展开了软拖硬抗的外交谈判，改变了近些年来屈辱退让、妥协求和的立场，遏制了日本帝国主义的嚣张气焰，为维护国家主权和领土完整作出了有益的努力。这也大大地改善了蒋介石在国际和国内的形象，连中国共产党领袖毛泽东都在致傅作义的函中赞扬说："蒋氏政策之开始若干的转变"，"实为近可喜之现象"。

同年8、9月间，相继发生了"成都事件"和"北海事件"。张群与日本新任驻华大使川樾茂谈判，日本不仅要求解决上述事件，而且提出新的侵略要求。

张群对此提出反要求：废止淞沪、塘沽协定；取消冀东伪组织，停止包庇走私；华北日军不得任意行动等。他告诉川樾茂："我所提的是目前两国纠纷症结所在，若不能解决，则中日邦交无从调整。"

在以后的交涉中，张群皆坚持民族大义，捍卫国家主权，其态度之严正，是过去对外交涉所没有的。他告诉日本："按我国调整邦交，旨在收复国权，故凡由于非法手段所造成之事实，务请贵国从速取消，同时对于足以引起未来纠纷之策动，今后务请严予避免。""我方之最大忍耐，亦有相当之限度，万一局势变化，则由消极的抗日，进而为积极的斗争，恐亦将无法避免矣。是以我政府一方面以最大之努力从事调整工作，而他方面依然不能放弃抗日之准备者，其理由即在乎此。"

1937年初，南京政府公布了张群与川樾茂谈判换文，宣告谈判结束，双方没有达成任何协议。

至此，日本的全面侵略已是箭在弦上，南京政府走向抗日已是大势所趋，中日只有各行其是了。

六、卓有成效的"糨糊胶水工作"

张群在外交第一线的所作所为，深获蒋介石的嘉许，也在国民党政坛上赢

得了上好的名声。1937 年 3 月，他辞去外交部长之职，改任中央政治委员会秘书长兼外交专门委员会主任委员，成为蒋介石的首席幕僚和高级智囊人物，在决策党国大事尤其是对外关系方面举足轻重。

张群位居要职，出入蒋介石的官邸，深为国民党政界众多官吏所仰重。他们常常叩门拜见或相聚商讨聆教，因而共举张群为新政学系首领。但张群深知蒋介石专断骄矜的脾性，最忌属下私立派系，所以他坚决不立组织，不收党徒。因此，新政学系既无组织，又无宗旨，实为一政客集团，成员仅凭各自施展策略的权术，以猎取个人的政治地位。他们常常苦心揣摩蒋介石等人的心理、愿望和需要，看风使舵，见机行事。有时对于重大决策的讨论，他们预先准备几种不同的方案，一旦看准风向，就提出适当主张，博取蒋介石的信任。

张群能够体察蒋介石的好恶和需要，常常为蒋游说和拉拢各方力量。他对青年党曾琦、民社党张君劢等人，都做了很有成效的“糨糊胶水工作”；对其他派系的军事实力人物如刘镇华、徐源泉、龙云等，也都常相往来，为蒋笼络他们。

张群时时以郭子仪为榜样，并以郭的“功盖天下而主不疑，位极人臣而众不妒”两句名言勉励同行。张群熟知蒋对自己属下最忌者有二：（1）援用私人，自成系统，或造成次集团，利用政治机会，造成势力，驯至尾大不掉，与蒋对抗，或朋分利润，令蒋受到损失。（2）贪污。所谓不许贪污，在蒋氏仅不许明目张胆；如偷关引渡而不酿生枝节，在蒋亦可默认。此两点当时美其名曰“不用私人，不许贪污”。

所谓私人，大体通过“三同”关系：一同乡；二同学；三同事。凡通过此类关系能力较低而骤邀提升者，皆得称为任用私人。张群为取蒋信任，类此人员，盖不引用。如被任市长，所提局长名单，任省主席，所提厅处长名单，其中决无张所保荐之新人，而概为蒋所熟悉或欣赏之人，乃至有时不提名单，人员概请指定，因之用人方面，经常顺利地为蒋通过，张遂常以不用同乡，不用亲戚本家，不援引旧时同事“大公无私”自诩，或以“清官”自命。

据说有一天他闲空无聊，在宅居厅中踱步，看到镜子中自己的身影，自言自语道：“张群何人？蒋氏走狗也！”可见，他深深地懂得，要忠于主子，就得任劳任怨，任毁任谤。

他对于上下左右的同僚，无不彬彬有礼，谦和为人，从无疾言厉色之时；遇有同僚有求，凡己力所能及者则尽可能给予帮助照顾，又绝对不张扬或以恩人自居；即使有了委屈，也能忍让，因而能够八面玲珑，四处讨好。

1937 年 7 月，抗日战争全面爆发，军事委员会为最高统帅部，蒋介石任命张群为军事委员会秘书长，佐理蒋介石谋议和处理抗御日本的军政大事。战争之初，蒋介石顺应全国人民的愿望，宣布抗战；但因为各项准备还未完全就绪，蒋介石等许多人也只好寄望国际调停，谈判停战，企盼战事就地和平解决。汪精卫等人则指责抗战是唱高调，自己要唱“低调”，到处散布“战必大败，和未必大乱”的论调。

张群经过一段时间的观察和思考，向蒋介石建议说：“从目前我们的国力和各项准备远未就绪来说，与日本作战是难以取胜的；但是民气这么高，中共主战的态度如此坚决，我们如果求和，日本的要价一定会很苛刻，而中共和民众以及许多军队必定会闹事，岂不天下大乱？所以我们只能硬着头皮应战，一方面加紧充实我们的实力，另一方面争取国际的援助；以我们的地广人多，打得日本精疲力竭，那时候再来谈判谋求和平，国家也就太平安宁了。我将自己的见解归结为：‘战必败，和必乱；战而后和，和而后安’。”

“好！‘战必败，和必乱；战而后和，和而后安’！”蒋介石连声称赞。

张群的这番话，实在是对蒋介石许多日子的举棋不定揣摩了很久才说出来的，当然很合蒋介石的心意，成为蒋确定抗战时期整个战略方针的主要依据。

1938 年 1 月，国民政府改组，张群被蒋介石选为行政院副院长，协助院长孔祥熙，掌管全国的政府工作。1939 年 1 月，蒋介石设立党政军指挥一元化的国防最高委员会，自任委员长，以张群为秘书长。

张群这位首席智囊，已是首辅之臣了，然而他对蒋介石仍是唯命是从，兢兢业业地处置一切。

七、精心谋划图川战略

抗日战争开始后，大片国土相继沦陷，蒋介石统治的地区是以四川为中心的西南各省。西南的四川、云南、贵州、西康四省，原不在蒋介石的控制之下，在 1935 年追击红军时，虽然把手伸到西南，但没有完全达到目的。蒋介石利用抗战的时机，在西南再度排除异己，力图完全控制西南各省，特别是要控制四川政权。

1937 年夏，蒋介石提出要缩编四川军队，实行军民分治，刘湘主军，另派人任省主席。蒋介石的用意，刘湘看得非常明白，如果失去省政权，军队就失去了财源，不战自散，自己只能落得一个“光杆司令”，遂坚决抵制。

此计不成，张群向蒋介石建议：召开四川整军会议，分化各军，孤立刘湘。于是，蒋介石亲到重庆上清寺范庄主持召开川康整军会议，矛头主要指向刘湘。对其他军阀如二十军杨森部、二十四军刘文辉部、二十八军邓锡侯部、二十九军孙震部、四川边防军李家钰部，则是能吃则吃，能削则削，加剧其内讧。

这个阴谋又被刘湘识破，多方劝说各路军阀不要上蒋介石分化瓦解、各个击破的当，整军会议不了了之。

抗战一起，蒋介石终于得到了机会。他以抗日为名，任命刘湘为第七战区司令长官，调川军出川抗日。这一来，刘湘无法抗拒，为了避免蒋介石分化瓦解，抱病率部出川。川军出发前夕，省府秘书长邓汉祥劝他不要亲自出去，刘湘表示应借抗战机会尽力报效国家，他说："我这次调出去的军队，约占全部半数以上，如果我不亲自去指挥，不到半年就会被蒋介石分化或消灭了。"

蒋介石（右）与张群（左）

遗憾的是，刘湘出川后，"出师未捷身先死"，很快病亡在武汉。

刘湘死后，蒋介石大喜，四川群龙无首，正可乘机夺取省政，安插亲信。蒋介石立即下令，撤销刘湘第七战区司令、川康绥靖主任和四川省主席职务。不久，又发表张群为四川省政府主席，撤销川康绥靖公署。

蒋介石的这一举动，引起四川军人的一致反对。四川军人当即召集会议，反对张群主川，反对裁撤川康绥靖公署。四川军人认为，刘湘刚死，蒋介石既不派人来慰问，又不与各方面商洽，即命张群主川，是趁火打劫，意在宰割。

当时前方抗日军事紧张，后方又复动荡，国民党中央在川势力薄弱，张群也无法上任。蒋介石无奈，撤回命令，对川康实力派进行安抚。他致电川中将领说："甫澄（刘湘）之部属，即中正之部属，爱护至械，同间终始。"随后，将邓锡侯从前线调回，任命为川康绥靖公署主任，又任命张群为重庆行营主任，暗中却酝酿以顾祝同代张群主川。

岂知王陵基等人对中央派人一概反对，扬言："顾祝同如敢飞蓉，当以机枪大炮在机场欢迎。"

蒋介石无奈，只好任命投靠自己的川军将领王赞绪为省主席，让张群再忍一忍。

王赞绪主川之后，因为与蒋介石关系密切，也引起了四川地方军人的不满。7名川籍将领联名电蒋，历数王赞绪“祸川”十大罪状，请蒋介石罢其主席职务。不得已，蒋介石罢免了王赞绪，由自己兼任四川省主席。

张群知道，自己要想得到四川省主席的位子，必须先笼络一部分地方军人。于是，他向蒋介石建议：组织川康经济建设委员会，由蒋名义上担任委员长，实际由张群主持，聘请邓锡侯、刘文辉、潘文华及川康两省负有声望的90余人做委员。不久，张群又在重庆搞了一个川康兴业公司，自任董事长，逐渐取得了邓锡侯、刘文辉、潘文华的支持，主持省政的时机日益成熟。

1940年冬，蒋介石打电报给贺耀祖，让贺转告刘文辉、邓锡侯、潘文华，说他不能兼顾省政，拟任命张群继任川省主席。贺耀祖转达蒋意后，刘、邓、潘等人在刘文辉家中密商，提出迎、拒两种办法，结果认为拒已不可能，只好表示欢迎。11月15日，蒋介石明令发表张群为成都行辕主任兼四川省政府主席。

蒋介石给张群的指令非常重大：一是借抗战之名，尽量利用川中的人力、物力；二是分化刘、邓、潘各部，以期达到渐次消灭川康地方实力派。

张群一上任，就在省参议会上表示：他追随蒋介石数十年，决意以身殉报。

上任之后，张群并没有因为蒋介石的宠信和以前受到抵制而对地方人士颐指气使，仍然谦恭有礼地访见四川各界人士，竭力调节蒋介石与四川地方军政各界的关系，也协调四川与西康两省之间的关系，同心协力共赴国难。他在四川主政6年，着力整顿户籍地籍，健全乡镇政权和保甲制度，组织和训练民众，以增强抗战后方力量。

在张群主川的5年中，人力、物力方面，完全达到了蒋介石的要求。据统计，这期间四川每年向中央提供粮食1170万担，共征集480余万壮丁补充抗战军队，调集150余万民工参加建筑空军基地和军事设施，发动川民献粮献金支援前线。他还在川境主持修筑3478公里公路，以便利抗战运输。张群虽然没有完全消灭地方实力派，但潘文华部基本消灭，邓锡侯、刘文辉两部正规军，剩下来的也仅4师之众，均无法对国民政府构成威胁。

1946年夏，张群回南京任行政院院长，为不放弃四川这块地盘，他推荐邓锡侯继任省主席，邓汉祥为秘书长，从幕后继续操纵四川省政。

八、点拨众人的首席智囊

在国民党内，张群是一位有政治头脑的人物。抗战结束后，他看到共产党深得人心，力量不断壮大，认为单从军事问题角度已无法解决中共问题，必须从政治上诱使中共交出政权和军队，国民党在战后的统治才能长久。为此，他向蒋介石提出建议：邀请毛泽东到重庆谈判，以求和平解决共产党问题；如果毛泽东不来，那么就将破坏和平的责任推给中共，以取得政治上的优势。

对张群的建议，蒋介石深表赞许，并委派张群为主要谈判代表。对于与中共谈判的总方针，他指示说："政治与军事应整个解决，但对于政治之要求予以极度之宽容，而对于军事则严格统一不稍迁就。"具体而言就是："一、不得于现在政府法统之外来谈改组政府问题；二、不得分期或局部解决，必须现时整个解决一切问题；三、归结于政令、军令之统一，一切问题，必须以此为中心。"

张群很明白，这些原则只有一个中心：迫使共产党放弃政权和军队。

出乎张群等人的预料，中共在政权和军队问题上寸步不让。蒋介石利用和平谈判解决中共问题的目的并没有达到。

1946年6月，蒋介石发动了全面内战。凭借强大的军事实力，国民党军队气势汹汹地侵占了大批城镇，尤其是10月11日侵占华北重镇张家口。蒋介石兴奋异常，当天下午即发布命令，决定于11月12日召开国民大会制定宪法。

"制宪国大"召开后，蒋介石宣布结束"训政"，实行"宪政"，改组国民政府，但却是换汤不换药。1947年4月，蒋介石任命张群为国民政府行政院长。张群当了一年行政院长，仍然是一如既往地一切听命于蒋介石，唯唯诺诺，恭谨有加，继续推行内战政策。

1948年4月，蒋介石违背民意，断然召开"行宪国大"，企图就任国民党训政结束后的第一届总统，为自己的统治披上一层"合法"的外衣。

蒋介石本想当总统，但在国民党中央开会研究总统候选人时，他却突然声称：自己不参加总统竞选，而提议推一个"卓越之党外人士为总统候选人"。

蒋介石的举动，使国民党一些大员感到非常意外。尽管国民党中央常务委员会决定推举他为总统候选人，但蒋仍不赞同。

原来，美国方面有意要胡适出来当总统，可以多点民主色彩；而让蒋介石当行政院长兼军事委员会委员长，仍掌军政实权。蒋介石早已不满足于这些名衔，但他不得不作出这一姿态以敷衍美国。虽然众人坚持总统之位非蒋莫属，足可以使蒋向美国作出交代，但蒋仍然坚辞候选人提名而不出，使大家困惑不解。

蒋介石葫芦里究竟卖的是什么药？

人们自然将目光集中到蒋介石的同窗、盟友和心腹——张群身上。

张群当然最清楚蒋介石的心思。

在中央常务委员会议上，张群向大家解释说："你们真的以为总裁不想做总统吗？非也。并不是总裁不愿意当总统，而是依据宪法的规定，总统是一个虚位之首，所以他不愿处于有职无权的地位。如果国民党中央常务委员会能想出一个补救办法，规定在特定时期，赋予总统以紧急处置的权力，他还是要当总统的。"

经张群一点破，众人才恍然大悟：原来蒋介石要当独裁总统，不当"民主"总统！

国民党中央常务委员会当即决定推张群、陈立夫、陈布雷三人去见蒋介石，转达国民党中央常务委员会意见：如蒋愿任总统，就在宪法外另定条款，赋予他以必要的权力。

张群立即将国民党中央的决定转告给蒋介石。蒋介石会心地点点头：知我者，岳公也。

第二天下午，国民党中央常务委员会继续开会。张群向会议报告："已征得总裁同意，在宪法外另定条文，如临时条款之类，使总统以特定时期得做紧急处置。在这个条件下，他愿意当总统候选人。"

国民党中常会当即通过了这个"赋予总统以紧急处置权"的建议。就这样，4 月 18 日"国大"通过了张群等人起草的《动员戡乱时期临时条款》，其规定："总统在动员戡乱时期，……为紧急处分，不受宪法第三十九条或四十三条所规定之限制。"这就使总统获得了无限的权力。

第二天"竞选"总统，蒋介石高高兴兴地以 2430 票的绝对多数当选，陪选的居正仅获 269 票。难怪有人感叹："知蒋者，莫如张也。"

张群为蒋介石当上拥有无限权力的总统立下了大功，深获蒋的嘉许。

的确，在蒋介石的众多幕僚中，能够体察旨意尽心尽力又着计毁谤的，要数张群为最了。所以，蒋介石在当上总统后组设内阁时，最佳的阁揆人选当然仍是张群。但是立法委员们有意与蒋唱对台戏，国民党籍立法委员们在中央党部举行假设投票时，竟然是被蒋介石冷落了两年多的何应钦呼声最高。

蒋介石大为恼火，最后决定宁可舍弃张群，把没有什么派系背景的翁文灏

张群（左）与国民党元老吴铁城（右）

拉出来当行政院长，也不能让何应钦组阁。

这样，原打算组阁的张群，仅仅被聘为有职无权的总统府资政。

尽管如此，张群仍能够充分体察蒋介石的苦衷，对蒋介石没有半句牢骚或怨言。在他看来，总统府资政的闲差并不闲，他可以堂而皇之地幕前幕后为蒋出谋划策、分忧解愁了。

1948 年 9 月，张群以总统代表身份赴日本，考察美军占领政策的实施状况以及战后日本的状况，与驻日美军总司令麦克阿瑟及日本政界首脑会商结束战争后中日之间的关系问题。从日本回来后，张群便被蒋介石任命为国民党中央政治委员会秘书长。

九、临危重温峨眉旧梦

1948 年底，蒋介石在内战中全面溃败已成定局，国民党内部矛盾公开化。12 月 24 日，桂系势力派首领、华中“剿匪”总司令白崇禧，突然通电，要求蒋介石停止军事行动，请美、英、苏三国出面调解斡旋和平。接着湖南、河南的军政首脑及湘、豫、桂诸省参议会议长相继发出了要求“总统毅然下野”的电报。

蒋介石闻讯，十分恼怒，立即与张群等人商议对策。张群知道蒋不肯下野，建议暂时置之不理。12月30日，白崇禧又发出电报，催蒋当机立断。与此同时，在南京的桂系首领、副总统李宗仁也提出了五项主张，要求蒋介石下野及与中共和谈。

蒋介石无可奈何，于31日召集李宗仁及国民党中央执监委员等40余人到自己的官邸“聚餐”，听取他将于明日发表的“新年文告”的反应。

张群知道蒋介石是在试探，所以力言蒋不能下野，这个文告不能发。但是，李宗仁以“我与总统并无不同的意见”，表示了应当发出这个下野求和文告的意思。

蒋介石最后愤愤地说：“我并不要离开，只是你们党员要我退职，我之愿下野，不是因为共党，而是因为本党中的某一派系。”

蒋介石发出元旦求和文告后，立即受到中国共产党的抨击。毛泽东提出的和平谈判八项条件，更使蒋介石毫无转圜余地。

1949年1月9日，张群奉蒋介石之命飞到汉口和长沙，向白崇禧等人转述蒋介石的两点意见：“一、余如果引退，对于和平究竟有无确实把握？二、余欲引退，必由自我主动。”当张群了解到桂系的强硬态度后，极力劝说白崇禧等人要保持克制。

当张群回来向蒋介石报告了桂系的强硬态度后，蒋介石知道下野已经不可避免。为了给自己留条后路，蒋介石在下野前，除把爱将陈诚派去台湾外，还特地正式任命张群为重庆绥靖公署主任，企图让曾在抗战时主政四川大后方6年的张群再去统治大西南，日后可以重温“躲在峨眉山上”的旧梦，把川、康、云、贵四省作为在大陆顽抗的地盘。

张群以西南军政长官名义，不遗余力地为保卫西南大肆活动。

当时西南各省当中，卢汉控制云南，刘文辉占有西康，邓锡侯、潘文华在四川虽没有太多实力，但对川军尚有影响。这些地方实力派，都看到蒋家王朝大势已去，谁也不愿当殉葬品，都积极与中共联系，准备相机起义。在这种局面下，想保有西南，纯属梦想。

1949年12月初，为防止四川、西康的刘文辉、邓锡侯等人起义，张群飞到成都，一方面压迫刘、邓配合胡宗南作战，另一方面想把他们的家眷送到台湾，作为人质。张群对与刘文辉、邓锡侯关系密切的邓汉祥说：“刘、邓只有一办法，就是同胡宗南同屋办公，同时作战。他们的家眷，同熊（克武）先生、向育仁和你先到台湾，将来在成都作战之结果，幸而胜，国家有办法，个

张群夫妇

人有办法。假使失败，我负责把刘、邓送到台湾。”

刘文辉、邓锡侯、熊克武认为，到台湾就是自投囚笼，坚决不去。

在这期间，云南省主席卢汉秘密与中共谈判，准备和平起义。蒋介石为压迫卢汉，派李弥、余程万逼进昆明，命令张群逼使卢汉把云南省政府和云南绥靖公署等主要地方军政机关迁到滇西，腾出昆明。

为安排这一切，12 月 9 日下午，张群飞到昆明。卢汉以召开紧急会议为名，将第八军军长李弥、第二十六军军长余程万、空军第五路副司令沈延世、宪兵副司令李楚潘扣押缴械。张群在卢汉新公馆也被同时扣留在住所。晚 10 时，卢汉向全国通电正式起义。

张群被扣后，心中暗悔不该冒险来昆明，但看到卢汉对他生活上非常优待，料定凭他与卢汉的交情，尚无性命之忧。当天夜里，他就给卢汉写了一封措辞诚恳的长信，详细述及几年来他维护云南，维护卢汉的良苦用心，表示国民党大势已去，自己无心再过问政治，希望卢汉让他去香港侨居。

卢汉见信后，派秘书长杨文清去见张群。杨文清对张群说：“起义是云南人民的强烈愿望，我们是应民意，弃暗投明，希望张先生和我们一起行动。”

听了这话，张群沉吟半晌，回答说：“我一生是国民党员，我和蒋先生的私人关系，你们也是知道的，我不能和你们一起行动。你们让我走，我很感激。”

12月16日，恰逢有一架飞机飞香港，卢汉决定用这架飞机把张群送走。张群临走前，卢汉派了些旧军政人员前往机场送行，并谓：“张长官要走，我们不强留。云南起义是大势所趋，人心所向，望去后多为国家着想，善自保重。”

张群匆匆忙忙登上飞机，飞往香港。当张群得知蒋介石已比他早一天飞往台湾的消息后，并没有住下来当寓公，而是追随蒋介石悄悄地乘船去台湾了。

蒋介石想重温“躲在峨眉山上”的旧梦，临危受命的张群自然心领神会。可命运不济，他差一点成为共产党的“阶下囚”，永远见不到蒋介石了。

十、讨人欢心的修养之道

作为蒋介石的永久性政治附庸，张群到达台湾后，既没当寓公，更不曾放弃政治活动，而是出任总统府秘书长，继续替蒋介石牵线，在所谓“对日外交”活动中充当主角。在他的主持下，台湾当局于1952年4月和日本签订了所谓的《中日和约》。这以后约20年中，他常以台湾“总统府顾问”的身份，频仍穿飞于台北、东京之间，为笼络日本朝野亲蒋势力，为扩大日本和台湾的“政治合作”、“经济合作”与“文化合作”，为阻挠日本和中华人民共和国的邦交正常化，可算是“奋斗”到了心力交瘁的地步。

国民党内有人批评张群说：“国民党忠则忠矣，却鲜有辉煌之成果。”

有人批得更直接，说他“无法适才适所，长久尸位素餐，诚有不明进退之缺憾。”

张群听到后，不服气地说：“我们做幕僚的，好比是主人的厨子，不能讲自己会做什么莱，而是要看主人愿意吃什么莱。”

这个比喻，非常形象地道出了张群能长久身居高位，而蒋介石又不猜疑的原因。

张群自喻自己只是蒋介石的一个“厨子”，当然是句玩笑之言，不过张群给蒋介石当智囊的几十年中，确实是蒋介石要什么他说什么，蒋介石说什么他做什么的。蒋介石也最喜欢张群这一点。所以到了台湾后，蒋介石撤换了许多老臣，但对年逾花甲的张群仍委以重任。张群先后担任国民党中央非常委员、“行政院”设计委员会委员、革命实践研究院主任、“总统府”秘书长兼“国防会议”秘书长、国民党中央评议委员会主席团主席。

张群到台后虽不多过问政事，但与蒋介石私人关系依旧，是蒋家的常客。一次他前往蒋家祝寿，看见侍者端上一盘对虾，乘兴讲了一个小笑话：

海南有两个乡绅欲为儿女结秦晋之好，可两个人都是罗锅，并发誓不再嫁娶罗锅，两绅士甚是为难。机灵的媒人想出一条妙计，让男方伏栏观鱼，让女方坐着绣花，互相骗过对方。新婚之夜，双方的残疾露馅，罗锅夫妇大骂媒人，媒人在窗外答诗一首："郎伏栏杆姐绣花，姻缘前定本无差，洞房今夜偕花烛，南海新添一对虾。"

这个笑话令蒋介石夫妇与满座人大笑不止，也表现出张群在蒋介石心中的地位。

张群（左）与蒋介石夫妇

从张群几十年漫长的政治生涯来看，张群实在是一个极有涵养的人。他在60多年中，能够始终博得性格刚烈、擅权独裁、忌疑狭隘的蒋介石的信赖和重用，成为终其一生的智囊人物，确实具有一种独特的修养。蒋介石在台湾阳明山开办的革命实践研究院，请张群当主任。张群讲了一篇《谈修养》。

张群的《谈修养》，把他几十年为人处世、事主为官的经验体会颇为细致地总结了一番。他归纳为五个方面，称为"五养"：一是养身，即起居有时，饮食有节，心情愉快，勤爱劳动，还编了一首《不老歌》。二是养心，即要有：虔诚的信仰，淡泊的胸怀，坚毅的意志，永恒的热忱。三是养慧。四是养量，即谦逊以应世，宽恕以待人，忍耐以自制，协和以容众。五是养望，即社会对自己的信赖。……

张群还说，修养是一辈子的事，和之以诚，持之以恒，就能立身行事。

人们从张群的"五养"中，已经可以清晰地看出，他多年来在蒋介石面前的谦逊、自制、宁静、寡欲，是多么的老到！他的"五养"的确是身体力行了的，而又"卓有成效"地达到了"主不疑"、"众不嫉"的境界，因此他的这篇《谈修养》在台湾朝野大受赞誉：在朝的大小官吏，可以从中学到为官之道；要保官、要升官，都能够从中获得教益；削职丢官的国民党老人，则可以从中找到慰藉，不啻是一张自我精神疗法的良方；正在四处钻营谋求一官半职的，也可以从中摸到门径。所以这篇《谈修养》在台湾岛上不况两年，居然印了9次，也就不足奇怪了。

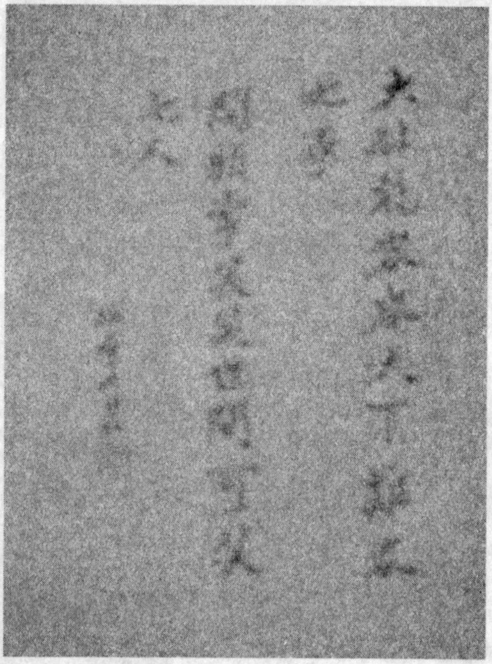

张群手亦

晚年的张群，从此成了大讲修养的明星，他自己也以“立人启后”自律，不断接待来访、答记者问、题字、撰联，三句不离修养。他在80岁时曾撰《自勉歌》八句：

“日行五千步，夜眠七小时；饮食不逾量，作息要均衡。心中常喜乐，口头无怨声；爱人如爱己，报国尽忠诚。”

撰了一副对联：

“大肚能容，容天下难容之事；

开颜常笑，笑世间可笑之人。”

蒋介石于1975年4月5日去世了，张群作为“总统府资政”的幕僚生涯，却一直延及到生命的终结。

1990年12月4日，张群因心肾功能衰竭而在台湾去世，活了整整102岁。这在中外军政人物中是罕见的。

有人说：“众友评岳军，只能呼为蒋之使女而不得称为如夫人，以如夫人尚有恃宠撒娇时，而张并此无之，唯知唯唯诺诺，欲如何便如何，无一丝违抗。”

这样的评说，是有道理的。张群几十年来自始至终是唯蒋命是从的。他参与谋划多，但几乎没有自己的半点主张；他襄佐政务虽勤，但无不是秉承旨意照办不误。所以，他说的“主人喜欢吃什么菜，我厨子做什么菜”，实在还是很准确的。多少年来，他几乎时时事事无不是想蒋之所想、做蒋之所做——蒋想要做或要他做的事。他说自己是“蒋氏走狗”，更是非常贴切的比喻。作为蒋介石的一个终身幕僚，张群能够数十年如一日，谦恭有礼，不气不怒，忍辱负重，临危受命，毁誉疑谤均所不计，安危同仗，甘苦共尝，实在是蒋介石最喜欢的。

这也正是张群从政80年来从未受到数落和冷遇的奥秘所在。

第六章 蒋幕“诸葛”——杨永泰

说他是蒋介石的“诸葛亮”，一点都不过分。他初出茅庐，便决策蒋介石“三分天下”，他一道“出师表”，逼迫工农红军移师西去。蒋介石对他言听计从，百依百顺。不承想，权重一时的他居然血染扬子江畔，做了国民党派系争斗的刀下鬼。

一、怀才不遇的旷世奇才

1928年春天，刚刚复出的蒋介石踌躇满志，准备第二次北伐。一天，他与时任外交部长的盟兄黄郛闲谈。蒋介石痛感自己幕中人才匮乏，尤其是缺乏足智多谋、运筹帷幄的“谋士”。所以，他恳请黄郛结束政客生涯，跟随自己共建“党国”。

对蒋介石的秉性非常了解的黄郛，对蒋介石说：“海内有奇才杨畅卿先生，胸罗经纶，足以佐治，凡吾所能者，畅卿无不能；畅卿所能者，有时吾还不及，国家大计，望公商之。”

在蒋介石的印象中，黄郛是最有才华的佐政之才，如果没有这位盟兄制定的“离俄清共”之计，哪里会有今天的南京政权呢？而这位才华横溢的盟兄却说当今海内还有比他更杰出的幕中高手，怎能不令他重视呢？

杨永泰真有这么大的本领，居然令黄郛如此郑重地向蒋介石引荐？

蒋介石半信半疑。

在北洋政府时代，杨永泰可不是一般的“名士”，他是政学系的首领之一，是民初政坛上曾活跃一时的风云人物。

对于这样一位风云人物，长期在南方活动的蒋介石也有耳闻，但并不是非常了解；但长期在北方军政界活动并一度担任北洋政府总理高职的黄郛，却是一清二楚的。

杨永泰，字畅卿。1880年出生于广东茂名地区一户殷实之家。他早年受过严格的封建正统教育，17岁时，考中广东茂名地区秀才。21岁那年，杨永泰考入广州高等学堂，开始接受系统的西方近代教育。一年后，他又从广东转入北京法政专门学校学习法律。毕业后，他回到广州出任《广东报》记者、编辑。

很快，杨永泰便以文笔流畅，思维敏捷，立论深刻，思想活跃，扬名于珠江两岸。

随着资历和才华的日渐长进，杨永泰开始涉足政治。在孙中山积极掀起反清革命的同时，各省也发起了立宪运动，纷纷成立省咨议局，要求实行君主立宪。杨永泰在这场立宪风潮中，积极赞成君主立宪，并利用手中的舆论阵地，撰写了许多文章，竭尽全力为立宪运动摇旗呐喊。

工夫不负有心人。1908年，风华正茂的杨永泰以自己的能力、才华和鲜明的政治态度，当选为广东省咨议局议员。

1912 年，杨永泰当选为中华民国临时国会议员，前往北京就职。1914 年春，袁世凯废掉国会，杨永泰被迫离京南下，来到上海，与国会议员谷钟秀等创办《正谊》杂志。这年夏天，他与黄兴等人又组织了欧事研究会。

民国初年的混乱政局和袁世凯的独裁专制，使杨永泰逐渐对孙中山的革命学说产生了兴趣。而与国民党人黄兴的接触，使杨永泰更加认定：孙中山的革命学说更近于解决中国问题的实际。于是，当孙中山在日本成立中华革命党时，杨永泰率先加入。

从此，杨永泰追随孙中山，投身民主革命运动。

1915 年 12 月，蔡锷等人在云南发动护国战争，从云南、广西起兵，分别攻入四川和广东。1916 年春，宣布独立的云南、贵州、广东、广西四省在广东肇庆组成了以唐继尧、岑春煊为正副抚军长的肇庆军务院。正在上海主持报务的杨永泰投笔从戎，回广东参加护国运动。杨永泰回到广州后，入滇军将领李烈钧幕中，旋出任李烈钧两广护国军（第二军）司令部下属财政局长。因杨永泰本是广东人，门生故旧很多，筹备粮草很有门路，再加上他善于交际，颇有活动能量，故滇军将领非常倚重他。肇庆军务院成立后，李烈钧又推荐他出任军务院财政厅长。

袁世凯死后，黎元洪继任中华民国大总统，段祺瑞出任内阁总理。军务院取消，民初国会重新恢复。以张耀曾、李根源、谷钟秀等人为代表的旧国民党人组织政学会，杨永泰也参与了会章的起草，成为政学会的一名重要成员。

1917 年 7 月，张勋复辟失败后，段祺瑞重新上台执政。段祺瑞为实现独裁统治，拒不恢复《临时约法》和国会。孙中山举起了护法运动的旗帜，从上海南下广州，组织护法军政府。北京的国会议员纷纷南下广州，组织非常国会。

护法军政府成立后，孙中山对杨永泰是很信任和重用的。他内定杨永泰出任护法军政府财政厅长。杨永泰当时也满口答应，并十分感激孙中山的信任。

政学会骨干张耀曾、李根源等人听说后，立即劝杨永泰说："孙中山没有实力，是个空架子。你投靠这位孙大炮，也不会有什么好处。以你的才华，如依靠西南实力派，定会前途无量。"

杨永泰虽足智多谋，但缺乏政治眼光。看到政学会都投靠了西南军阀，孙中山在广东的势力远远没有滇桂军阀势力强大，心里便动摇了。所以，当孙中山几次催他就职财政厅长时，他支支吾吾，迟迟不就。

杨永泰的这种投机态度，令孙中山周围的国民党人十分反感。

1917 年秋，护法军与段祺瑞的北洋军阀激战于湖南、四川两地。很快，护法战争扩大到湖北、陕西、河南、山东等十余省。正当护法战争胜利进行的时候，控制了湘、川两省后的陆荣廷、唐继尧在政学会骨干的支持下，突然一反孙中山的护法号召，通电同意与北洋军阀举行议和。紧接着，西南实力派联合改组军政府，排挤孙中山，把护法军政府原来实行的大元帅首领制改为七总裁合议制，排挤孙中山。孙中山愤而辞职，离开广州前往上海。

作为政学会骨干的杨永泰，参与了改组军政府的活动，因此引起一些国民党和一些追随孙中山的国会议员的痛恨，种下了与胡汉民等人矛盾的种子。

但杨永泰却得到了岑春煊、陆荣廷等西南实力人物的大力支持。不久，杨永泰出任广东财政厅长，并于 1920 年 4 月就任广东省省长。

杨永泰上任伊始，踌躇满志，颇想有所作为，显示一下自己过人的才华，把自己的家乡建设好。

无奈好景不长。1920 年夏，粤系将领陈炯明回师广东，将桂系陆荣廷驱逐出境。次年春，孙中山在广州就任中华民国非常大总统，唐绍仪等人把当年政学系改组护法军政府的幕后活动向孙中山和盘托出，并有声有色地描绘了政学系张耀曾、李根源、杨永泰等人在这中间的穿针引线作用。

杨永泰知其在广州已无法立足，便北上投靠北洋军阀政府。

到了北方，杨永泰更觉英雄无用武之地。1922 年，杨永泰再度出任北洋政府国会参议院议员，但随着曹锟贿选丑闻被揭露出来，北洋军阀政府时代的旧国会顿时解体。政学会也随之偃旗息鼓、风消云散了。

杨永泰无奈，只好离开北京前往上海，心情忧闷地过起了蛰居生活。

他为自己有盖世才华而无处施展暗自叹息，也为怀才不遇、未逢“明主”而暗自伤神。

1926 年夏开始的轰轰烈烈的北伐战争，震撼了中国，也震颤了杨永泰的心扉。面对外间世界的剧烈变化，杨永泰萌动了结束蛰居生涯、重新寻觅晋升之道的念头。

蒋介石誓师北伐

1927年蒋介石下野后，杨永泰向桂系李宗仁、白崇禧上了一份万言书，陈述他对中国时局的看法和对现时政治的主张，表达了要跻身政治的强烈愿望。

李宗仁、白崇禧读完这份万言书后，对杨永泰的政治才华非常敬佩，但又十分鄙视杨永泰的为人。他们认为：一位投靠过北洋军阀，投靠过孙中山，也投靠过西南军阀的政客，在政治上靠不住！

这样，李宗仁、白崇禧便对杨永泰不予理睬。

刚要出山便遭到冷遇，杨永泰对新桂系自然十分恼怒。

执意要东山再起的杨永泰并没有灰心。他略施小计，便在南京政府交通部长王伯群手下，谋了个顾问的职位。

冷眼观世变的杨永泰，在寻找着晋升的阶梯。

杨永泰是一位非常聪明的政客，早在广州护法军政府时期，力图保持与各方面关系融洽。他一方面与政学会成员保持着密切的关系，另一方面与滇军中级将领熊式辉等人又十分要好。与政学会成员的要好，使他日后成为新政学系首领之一；与熊式辉等人要好，使他日后投靠蒋介石有了阶梯。

熊式辉，江西安义人，比杨永泰小3岁，在护国战争中结识了杨永泰。他倾慕杨永泰的才华，两人结为挚友，为后来形成国民党内部的新政学系奠定了基础。在北伐战争中，熊式辉与他的好友赖世璜率国民革命军第十四军转战江西，投靠了蒋介石。1928年春，蒋介石卷土重来时，任命熊式辉任淞沪警备司令。自此，熊式辉成为蒋介石的心腹之一。

正是通过政学系熊式辉的直接引荐，才华横溢的杨永泰才结识蒋介石，并深受蒋的重用，得以施展其盖世才华。

二、初出茅庐的“削藩”策略

蛰居上海的杨永泰，对“天下大事”看得十分清楚。他看到，北伐成功以后，蒋介石虽然平定了北洋军阀，但国民党内部派系林立，尤其是各地方实力派拥兵自重，与当年的地方军阀无异。很显然，阎、冯、桂各实力派是蒋介石独揽中央大权的障碍。杨永泰援引历史上封建帝王削夺藩镇权力，以加强中央集权的经验，断定解决问题的办法只有一个：“削藩”。

杨永泰的所见，正说出了蒋介石的忧虑。

当熊式辉劝他入幕蒋府时，杨永泰将自己的“削藩”妙计请熊向蒋介石代为转达。

急于为蒋介石招揽人才的熊式辉，立即面见了蒋介石，陈述了杨永泰的“削藩”妙计。蒋介石听后忙问熊式辉：“熊司令，此人何在？”

“此人在我警备司令部内，校长若要召见此人的话，我明日派车把他送来。”

自从黄郛向蒋介石推荐了杨永泰后，蒋介石因忙于北伐，没有顾上寻找这位“海内奇才”；而盟兄黄郛替自己交涉“济案”被迫辞职，更令蒋介石感到心中有愧，也为身边没有像盟兄这样足智多谋的“诸葛孔明”而发愁。今天意外地听熊式辉说这位“海内奇才”就在身边，岂能失去这样好的谋面机会？

“不，我马上要见！你带我去你司令部。”蒋介石果断地说。

熊式辉一看蒋介石动了真格，心中十分高兴，暗喜杨永泰有了出头之日。但一想杨永泰的过去经历，有必要在事前与蒋说明。

“总司令，杨永泰的过去您计较吗？”熊式辉试探着问。

“过去的事，我不计较，我也了解他的经历，只要他今后跟我好好干就行了！”蒋介石爽快地回答。

由于杨永泰早年受过良好的教育，洞悉政治法律原理，又有丰富的官场经验，善于推度幕主的心理，所以与蒋介石的第一次晤谈，便令蒋惊叹不已，由衷地敬服杨永泰的才华。

杨永泰见到蒋介石，很礼貌地行了个鞠躬礼：“畅卿拜见蒋总司令。”

蒋介石马上拉住杨永泰的手说：“吾辈革命，备感艰辛，思贤若渴，今日与杨先生相觅，望先生施展管仲、诸葛之才，以贡献吾国民革命。”

杨当即表明：“吾奋斗半生，今日始得见明君。总司令知遇之恩，日后吾当肝脑涂地，以报于您。”

双方在客厅落座后，把话题转入正题。

“杨先生对今日天下大事，有何高见？我蒋某在此洗耳恭听。”蒋介石谦虚地说。

杨永泰自幼接受过严格的旧式教育，又接受过系统的西方教育，毕业于北京法政专门学校，也曾留学日本，故“既擅文事，又长武备；既懂立法，又精行政”，加之对于“天下大事”观察已久，听到蒋介石如此恭敬地聆听自己的见解，真有点受宠若惊之感，当下发表了自己的宏韬大略：

“蒋总司令，以吾愚见，当今天下，广西第七军横行两湖，李济深负隅两广，白崇禧收编了唐生智残部三个军，称霸一方，三分天下有其一，如勾结冯、阎，则南京无法立足。好在桂系的政敌俞作柏能拆李宗仁的台，唐生智也可以收回旧部为词进逼白崇禧，再用重金收买冯玉祥的大将韩复榘、石友三等，则李宗仁、白崇禧的势力就不难瓦解。如果再收买陈铭枢、陈济棠，以缚虎之势，扣留李济深于广州，则桂系的一分天下可以变成蒋先生的三分天下。”

杨永泰将其“削藩”策概括为：以经济方法瓦解冯玉祥的第二集团军，以政治方法解决阎锡山的第三集团军，以军事方法解决李宗仁的第四集团军，以外交方法对付张学良的东北军。

一席话，顿使蒋介石心明眼亮。他最头疼的如何处理各地军阀问题，被杨永泰数语道破。

蒋介石立刻对杨永泰肃然起敬，决定破格重用杨永泰。

但出乎蒋介石意料，对于自己的热情相邀，杨永泰却婉言谢绝：“中国问题艰巨，国民党内部派系复杂，以一书生微薄之力，难担此大任，恐误党国大事。”

杨永泰是何等聪明。他知道“无功不受禄”的古训，自己初入蒋幕，未立半点功勋，贸然接受蒋介石的“高官”，势必引起人们的不服。

杨永泰这种不卑不亢、半推半就的态度，对蒋介石产生了更大的诱惑力。他认为自己遇上杨永泰，如同刘备遇见诸葛孔明一样，便拿出平生礼贤下士的所有办法，以三顾茅庐的姿态，恳请杨永泰辅佐自己。

精诚所至，金石为开。杨永泰深为蒋介石的求贤下士风度所折服，终于答应出山。蒋介石喜出望外，急忙问：“畅卿认为任何职比较理想？”

他对蒋介石说：“听凭司令安排，我只想贡献，不图职位高低。”

“你先以国民政府军事委员会参议的身份随我左右，日后我亏待不了你。”蒋介石兴奋地说。

这样，杨永泰由一位草居在野的政客，一跃入主蒋总司令的“卧榻之侧”，成为蒋介石的“首席智囊”。

蒋介石在完成北伐后，着手实施杨永泰的谋略——“削藩”。

1928 年 7 月中旬，蒋介石在北平召开军事善后会议。国民党各路“诸侯”冯玉祥、阎锡山、李宗仁、白崇禧等参加会议。会议主要的议题是讨论北伐完成后如何实行编遣问题。此时，国民党 4 个集团军对于他们各自地盘和人枪的分配，各有各的打算。第一集团军蒋介石占有广东及华东富庶地区，第二集团军冯玉祥占有山东、河南、陕西、甘肃，第三集团军李宗仁、白崇禧占有广西、湖南、湖北及武汉。李宗仁、白崇禧嫌地盘小，冯玉祥嫌地盘穷。可战争刚结束，都不好意思公开争夺，于是都想先听听蒋介石葫芦里卖的是什么药。

蒋介石首先提出了《整理军事方案》和《军事意见书》，冠冕堂皇地要整编军队，裁减兵员，其意图是欲削弱其他三个集团军的兵力，壮大自己第一集团军的势力，等待时机，各个击破。冯玉祥、阎锡山、李宗仁、白崇禧诸人也想利用编遣机会，造成对自己有利的形势，故开始时均沉默不语，后才对蒋介石的编遣主张提出了抵制意见。

蒋介石仅想利用这个会议“火力试探”一下“诸侯”们的态度，故会议无

蒋介石（前排右三）及国民党政要聚集北平

果而散。

杨永泰向蒋介石建议：利用北伐结束之机，采取“调虎离山”之计，将这些“诸侯”们采取明升暗降法，调到南京，以便解除其兵权。

蒋介石接受了杨的建议。

在8月8日至15日召开的国民党二届五中全会上，蒋介石任命冯玉祥为行政院副院长兼军政部部长、阎锡山为蒙藏委员会委员会长兼内政部部长、李宗仁为军事参议院院长的政令，并希望这三个人长期住在南京，与蒋共商国家大事。

接着，杨永泰建议蒋介石：尽快召开编遣会议，采取“杯酒释兵权”的计策，用政治方式削去“诸侯”的兵权。

1929年春初，蒋介石在南京召开全国编遣会议，企图用政治方式裁掉冯、阎、李各部军队。但出乎蒋介石的意料，各路“诸侯”在裁兵问题上互不相让，争论不休。

利用各派矛盾，蒋介石趁机促使会议通过了《国军编遣委员会进行程序大纲》。冯玉祥、阎锡山、李宗仁等人看到蒋介石如此轻易地便将全国军队权力收回中央，感到上了蒋介石的圈套，纷纷以各种形式对抗。尤其是冯玉祥，称病请假，消极对抗，致使蒋介石怀抱极大希望的编遣会议草草收场。

既然政治方式不能实现“削藩”，只好诉诸武力。

按照杨永泰的建议，蒋介石决定首先用军事手段消灭桂系李宗仁、白崇禧。

当时，桂系势力盘踞在从广西、广东，经两湖直到山海关长达千里的战线上，摆下了“一字长蛇阵”。如何破掉李宗仁、白崇禧这个互相配合的战阵？

杨永泰向蒋介石建议：先击首腹后斩尾，武力进攻和政治分化双管齐下；先解决武汉、平津桂系驻军，而后直捣桂系广西老巢。

1929年3月，蒋桂战争爆发，蒋介石先把同桂系站在一起的、盘踞广东的李济深诱到南京加以软禁，任命陈铭枢、陈济棠统治广东。然后，委派唐生智携巨款去天津活动老部下李品仙倒戈反桂，不用一兵一卒便使白崇禧仓皇出走。接着，蒋介石统率大军直攻武汉。

为了实施武力进攻与政治瓦解相结合的策略，杨永泰奉蒋介石之命，担当起瓦解桂军的使命。

杨永泰手持蒋介石的亲笔信，秘密来到香港，与被李宗仁、白崇禧排挤至港的俞作柏洽商。凭着三寸巧舌，杨永泰说服了俞作柏，并向俞作柏许诺："如果俞将军活动李明瑞、杨腾辉倒桂成功，中央委你为广西省主席，省府委员由你决定。"

俞作柏接受了杨永泰赠送的巨款，答应到南京与蒋介石会谈。杨永泰陪俞作柏来到南京后，蒋介石立即委任俞为"国民革命军总司令部上将参议"，由杨永泰协助到汉口，与桂系第四集团军第七师长李明瑞秘密接触。

当蒋介石的中央军与桂军一交火，桂军前敌总指挥李明瑞便阵前自动脱离战斗，致使桂军一败涂地。李宗仁、白崇禧退守广西。蒋介石率各路大军齐向广西合围，桂军大败。无奈，李宗仁、白崇禧被迫逃到香港。

杨永泰协助蒋介石首先平定了桂系。

蒋桂战争接近尾声时，冯玉祥统率西北军单独反蒋。冯想把散布在山东、河南、陕西、甘肃、宁夏、青海几千里漫长战线上的西北军部队先集中起来，然后出潼关，裹胁阎锡山同道反蒋。

蒋介石再次采用杨永泰的计策，用经济手段瓦解冯玉祥的军队。1929 年 5 月 22 日，冯玉祥部下韩复榘由洛阳发出"养"电，力主维护和平，拥护中央。蒋介石大喜过望，立即复电韩复榘，令其指挥所有驻陕甘宁部队；石友三为讨逆军第十三军总指挥，并送现款 500 万元作为犒赏。

5 天之后，冯玉祥在蒋介石、阎锡山的逼迫下通电宣布下野。

冯玉祥下野后，设法联合阎锡山来一块反蒋。阎锡山把冯玉祥骗到太原，加以软禁。蒋介石见此，极力拉拢阎锡山。他加派阎锡山为西北宣慰使兼办军事善后事宜，并派张群、吴铁城等，携带大量金钱到山西活动，要求阎不要容纳冯玉祥在山西避难。冯玉祥的将领一看阎锡山趁火打劫，群情激愤，于是想方设法和蒋介石缓和关系。阎锡山被迫亲访冯玉祥，决定联合反蒋。10 月 10 日，西北军兵出潼关，讨伐蒋介石，一路颇为顺利，然阎锡山却按兵不动，使西北军士气大受影响，西北军再度退回潼关以内。

鉴于多次反蒋失败，阎锡山、冯玉祥等人感到，仅凭他们中的任何一派，也不能打败蒋介石，于是便力谋联合反蒋。

1930 年 3 月，鹿钟麟、商震、白崇禧、张发奎等第二、三、四集团军 57 个将领通电全国，一面历数蒋介石十大罪状，要蒋还政于民，一面推举阎锡山为中华民国陆海空军总司令，联合反蒋。这样，空前规模的中原大战爆发了。

跟随蒋介石左右的杨永泰，不慌不忙地向蒋介石建议：一、采取陆战为

北平街头出现的反蒋标语

主，空军协同的战术，威慑联军，采取“银弹”外交，瓦解冯玉祥的西北军；二、不惜一切代价，拉拢取观望之势的东北军张学良。

蒋介石立即派吴铁城和张群携巨款到东北，极力拉拢张学良助蒋讨伐阎、冯；并用重金收买了冯部将领刘茂恩，诱捕冯军豫东前线总指挥万选才，在战略上占据了主动。

经过5个月激战，蒋介石大获全胜。阎锡山避居大连，冯玉祥移居汾阳。山西晋军被举兵入关的张学良加以整编，西北军则被蒋介石化整为零，一个个吃掉，仅仅保留了一个被改编的二十九军。

这样，冯玉祥苦心经营了20多年的西北军土崩瓦解了。

蒋介石采纳杨永泰的“削藩”策后，只用了3年时间，就达到了“削藩”的目的。

踌躇满志的蒋介石得意地笑了起来。

三、“三分军事，七分政治”的老辣毒计

在蒋介石的智囊圈子里，杨永泰集书生之精诚与官场经验于一身，除陈布雷外，最合蒋介石的口味。因此，蒋介石对他欣赏至极，以宾师之礼相待，事无巨细，必与之商议而后行，常深夜召见，作彻夜长谈。

对于蒋介石的破格重用，杨永泰感恩不尽。他抱定“士为知己者死”的信念，精勤不息，使出浑身解数为蒋介石出谋划策。

杨永泰初出茅庐，便向蒋介石纵论天下大势，以一道“削藩”策，深得蒋介石厚爱。为了进一步博得蒋介石的信任，杨永泰潜心研究蒋的思想作风和生活习惯，甚至把蒋喜欢的王阳明、曾国藩的著作，买回来朝夕揣摩。

不鸣则已，一鸣惊人。杨永泰寻找着为蒋介石再献妙策的最佳机会。

新军阀混战，为中国工农红军的武装割据创造了有利条件。到1930年底，

全国工农红军已拥有中央、闽、浙、赣等大片根据地和 10 万多人。蒋介石对此早已如芒在背，坐如针毡。

中原大战后，蒋介石踌躇满志，举兵南进，开始向中共领导的革命根据地大举进攻。

然而，一贯视中共领导的红军为“赤匪”的蒋介石，却损兵折将，连连败北。

1930 年 10 月，蒋介石调动 10 万大军，对江西苏区进行第一次“围剿”。在南昌行营的会议上，蒋介石动员说：

“当年的曾国藩是力行礼义廉耻，保卫家乡，消灭‘长毛’，复兴清室的儒家名将。我们要学习曾国藩，要以曾国藩为榜样，此次‘剿共’，我们国民党地方党部要加强‘剿匪’宣传，要唤醒民众；政府要澄清吏治，要安定乡村，大家应上下齐心协力，坚决消灭共党和几个‘共匪’，3 个月后，江西仍是一个平静的天下。”

可令他恼怒的是，江西省政府主席鲁涤平指挥大军连红军的影子还没见到，便被打得狼狈而归。

第一次“围剿”失败，令南京政府上下一片惊慌。蒋介石派何应钦赴南昌，率领 20 万大军对江西苏区再次进行“围剿”。

但第二次“围剿”仍以国民党军队的败北而结束。何应钦灰溜溜地回到南京。

两次大败，令蒋介石极为气恼。1931 年 6 月，国民党三届五中全会议决，命令国民党各级党部全力协助军政当局限期剿灭共党和红军。会议结束后，蒋介石带着邵力子、杨永泰、陈铭枢和熊式辉等一大批文臣武将，来到南昌行营，亲自调度指挥 30 万大军进行第三次“围剿”。

接受前两次失败的教训，蒋介石决定组成一元化的党政军领导，实行剿抚兼施计策。他专门在南昌成立党政委员会，亲自兼任委员长，气势汹汹地向江西苏区进攻。

然而，这次由蒋介石亲自指挥的第三次“围剿”仍然败北了。

1932 年春，第二次上台的蒋介石回南京主政后，日夜思虑如何“剿灭”共产党问题。

他不明白，为什么三次“剿共”都连连败北！他更不明白，自己指挥的第三次“围剿”为什么输得那么稀里糊涂！

在他看来，各地“诸侯”人马那么多，都被逐一铲除，而共产党就那么一点人马，“围剿”起来应当不成问题，可到底为什么一经接触，国民党军队就败北呢？

蒋介石理不出个头绪，对新的进剿方案也苦无良策。

全力“剿共”的蒋介石

杨永泰敏感地窥测到了蒋介石的心病，他感到自己的机会来了。

杨永泰认真分析了前三次蒋介石“剿共”失败的原因，发现蒋介石的失策，在于把红军看成与北洋军阀一样的军队。实际上，红军绝非乌合之众，而是一支不怕死、不受抚、不感恩、不惧威的真正“党军”，它的最大不同是实行了政治建军，兵民一体，上下同心。因此必须采取新的策略才能“剿”灭。

红军既然是靠政治起家的，我们就来个“政治剿匪”——“三分军事，七分政治”！

正当蒋介石一筹莫展时，杨永泰派人呈递了一份“万言书”。

蒋介石眼睛立刻为之一亮，急切地打开信札读了起来。

杨永泰的“万言书”写道：“吾闻滴水之恩，必当涌泉相报。先生对我知遇之恩，我当为先生为革命肝脑涂地，在所不辞。近闻先生日夜殚精竭虑，思考加何扑灭共党问题，我随先生四年，深知先生为党为国至诚如斯。”

蒋介石感佩杨永泰的忠心，在自己最困难时，还是杨永泰能够体谅自己的甘苦。

他接着往下看，杨永泰陈述了自己对于“剿共”的意见：“吾随先生出师，细观江西诸地，渐觉共党不足为虑。所难之点为共党与‘匪区’民众结为一家，两者合手，实为一严重问题。民众与共党合为一家，在吾于地方官吏风气日下，致使民众为共党所利用。在他于共党诸项方针政策，一富煽动性，二富实效性，较之吾地方官吏更有效力。欲彻底扑灭‘共匪’，必须使用新的谋略。”

杨永泰的这几句话一下子说到了蒋介石的心坎上了，他急切地看杨永泰面对这种局势所提出的应对的“新的谋略”：

“我之所言新的谋略，意即剿共实行三分军事，七分政治。所谓七分政治，在吾，则加强对匪区民众管理，加强对匪区民众宣传，澄清吏治，务使土豪恶霸横行乡里者灭绝。对贫穷困苦无孤者，给予救济，对匪区民众日常生活给予指导和帮助。这样，渐使匪区民众日益脱离共党，不为共党所左右。达此目的，即剿共不愁也。所谓三分军事，在下大力于上述诸务中，然后派重兵对匪区共党实行严厉的围剿，务使除恶务尽，不留后患。同时对投诚者，要给予宽大和出路，实行先生之剿抚兼施。

“吾认为，如实行三分军事，七分政治，变军事剿共为政治剿共，不出一年，会初见成效。

“同时，于此次剿共中，中央尚还须进一步执行削弱异己强干弱枝的‘削藩’政策，以期围剿完后，‘共匪’既除，枝亦削减，中央力量更为强大。”

蒋介石边读杨永泰的“万言书”，边点头称是。读完之后，他立即唤来侍卫官：“通知杨参议马上来见。”

不多时，杨永泰驱车来到。蒋介石迎于门前，执礼相待。

“你的长篇宏论我一口气拜读了。杨参议真乃我之管仲、诸葛。前番参议一篇‘削藩’策，使吾大受其益。今参议又一条‘三分军事，七分政治’的妙策，我想剿灭共党已为期不远了。杨参议真乃不可多得之士。蒋某慢怠参议之处，万望海涵。”

经蒋介石一番夸奖，杨永泰倍加受宠若惊。

他知道，自己真正飞黄腾达的日子到来了。

在汉口成立的鄂豫皖“剿共”司令部

蒋介石决定重用杨永泰。1932年4月，蒋介石到汉口主持鄂、豫、皖三省“剿共”军事，提升杨永泰为鄂、豫、皖“剿共”司令部秘书长，令其随行前往武汉。

这样，杨永泰正式成为蒋介石的帐前军师。

5月21日，蒋介石亲自任鄂、豫、皖三省“剿共”总司令，同时召开豫、鄂、皖、湘、赣五省“剿共”军事会议，调集兵力进攻全国各地红军，重点进攻中共的鄂、豫、皖苏区和中央苏区。

6月18日，蒋介石在江西庐山再度召开鄂、豫、皖、湘、赣五省军事会议。会上，蒋介石强调：“‘剿共’不能专靠武力，这次‘剿共’，要七分政治，三分军事。”

这样，杨永泰提出的“三分军事，七分政治”被蒋介石正式确定为新的“剿共”方针。

杨永泰的“三分军事，七分政治”方针，是一个非常毒辣的谋略。蒋介石忠实地按照杨永泰的设计执行，立即在“围剿”鄂、豫、皖苏区中显示了威力。由于张国焘的指挥错误和政治上未能适应蒋介石的新策略，没有采取相应的应变措施，致使红军被迫退出了鄂、豫、皖根据地，向西退去。

蒋介石看到杨永泰的策略发挥效力后，大喜过望，对杨永泰更加言听计从。他立即移营江西，全力“围剿”中央苏区。

1933 年 2 月 6 日，蒋介石亲任江西“剿共”总司令。5 月 7 日，蒋介石改“行辕”为军事委员会委员长行营，任命杨永泰为南昌行营秘书长。

“南昌行营”全称为国民政府军事委员会委员长南昌行营，设于南昌中山路上的百花洲。它刚成立时，设办公厅和一、二、三、四厅。办公厅主任为熊式辉，四个厅的厅长分别为贺国光、刘兴、晏道刚、朱怀冰。杨永泰到南昌行营任秘书长后，便决定对南昌行营进行改组。

但工于心计的杨永泰表面上却装作谦谦君子，并不轻举妄动。他在等待时机的成熟。

在蒋介石召开的一次军事会议上，蒋介石征询杨永泰对行营组织的意见。杨永泰知道机会来了，但又不便当着许多军政大员发表意见，便话里有话地回答说：“我初来，情形不清楚。”

蒋介石自然明白杨永泰的意思，会后单独召见杨永泰。杨永泰将自己改组南昌行营的设想和盘托出。蒋介石听后大喜，当即同意并按照杨的意图，将四个厅缩编为两个厅，第一厅厅长仍由贺国光担任，主要负责军事；第二厅厅长则由秘书长杨永泰兼任，主要负责党政经济；熊式辉仍旧任办公厅厅长。

这样，南昌行营由原来的五个厅减为三个厅，杨永泰掌握了行营党政经济大权，为具体实施“三分军事，七分政治”效力。

杨永泰为蒋介石准备第五次“围剿”出谋划策，全权总揽政治事务。南昌行营内部，政治厅处林立，皆为“七分政治”效劳。杨永泰负责的第二厅，专营“政治剿共”。所以南昌行营上下又称杨永泰为“七分厅长”。

第四次“围剿”准备不充分，蒋介石并未得手。尽管如此，他对杨永泰提出的“三分军事，七分政治”方针并没有动摇，而是马上组织第五次“围剿”，调集 50 万重兵对付江西中央苏区。

杨永泰提出的“三分军事，七分政治”，蒋介石在第五次“围剿”中给予了充分的发挥和运用。

在新闻宣传方面，杨永泰主持的南昌行营二厅，命令组织求是通讯社，专办行营新闻发稿工作。他规定，标语、传单，均须照行营颁发的各级宣传提纲或《剿匪手册》的精神去写，不得另行编撰；凡南昌出版的报刊、文稿，都要先经行营审查许可，方得付印；外地驻南昌记者拍发的电讯稿，必须送审核准，才能发出。

不仅如此，杨永泰还组织了“努力”剧团和“奋斗”文艺社，作为“剿匪”前线的“文化标兵”。一时间，这两个文艺组织搞得非常红火，令蒋介石非常高兴。同时，蒋介石接受杨永泰的建议，在南昌行营召开的五省“剿匪”军事会议上，把《明夷待访录》、《曾国藩剿捻事迹》和《汗血月刊》等书刊杂志，下发给与会军事将领，责其认真阅读，写出笔记送阅，并随时派人考察，以从思想上体会“剿匪”的政治意义。

在地方统治方面，蒋介石接受了杨永泰提出的实行军人独裁的建议，明令围剿军队总司令可以任免其部队防地行政官吏，可以变更地方政治设施，可以改组国民党党部或停止其活动；只要对“围剿”军事有利，各路军总司令都可以断然采取措施。杨永泰还建议，在“剿匪”区内，要强化县长权力，由县长兼任县保安自卫大队长的执法官，拥有生杀权，并且不受县党部执监委员牵制；强化保甲组织，严厉实行连坐制，对根据地民众实行所谓“软化、分化、感化”政策。

对苏区农村，杨永泰打出了“复兴农村”的口号。他以南昌行营的名义，颁发了《处理“匪区”土地、地租、田赋、债务办法》，试图解决农村这类纠纷。为此，他在江西各地大办合作社，利用当地的手工业特产，贷给农民资金，把民众组织起来。他规定，拨款给各县的善后经费，一律移充为当地农民加入合作社的股金，不得用于其他开支。银行对农民发放空钞，实行薄利多销，对农产品也实行减免税费运费。

更恶毒的是，杨永泰建议蒋介石对苏区实行严格的经济封锁。国民党利用军队、行政官员、各省党部以至基层党部、各地乡绅等，组成一个严密的网络系统，要与中共领导的红军打一场“政治战”、“经济战”和“立体战”。

围剿苏区的碉堡

蒋介石在第五次“围剿”过程中，大力实施“三分军事，七分政治”的新方针，给中央苏区造成了极大困难。由于中共党内的“左”倾错误领导，中国工农红军没有能够击破蒋介石的第五次“围剿”，被迫从江西苏区撤离，进行战略转移，使蒋介石一时得手。

蒋介石接受并实施杨永泰的“三分军事，七分政治”新方针，仅仅用了一年多时间，便收到奇效，逼迫工农红军大军西去，令蒋介石更加信任。

杨永泰因谋划“剿共”有功，当选为国民党第五届候补中央执行委员。

四、侍从室的始作俑者

蒋介石担任国民政府军事委员会委员长，先在汉口成立了鄂、豫、皖三省“剿共”总司令部，后在江西成立了军事委员会委员长南昌行营。蒋介石为了“剿共”得手，时常出发到鄂、赣亲自督战，随身带着几个秘书、副官、参谋人员。这样跑来跑去，他感到非常辛苦，常常忙得焦头烂额。

杨永泰看在眼里，记在心上。他反复琢磨：蒋介石四处奔波，秘书、参谋人员也不固定，十分不方便，何不把这些跟从他的亲信组成一个侍从室，列入南昌行营的编制之内，专门帮助他处理公文？

于是，杨永泰向蒋介石建议：设立军事委员会委员长南昌行营侍从室。

蒋介石立即照准，调钱大钧任侍从室一处主任，负责警卫工作；调陈布雷任侍从室二处主任，负责秘书、情报工作。

有了侍从室，蒋介石顿感方便了许多。来自各地的请示、汇报以及各种建议、来信等公文，都先汇集到侍从室，然而由侍从室送给蒋介石核批；蒋介石批示后，再由侍从室以蒋介石的名义下发。

开始之时，侍从室也是按照传统官僚机关一般公文处理方式向蒋介石转报的，但由于文件太多，蒋介石对批阅文件渐渐不耐烦了。

1934 年春，蒋介石在南昌正集中精力思考他的碉堡政策，有一段时间没有批阅公文。因为日子比较长了，文书积累不少。陈方等人心里着急，但又不敢打扰他的思路。最后实在没有办法，陈方壮着胆量将积压的公文呈给蒋介石。

当蒋介石看到一大堆文件摆在他面前时，立刻大发脾气。陈方等人被大骂一顿后，感到非常委屈，便向行营秘书长杨永泰诉苦。

杨永泰经过一夜的思考，想出一个巧妙的处理办法：先把收到的文电，经过一番整理加工，摘出文件要点，提出处理意见，并设计了一种表格的形式。边框里面，直行分印：来文（电）机关或姓名、文别、日期、内容摘要，以及拟办、批示等各栏，由缮写人员用端正的小楷填写进去，表的上面印上“呈阅”二字。然后区分轻重缓急，送蒋批阅。

这一招果然奏效。蒋介石看后，十分满意。

从此，杨永泰等一批人从南昌创立的这种呈报表，便流传下来，一直使用到后来。1936 年初，侍从室在南京改组以后，蒋介石的亲信幕僚又在杨永泰设计的呈报表格基础上进行了改良，根据不同文件的内容，发展成为“呈阅”、“呈核”、“报告”、“情报”等几种表式。侍二室和侍四室工作人员在研究整理文电、提出解决问题的初步意见的同时，就考虑到应该适用哪一种形式，并按照问题的内容和性质，决定是单独地（专察）还是汇集地列在某种表上，以便于蒋介石的审核和批阅。

这种表式经过长期使用，逐渐成为蒋介石侍从室的特定文书制度。

在南昌行营时，蒋介石包揽军政大权，不仅负责江西前线的军政事务，而且干预南京国民政府的许多军政大事，每日待其批阅的急件非常多。蒋介石尽管非常勤奋，日夜批阅，备感辛苦，但仍有许多急件积压，导致文件周转较慢，甚至延误战机。

正因如此，蒋介石非常恼火，经常怒责负责转送的秘书陈方等人，令陈方等人莫名其妙，左右为难。身为行营秘书长的杨永泰知道后，灵机一动，决定采取另外一种变通办法：各地来的公文，先由杨永泰审阅，用几十个字写出概要，并提出上、中、下三种处理意见，附于公文原件之上，呈报蒋介石，供蒋审批时选择。

由于杨永泰头脑敏捷，文笔精练，概括合理，不仅减轻了蒋介石的负担，还提出了许多颇有价值的高见，使蒋介石大为欣喜。

就这样，杨永泰以其过人的才识和能力，赢得了蒋介石的信赖。

在“围剿”苏区过程中，国民党军队屡战屡败，蒋介石盛怒之下，经常对部下施以严厉处置，轻则撤职，重则枪毙。杨永泰对蒋介石常加规劝，并私自扣下不要判处将领死刑的“手令”，待蒋怒消后再作解释。

尽管如此，许多受害者仍怀疑杨在蒋介石面前进谗言。秘书陈方为替杨永泰辩白，不得不出示蒋介石“手令”，以说明真相。

杨永泰得知后，疾言厉色地对陈说：“让他们怨恨我好了，中国没有杨某毫无关系，却不能没有委员长，他是全国领袖，威望不可损伤，做幕僚长就是要替长官任劳任怨，而不能功则自居，过则推诿。”

杨永泰所表现出的对蒋介石的一片忠心，真可谓“士为知己者死”。蒋介石闻讯，由衷地感激这位才华横溢的当世“诸葛”。

五、新生活运动的谋划者

杨永泰熟读经史，又接受过西方新学，对蒋介石的思想把握得非常准确。他看到蒋介石经常在对将领训话时大谈其在日本的“武士道”精神，对其格外推崇，又到处大讲“礼义廉耻”，对传统的儒家道德格外推崇，就迎合蒋介石的思想，建议蒋介石发动一场新生活运动。

杨永泰的建议，再次说到了蒋介石的心坎里。他决定发起新生活运动，并命杨永泰负责起草演讲稿。

杨永泰真不愧文章高手。他一气呵成，为蒋介石起草一份名叫《新生活运动之要义》的文告。

在这篇文章中，杨永泰规定了新生活运动的目的是：“国家民族之复兴，不在武力之强大，而在国民知识道德之高超。”而“提高国民知识道德，在于使一般国民衣食住行能整齐简洁，简单朴素，过一种合乎礼义廉耻的新生活”。

蒋介石对杨永泰的文告非常满意。

1934 年 2 月 19 日，蒋介石在南昌行营扩大纪念周上，将这篇文告公之于众，正式发动了新生活运动，并把这一天定为新生活纪念日。

蒋介石讲演新生活的要义后，南昌国民党各级机关立即响应，大造声势。2 月 21 日，在南昌成立了以蒋介石为会长的新生活运动促进会。3 月 18 日，南昌行营拨出现洋 4000 元，在南昌举行有 10 万人参加的新生活运动市民大会。与会的军人一律穿黄军服，女学生穿蓝士林布旗袍，其他党政人员、商人等，一律着青蓝色制服，会后举行盛大的游行活动。一时间，南昌的新生活运动搞得轰轰烈烈。

发起新生活运动的蒋介石夫妇

但是，对于将“礼义廉耻”用于新生活运动，国民党内有不同的反响。时任行政院长的汪精卫，在有关新生活运动的演说或电文中，不提礼义廉耻，只说新生活应从规矩、清洁两项做起。胡适则对以“礼义廉耻”为主要内容的新生活运动持不同意见。在这种情况下，杨永泰与亲信王又庸等搞新生活运动的谋士们，对“礼义廉耻”重新进行研究，最后由杨永泰执笔，起草了《新生活运动纲要》，经蒋介石最后审阅，于 5 月 15 日正式发表。

《新生活运动纲要》可以说是新生活运动的指导理论。在这个具有指导理论性的纲要中，杨永泰对礼义廉耻作了如下解释：礼是规规矩矩的态度，义是

正正当当的行为，廉是清清白白的辨别，耻是切切实实的觉悟。这种解释只不过是杨永泰承袭历代封建统治者崇尚“礼治”的衣钵，强迫人民俯首帖耳，循规蹈矩，服从蒋介石的统治，遵守蒋介石的法规，以巩固蒋介石的专制独裁而已。

对于杨永泰的“精辟”解释，蒋介石十分欣赏。他感到，杨永泰不仅是一位足智多谋的“诸葛”，而且还是一位学问功底很好的“饱学之士”。

有这样一位对蒋的思想、意图把握准确而效忠的谋士辅佐身边，蒋介石格外愉快。

六、兵不血刃夺取“天府之国”

1934 年底，中央主力红军长征进入西南，蒋介石派大军尾随于后。

蒋介石因追剿红军入川，发现这一带山川险要，川西平原富饶，不愧为“天府之国”，如果将来中日开战，这里无疑是最好的战略大后方。于是，他便产生了借追剿红军之机派中央军入川的想法。

对于蒋介石的意图，杨永泰看在眼里，盘算在心中。他趁机向蒋介石建议：

“目前国家形势为：‘共匪’造成之内患已不足为虑。但外患已是一个严重的问题。东北已丢，华北日益危急，日本可能要力图吞并中国。一旦中日战争爆发，天府之国必为陪都和大后方。然四川历来不统一，大小军阀割据称雄，为准备长期战争计，先生应撤销南昌行营，改设重庆行营，一来可以继续追剿‘共匪’，二来中央军队可以入川，达到统一四川的目的。”

蒋介石听从其言，很快撤销南昌行营。1935 年 1 月，蒋把鄂、豫、皖三省的“剿共”总部改组为武昌行营，派张学良任行营主任。原南昌行营人员，一部分归并武昌行营，一部分由贺国光组织“参谋团”入川。蒋介石任命杨永泰为武昌行营秘书长，钱大钧为参谋长，协助张学良调动和处理各处军事行政事宜。

对于蒋介石消除异己的一贯做法，四川实力派刘湘早有防备。他积极组织力量围剿红军，并以此阻止蒋军入川。但结果遭到红军反击，损兵折将。刘湘无奈，只好跑到南京，请求蒋介石给予经济和武器方面的援助，并声明不要军队。

蒋介石本来打算就此派中央军 10 个师入川，实现多年来插足四川的愿望，不料刘湘有拒绝军队入川的前提条件，便想拒绝刘的要求。

杨永泰审时度势，劝说蒋："现在诚然是统一四川的良好时机，但四川内部情况复杂，不能操之过急。"

"依你之见，目前该怎么办呢？"蒋介石急切地问。

杨永泰胸有成竹地向蒋献策："目前要先抓到刘湘，答应给钱给军械，不派兵，只要求派遣一个没有武装的参谋团驻重庆，协助川军计划作战。以后问题以后再说。"

蒋介石理解杨永泰的意图：抓住刘湘求援时机，先派一个参谋团入川，以此打开四川缺口，逐渐向四川渗入自己的势力。

"派谁率参谋团去执行这项重大任务呢？"蒋介石问。

杨永泰略作思考，推荐说："我认为贺国光主任是最佳人选。"

"太好了！就这样定了。"蒋介石赞同调贺国光入川。

贺国光，湖北蒲圻人，此时正任南昌行营第一厅厅长，兼侍卫室一处处长，是蒋介石身边的重要军事幕僚。他相貌矮小、行动不灵、眼力近视、步履蹒跚、文质彬彬，很难把他与将军联想到一块。但蒋介石却挑中他来做自己的军事谋士，因为此人尽管其貌不扬，却才华出众，办事干练，颇有心计。当"剿共"战争屡战屡败，自己一筹莫展时，贺国光败中求"计"，精心筹划，向蒋介石献上了一条"堡垒政策"的毒计，令蒋刮目相看。他总是临危受命、冒险犯难，为蒋介石鞠躬尽瘁；外柔内刚、尽忠职守、埋头苦干，赢得了蒋介石的垂青。

这样一位其貌不扬的干练将才替蒋介石图川打前站，一定不会引起"四川王"刘湘的注意；而他早年与四川军阀刘湘、杨森、熊克武、王赞绪、唐式遵、潘文华等为成都陆军速成学堂同窗的经历，便于他在四川打开局面。

正是看上了这一点，杨永泰极力向蒋介石推荐；正是看上了这一点，蒋介石立即决定派贺国光率领参谋团入川。

"参谋团？那是干啥子的？"被称为"巴壁虎"的刘湘闹不清楚蒋介石的意图。

"主要任务嘛，就是帮你出出点子，树树威信，你有什么难办之事，也可以通过他们向中央开口。"杨永泰轻描淡写地向刘湘解释一番。

但当他看到参谋团的主任竟然就是自己当年在速成学堂读书时的同学贺国光时，刘湘那颗悬着的心放了下来。

你看贺国光，身材矮小，文绉绉的，戴着一副深度眼镜，外号"贺瞎子"，手下那些人，都是一些见了枪炮就打战的文职人员，能把我怎么样？

1935年1月12日，贺国光率"国民政府军事委员会委员长行营驻川参谋团"一行200余人入川，指导川康军政，策划、指挥"剿匪"事宜。参谋团下设军事、政治两处，政学系王又庸和李为纶任政治处正、副处长。此外，随参

谋团进入重庆的除一个宪兵团外，还有康泽的别动队3个支队约2000人。参谋团进入重庆，不仅表明了南京政府开始正式参与四川的军政事务，也表明了杨永泰为蒋设计的插足四川计划的第一步宣告成功。

贺国光随杨永泰一到四川，便如同孙悟空钻进铁扇公主肚子里一般，施展其“掏心计”。他的第一招便是帮刘湘把四川省政府组建起来，然而拟出一道通电，告示四川大小首脑立即交出防区，拥护四川统一。

大小军事首脑谁敢违抗，纷纷复电表示拥护，乐得“巴壁虎”合不上嘴。

杨永泰趁机建议：打破防区划分，重新划定18个行政专署，由省政府派人担任专员；原来的地方官立即调动，由省政府重新任命，对原来官员进行专门培训。

这个建议立即被刘湘采纳，通令照办。

他哪里知道，杨永泰对督察专员的任命，尽力安排亲蒋人士担任；省政府与委员长行营合办的各种县政训练班，成了杨永泰控制地方的一大法宝。

趁着“巴壁虎”一打盹的光景，杨永泰把四川省地方官员的后备队伍就抓到了手中。

接着，杨永泰借川北驻军田颂尧与红军作战失败之际，“杀鸡儆猴”，将他撤职查办，树立了蒋委员长的权威。

1935年夏，杨永泰将驻川参谋团改为重庆行营，蒋介石自任行营主任，任命杨永泰为秘书长兼第二厅厅长，管理政治、法规大事，文群为该厅副厅长。这样一招“换汤换药”之计，令刘湘干着急而没有办法。

最让蒋介石担心的是如何控制庞大的川军，杨永泰替蒋介石图川，首先推行蒋介石削减川军力量的阴谋。杨永泰通过刘湘的秘书长邓汉祥，征得刘湘的同意，将川军336团缩编为270个团，减少兵员三分之一；军饷每年由5980万元减为4000万元。同时对川军将官及刘湘的心腹张必果、傅常等人，进行许愿拉拢，暗中联系。

当这一切都顺利进行时，杨永泰建议蒋介石仿照办庐山军官训练团的办法，将川军军官进行整训，以便控制川军。是年7月，蒋介石在四川峨眉山办了一个军官训练团，任团长，并调心腹干将陈诚任副团长，分批训练川军营以上军官。

杨永泰虽未任职训练团，却经常到训练团讲话，对川军进行拉拢分化。训练团结束后，一些川军将领倒向蒋介石一边。

当蒋介石的势力逐步在军事和政治方面渗透后，杨永泰建议蒋介石对刘湘采取强硬态度，局部改组四川省政府。1935年11月，蒋介石要求刘湘更换川省政府民政、教育、建设三厅厅长人选，并提名卢作孚、罗负华、蒋志澄继任。罗、蒋均属国民党CC系骨干，刘湘知道这是蒋介石借局部改组为名，从而达到控制四川省政府的阴谋，但又不好拒绝，便提出以政学系王又庸和李为纶为民政、教育厅长。因刘湘明知王又庸刚刚调往江西省任民政厅长，不好频繁调动，企图以此阻止蒋的阴谋。但蒋介石和杨永泰商量后，为涉足四川省政，同意刘湘的要求，把王又庸调入四川，任省政府民政厅长，以李为纶为教育厅长，而调另一政学系王次甫入江西，接替王又庸的位子。

就这样，在杨永泰的筹划下，蒋介石的势力先军事，后地方，再省政，一步一步地渗入，最终实现涉足四川军政的目的。

杨永泰眼见蒋介石的势力已经在四川扎了根，便建议蒋介石，派军政部长何应钦到重庆召开“川康整编会议”，逼迫川军撤防裁兵，实现川军国家化、川政中央化。

时至此时，刘湘追悔莫及。抗战爆发后，蒋介石调刘湘率川军东下作战；刘湘则与韩复榘合谋倒蒋，事情败露。蒋介石一通训斥，“巴壁虎”口吐鲜血，命丧黄泉。

蒋介石在杨永泰的谋划下，终于将四川控制在自己手中。

七、政学系与CC系大斗法

在国民党内，杨永泰是以政学系首脑著称。当时，人们将张群、黄郛、杨永泰、吴铁城、熊式辉、王世杰、吴鼎昌、张嘉敖、翁文灏等人称为新政学系。与国民党内部的CC系、黄埔系等不同，这些人并没有一定的组织，也没有政纲，只是一种松散的联盟。他们对蒋介石忠心耿耿，并大多学有所长，精于政务，才华出众，足智多谋，深为蒋介石所器重。

作为蒋介石最宠信的幕僚，杨永泰有着很大的权力。所有国民党重要军政文电，都须经杨永泰先行过目，然后才能呈蒋；许多军政要人来见蒋介石，也须经杨永泰的安排。

杨永泰这种权倾一时的地位，自然引起了国民党内其他派系和权贵的嫉恨。

最早对蒋介石重用杨永泰强烈反对的，是胡汉民派。

由于胡汉民等人在护法运动中跟随孙中山，对1917年底杨永泰参与西南军阀排挤孙中山耿耿于怀。

1931年4月30日，胡汉民的心腹古应芬、萧佛成等广州中央监察委员通电弹劾蒋介石，其中列举蒋的罪行之一，即为起用政学系杨永泰之流：“政学会员，昔虽曾隶党籍，自袁氏窃国，即已叛离。民国七年总理南下护法，杨永泰勾结桂系（陆荣廷），窃取政权，排斥总理以去；今杨氏则时时追随蒋氏之侧，参与密勿矣。其他余孽，簧缘充任要职者比比。”

杨永泰的政敌胡汉民

1931年底胡汉民被释放后，更视杨永泰为政敌。他曾对人说：“杨永泰是政学会的首脑，和国民党势不两立。总理在世时，受他们的气很大。今天蒋介石把他引为亲信，简直是认贼作父。对付共产党，他们还不如我们呢！寻求外国援助，他们也不如我们有门路。可是蒋介石就喜欢这些谗佞之徒。”

然而，由于胡汉民派无法对蒋介石构成威胁，也对杨永泰无可奈何。

而对蒋介石重用杨永泰等政学系不满并公开反对的，是陈果夫和陈立夫为首的CC系。

1933年1月，陈立夫、陈果夫等人谈起了政学系的“暴发户”情况时，说：“蒋委员长怎么看上这位首鼠两端的杨永泰。杨永泰有何能力，还不就是会投机吗?”

1934年6月，南昌机场发生大火，蒋介石刚从意大利购买的霞飞式轰炸机被烧毁10多架。蒋介石大为震怒，命令行营调查科科长邓文仪负责调查。

邓文仪接受了CC派给予的10万美元贿赂，便在调查后宣布大火为意外事故。

杨永泰看了邓文仪的调查报告后，对这一结论十分怀疑，当即请示蒋介石，与戴笠联合再度进行秘密侦察。结果真相大白，这乃是一场重大纵火案，主犯为航空署长徐培根。徐盗用公款套购黄金，亏空无法弥补，遂放火烧毁库房，以销毁账目。不料天气炎热，大火失控，致使飞机被烧。

蒋介石听了杨永泰的报告，立即下令将徐培根枪毙，免去邓文仪的职务。

杨永泰的这一做法，赢得了蒋介石的信任，但却极大地触动了CC系的利益。于是，他们纠集不满于杨永泰的所有势力，群起而攻之。

从1928年起，国民党党务大权便集中在二陈为首的CC系手中，形成了“蒋家天下陈家党”的格局。随着国民党内各反蒋派的荡平，蒋介石越来越无法容忍二陈把持党务的现状，力谋削弱CC系的权力。

在第五次“围剿”中，杨永泰向蒋介石提出了集中党、政、军力量于“剿共总部”的建议，蒋介石认为这是削弱CC系把持党务的好机会，便接受了杨永泰的建议，把豫、皖、鄂、赣四省国民党组织变更，省市党部设主任委员，由当地军政大员兼任。在河南省，就由河南绥靖主任刘峙兼任河南省党部主任委员；主任委员之下设书记长，书记长多系主任委员心腹，在河南，国民党党部书记长就是刘峙的心腹。

杨永泰的这一招，把原来的省党部执行委员和监察委员一起打入了冷宫。各县设书记长，也同样把原执行委员和监察委员一起“送客”。不论省或县都由书记长负全责，工作报告直接上呈“剿共总部”党政处。这样一来，湖北、河南、安徽、江西四省国民党省、市组织由CC系手中转到了政学系手中，CC系的政治地位一落千丈，成为当地军政首脑的附庸。

CC系遭到如此打击，当时敢怒不敢言。因为杨永泰使用这种毒辣的办法是以蒋介石名义办的，并由蒋介石命令国民党中常会追认为合法的办法。

更重要的是，这是蒋介石有意削弱CC系党务大权的一种办法。

陈果夫、陈立夫见自己CC系势力日渐削弱，于是拿出“融政于党”的办法与杨永泰对阵。二陈以“政府部门我们无人”为理由，从纵到横、由上到下，从横到纵、由下到上打进政府部门和教育部门。同时，二陈暗中发动CC系掀起所谓护党运动，实质为护CC系集团运动；唆使各级党部向国民党中常会告状，说政学系正在进行毁党的活动。CC系大将张道藩、张厉生等人又积极奔走于张继、邹鲁这些所谓党国元老门内，求他们向蒋介石陈情，把党还给CC系。

蒋介石知道是CC系与政学系双方派系内讧，极力劝解双方不要过于内争，都是一家人。但CC系与政学系的内争，仍在激烈地进行。

杨永泰任“南昌行营”秘书长之前，全国从中央到地方的政府官吏，大多由陈立夫、陈果夫以国民党中央组织部长的身份进行安排与任免，权力很大。杨永泰人幕之后，插手国民党中央和地方大小干部的安置，发展自己的政学系，逐渐排挤二陈的势力。初时，陈立夫、陈果夫兄弟二人也没把这件事当回事，认为杨永泰安排一些自己的人也是正常的事。等到杨永泰从南昌到武汉，政学系发展远远超过陈立夫、陈果夫所想象的那样的时候，二陈才深深感觉到：杨永泰已成为CC系势力向前发展的严重障碍。

1934年的武汉，国民党内部各派系之间斗争十分激烈。湖北地方政治派系“十人团”在CC系的掩护下，背靠着国民党湖北绥靖公署主任何成浚的支持，与汪精卫改组派刘蔚如争夺江汉中学，获得胜利。“十人团”为初战胜利而冲昏了头脑，认为所向无敌，于是把对抗的矛头对准了政学系。

岂不知，久经“战阵”的杨永泰对付刚成点“气候”的“十人团”易如反掌。

杨永泰利用秘书长的权力和手下政学系的势力，略施小计，便把“十人团”夺得的政治地盘几乎全夺了过来。“十人团”几乎一败涂地。

陈果夫出任江苏省政府主席时，民政厅长一职陈决定派自己的心腹余井塘担任，可没想到名单报到蒋介石手上后，杨永泰在蒋介石身边轻描淡写地一句：“这不成了CC系的王国?”

蒋介石本来就不满意江苏省政府的班底中CC系色彩太浓，听了杨永泰的话，更加生气，决定“留中不发”。

这下可急坏了陈果夫。他素知蒋介石的习性，只要蒋介石“留中不发”，一定是表明他持有不同的意见。他赶忙呈电蒋介石：“如有更适当胜任者，请钧座直接指定。”

本来这是陈果夫作的一个姿态，可没想到正中杨永泰的圈套。

杨永泰向蒋介石推荐自己的心腹辜仁发替换余井塘。蒋介石随即电告陈果夫，一切照准，唯民政厅长改由辜仁发担任。

陈果夫收到电报，顿时傻了眼。一省中除了省主席和秘书长外的最重要的民政厅长一职，转眼落入了杨永泰的手中！

陈果夫大失体面，无颜向CC系解释。

对此，陈果夫恨杨永泰恨得咬牙切齿，提出了“清君侧”的口号，下决心整垮杨永泰。

陈立夫、陈果夫在武汉开展的护党运动，受到了杨永泰的强烈抑制。蒋介石当时一心“剿共”，旨在缓和与平息双方的内争。双方在蒋介石面前表示得很好，可一离开蒋介石，斗争依旧。

经过此次争斗，CC系政治地位削弱，锐气大减。就是日后CC系分子每每提起此事，不仅痛恨杨永泰、张群等政学系人物，而且对蒋介石也十分不满。

国民党文化运动委员会主任张道藩抱怨说：“我现在才明白狡兔死，走狗烹的滋味！”

陈立夫、陈果夫与杨永泰，自1933年以后，经过两年的较量，杨永泰胜多败少，二陈觉得不是杨永泰的对手，但时刻盯着杨永泰，丝毫未放松斗志。

然而，杨永泰比二陈有才华，杨永泰比二陈更得蒋介石的器重，加之杨永泰的政学系首领张群、黄郛等人，也都是蒋介石的心腹，所以在二陈与杨永泰的较量中，蒋介石尽管采取不偏不倚的态度，二陈仍不是杨永泰的对手。

陈氏兄弟只好静静地等待，寻找着“清君侧”的机会。

八、喋血扬子江畔

1935年10月，行政院长汪精卫在国民党四届六中全会上遇刺，杨永泰颇想乘机爬上行政院长的位置，进一步施展自己的才华，但却遭到了二陈为首的CC系的坚决反对。

杨永泰组阁的愿望落空了。

受此打击，他决定辞去秘书长职，准备出国考察。

正是用人之机，蒋介石岂能放他出国？

蒋介石没有理会杨永泰的辞呈。

1935年12月，华北危机日益加深，为应付危机，蒋介石改组政府，起用了一批政学系为阁员。改组后的各部部长为：内务部长蒋作宾，外交部长张群，财政部长孔祥熙，军政部长何应钦，海军部长陈绍宽，教育部长王世杰，实业部长吴鼎昌，交通部长顾孟余，铁道部长张公权，并以翁文灏为行政院秘书长。蒋介石的目的很明确：通过他们的对日关系，调整中日关系与日本取得暂时妥协，设法延缓中日间的紧张情势，为剿灭红军争取时间。由于张群被调任外交部长，杨永泰便继张出任湖北省主席。

蒋介石虽知杨永泰对自己忠心不贰，但为平衡各派利益，决定将杨调出。早在南昌大火案发前，蒋介石就打算让杨永泰出任南昌党政军联合办事处秘书长。

但杨永泰闻讯后，声泪俱下地对蒋说："一定是有人向先生进了谗言才至于此，在此国家危急时刻，我决不离开委员长半步！"

蒋介石听后大为感动，只好留杨永泰继续在任。

当蒋介石调张群任外交部长后，便决定发布命令，任命杨永泰为湖北省主席。

杨永泰离开蒋介石身边，出任封疆大吏，在许多人看来是杨永泰失宠的信号。

其实调开杨永泰，固然是蒋介石为了平息国民党内部对杨不满所采取的措施，但调其主鄂，是蒋介石用心良苦的一招。

虽然蒋介石也感到杨永泰有操纵越权的形迹，但他对杨永泰的忠诚和才能是十分欣赏的。蒋曾对人说："我生平用人，第一重道德，第二重才具。杨畅卿这个人，办事有相当才具，其他方面就不要求全。"

因为他知道，有时杨永泰的某些越权行为，其出发点仍是对蒋的忠心。

南昌行营秘书长杨永泰（前排右一）

蒋介石深知，武汉为南北枢纽，战略地位十分重要，一旦中日战争爆发，南京失守，便可能成为战时首都；而且湖北省主席，向来都是自己的心腹，所以杨永泰主鄂，是蒋介石政治棋盘上非常重要的一着：一来出于武汉战略地位之重要；二来也是让杨避开各方反对的风头。

但杨永泰起初并没有体察蒋介石的苦心，他颇为愤懑，迟迟没有赴任。

他知道，自己是依靠蒋介石的恩宠才得此高位的，正因为在蒋介石身边，有蒋介石的庇护，尽管CC系对自己非常痛恨，但也无可奈何。而一旦离开蒋介石身边，那些政敌便会趁机暗算自己，即使蒋介石有意庇护，但鞭长莫及，恐怕也无能为力了。

杨永泰迟迟不肯就任，令蒋介石很不高兴；而此时更令蒋介石恼火的，是CC系竟然公开反对杨永泰主鄂。

1935年12月17日，国民政府正式任命杨永泰为湖北省政府主席，还未等杨永泰到鄂上任，便遭到了CC系联络鄂省地方实力派的迎头反对。

CC系认为，蒋介石改组政府，延揽政学系要员入阁，任命杨永泰掌鄂，加重了政学系在国民党内的砝码和地位，因而更加嫉恨政学系。而湖北省地方实力派何成浚，对于张群、杨永泰先后主鄂也十分不快，总想搞掉政学系在湖北的势力，由自己兼领省政。于是，CC系在湖北的首领、省党部常委刘鸣皋，委员杨锦，与何成浚联合起来，利用武汉“一二·九”学生爱国运动，挑动学生将斗争锋芒指向政学系，企图阻拒杨永泰上任。

CC系的走卒蹿入省内一些学校，在学生面前大肆宣传政学系是“亲日派”，挑动学生上街游行，反对杨永泰主持鄂政。

学生们听到政学系的卖国消息，义愤填膺，到街上游行，高呼“打倒政学系”、“打倒杨永泰”、“反对杨永泰接任省主席”等口号。

政学系控制的省政府害怕事态扩大，对杨永泰到任不利，在武汉三镇学生准备举行大会师时，秘密把所有轮渡调离，断绝交通，并宣布武汉“封江”。此举犹如火上浇油，更加激起学生愤怒。爱国学生以露宿街头、捣毁建设厅、包围省政府，作为反抗。

一时间，武汉反杨赴任之声颇高。

杨永泰闻讯后，立刻向蒋介石报告。

蒋介石勃然大怒，电湖北绥靖公署主任何成浚："据报湖北省党部借学生提出打倒杨永泰的口号，向政府示威。如果属实，仰将该党部及其负责人一律军法从事，具报为要。"

为支持杨永泰，蒋介石不惜对二陈开刀了！

听到这一消息后，湖北省党部的CC系分子慌了手脚。"十人团"的老大、湖北省党部常委刘鸣皋立即前往何成浚处，声明"打倒卖国贼杨永泰"这个口号与省党部无关，是学生在游行中自发喊出来的。

好在何成浚也反对杨永泰，答应按照刘鸣皋的意见复电蒋介石。

由于有何成浚撑腰，蒋介石不再要求处死闹事主持人，但电令湖北省党部负责人前往南京面谈。

刘鸣皋等人立即到南京面见蒋介石。

蒋介石把刘鸣皋等人训斥一顿后，又加以笼络。

他把刘与杨永泰召集在一起，对刘说："畅卿很能干，对治理湖北会有成绩的，你们是湖北省党部的负责人，他是湖北省政府的负责人，都是一家人。今后大家要精诚团结，协力消弭学潮，共把湖北的事情办好，决不要有任何成见。"

蒋介石平息了CC系的倒杨风潮，命令杨永泰即可赴鄂就任。

杨永泰带着一种无法形容的惆怅，离开南京，逆江而上。

他知道，此次赴鄂任务艰巨，路途险峻。CC系尽管被暂时击败了，但决不会就此善罢甘休，一定还会寻机报复的。个人的生命，时刻都会处于危险中。

他明白了蒋介石赋予他的重大使命，也体察了蒋介石的一片苦心。为了建设好湖北这个未来的抗日基地，为了回报蒋介石对自己的知遇之恩，个人的安危又算得了什么呢？

陈立夫恨杨入骨，发誓要"清君侧"；一旦离开蒋介石的庇护，杨永泰迅速走向了自己的末日。

1936年1月1日，杨永泰在武汉宣誓就职。其誓词称："余恪遵总理遗嘱，服从党义，奉行法令，忠心于努力于本职。余决不枉费一钱，妄用一人，并决不营私舞弊及授受贿赂。如违背誓言，愿受最严厉之处罚。"

湖北地方实力派何成浚、史延程分别代表中央党部及行政院、国民政府监誓致辞后，杨永泰答词称，值此国难险恶之中与地方灾患之后，"永泰承乏省政，深觉才轻任重，覆堪虞。唯有希望各位，不但今天详细地指示我，并且以后不断地继续予以指示，永泰愿意真诚接受，并尽我的能力来做"。

办事干练的杨永泰，上任之后，各项施政措施虽“萧规曹随”，基本上继续张群主鄂时的方针，但却取得了远比张群显著的政绩。

他依照国民党“管、教、养、卫”四大原则，清理县区政制，训练行政人员，清查户口，编练保甲，进一步加强国民党的统治；

他实施公务员军事化及省政府公役管理训练；他整顿市政，发展交通，发展经济，兴修水利；

他参照曾国藩的办法，在农村编练民兵，培植反共力量。

在湖北省主席任内，杨永泰虽情绪低落，但仍竭忠尽力，报效蒋介石的知遇之恩。

杨永泰的行政才能得到了充分的发挥，令国民党湖北省党军政各界暗自敬佩，也令远在南京的蒋介石暗自高兴。

然而，早已经决定要“清君侧”的陈氏兄弟，已经悄悄地谋划向杨永泰下手了。

1936年4月中旬，陈立夫收到一份秘密情报：“日本总领事宴请杨永泰，在宴会中，杨永泰表示关于日本在中国进行一切事件，他可以负完全责任。”

“这家伙这样荒唐，非把他干掉不可！”陈立夫决定以杨与日本有“勾结”为名，派人刺杀杨永泰。

1936年10月25日，杨永泰应邀赴日本驻汉口领事馆宴会，宴会结束后，在汉口江汉关省专用轮渡码头准备回武昌时，突然冲出一个刺客，向其连开数枪，杨应声而倒。

奄奄一息的杨永泰对左右侍卫说：“吾早知必有今日，身已许国，为国而死，夫复何恨？所可惜者，有志未逮，国祸方长耳。”

说完，这位蒋介石的“诸葛”便咽了气，年仅51岁。

杨永泰被刺，在国民党军政各界引起强烈震动。

蒋介石得知杨永泰被刺杀后，十分震惊。杨永泰跟随自己多年，出谋划策，铲除“诸侯”，逼走“共匪”，为自己立下了汗马功劳。如今杨永泰一去，自己失去了一位难得的决策奇才。

恼怒异常的蒋介石，一面急电湖北省政府给予杨永泰以公葬待遇，一面责令组织秘密侦查厅，尽快破案。

不久，秘密侦查厅宣布刺杨案已破，凶手陈燮起（真名谭戎轩），系受原国民党中央党部宣传部长刘庐隐指使；刘已在上海被捕获，判处10年徒刑。

杨永泰遇刺案，是国民党历史上继1925年廖仲恺遇刺后第二起重大谋杀案。这实际上是二陈为首的CC系一手策划的案件，但却拿胡汉民派的刘庐隐做了替罪羊。

当时国民党军政界上层，都从派系斗争的角度去理解杨永泰之死，对秘密侦查厅的结论表示怀疑。

二陈的亲信方治后来谈及此事时说："刺死杨永泰这件事，确实是两位陈先生指使的。当时不能泄露这个秘密，现在谈谈没有什么关系。"

杨永泰遇刺身亡，在当时是一件轰动全国的大事，驻鄂美、英、法、德、日等国总领事先后前往吊唁，并代表各国政府致唁。国民党中央执行委员会、国民政府主席林森、行政院长蒋介石以及翁文灏、陈仪、熊式辉、黄郛、何应钦、张群、戴季陶、宋子文、孔祥熙、陈果夫、陈立夫等，纷纷来电，对杨之身亡表示哀悼，对杨之家属表示慰问。

27日，杨永泰尸体入棺，湖北省政府、汉口市政府、市党部等各机关一律下半旗，各公务人员一律臂缠黑纱致哀。武汉各界要人200余名前往致祭。国民党中央派安徽省主席刘镇华代表军政界、行政院派内政部次长陶履代表行政院飞鄂致祭。

同日，国民政府行政院召开第285次会议，关于杨永泰遇刺殒命议决：呈请国府明令褒恤，发给治丧费1万元，将其生平事迹存候宣付史馆，并交主管机关从优议恤。在此前一天，湖北省政府决定从省内提拨3万元，作为杨的治丧费用。

11月2日，杨永泰的灵柩由汉口银行公会移到武昌蛇山新建省立图书馆内。21日，武汉各界举行公祭，杨之灵柩安葬武昌。

蒋介石在杨永泰公祭日，从南京寄来一篇祭文，极力褒奖杨永泰，对杨的死表示了莫大的悲痛。

第七章 “领袖文胆”——陈布雷

他前后跟随蒋介石 22 年，向以“领袖文胆”著称于世；他那生花妙笔既留下了名播四海的抗日檄文，也写过无数效忠蒋家王朝的文稿电令。他是蒋介石嫡系中的嫡系，亲信中的亲信，蒋的“知遇之恩”换来了他以死殉主的悲惨结局。

一、名满江浙的“畏垒”

陈布雷，原名陈训恩，笔名布雷、畏垒。1890年出生于浙江省慈溪县西乡官桥一个富庶家庭。由于较早受到良好教育，陈布雷少年即显过人聪颖。14岁便在宁波府试中名列第一，名扬宁波；17岁，他由堂兄陈屺怀介绍转入宁波府中学堂，在学生中倡导新科学、新道德，反对旧式学校生活和腐化学风，成为一名追求进步的激进青年。

1907年，陈布雷考取浙江省高等学堂哲史政法科。浙高注重外文、史地、法政、国际时事等新学科。陈布雷眼界大开。然而他并不满足，经常约几个相知同学去国文教师沈士远先生处借“禁书”。他遍览《复报》、《民报》、《新世纪》等进步刊物，并大发议论。有时竟毫无顾忌地把“光复汉物、驱逐胡虏”写进作文。此时的陈布雷，已经接受并信仰孙中山的革命思想，开始以文字表达其革命的意志了。

1911年秋，22岁的陈布雷因当年《天铎报》发表了他致杨度的一封信，引起了时任《天铎报》总编辑戴季陶的注意。戴季陶知其思想活跃、立论凿凿、文笔犀利，特邀陈布雷入社办报。

从此，陈布雷便开始了长达16年的报人生涯，并以“布雷”为笔名撰写文章，为世人知晓。

为什么用“布雷”这个笔名？据陈自己解释：“布雷”二字是他在浙高时，同学戏呼之称。同学见他面颊圆满，戏以“面包孩”相呼。“面包”英文为BREAD，译音为布雷。

后有人赠诗云：“迷津唤不醒，清作布雷鸣”，就是他在辛亥时期在报界为反清革命呼吁的写照。

1911年10月10日，武昌起义爆发，陈布雷立即撰拟专文意欲为之欢呼。总编见各报称武昌起义者为“逆军”居多，力主慎重，不同意称武昌起义者为“义军”。陈布雷力排此议，绝不愿附和各报，乃称武昌起义者为“革军”，以《谈鄂》连发10篇评论。从此，“布雷”大名更加响彻江浙地区。

1912年元旦，孙中山先生就任中华民国临时大总统，发表第一篇《告友邦人士书》，初稿用英文撰写。外交总长王宠惠自京到沪寻人翻译，有人荐举了陈布雷。王宠惠本人留洋多年，中英文俱佳，深受中山先生赏识。他见陈并未进过大学，颇不以为然，只让陈试译一段。岂料，陈布雷一挥而就：

江浙才子陈布雷

“吾中华民国全体，敢以推倒清朝专制政府，建设共和民国，布告于我诸友邦。易君主政体以共和，此非吾人徒逞一朝之愤也。天赋自由，萦想已夙，祈悠久之幸福，扫前途之障蔽，怀此微悦，久而莫达。今日之事，盖自然发生之结果，亦即吾民国公意听由正式发表者也。”

王宠惠看后，连声喝彩。第二天，陈布雷又在《天铎报》率先全文发表。

然而，总编李怀霜对陈的“不慎”却大为不满。他以种种借口，降低月薪，迫陈离去。

陈布雷一气之下，回宁波效实中学教书。

而此时的蒋介石，也正积极追随陈其美进行革命活动。迷信枪杆子的蒋介石，并没有注意到靠笔杆子打天下的陈布雷；当然，活跃于上海舆论界的陈布雷也没有注意到此时正玩弄枪杆子的蒋介石。

1921年元旦，陈布雷的堂兄陈屺怀在上海创办《商报》，请陈布雷任编辑主任，仍负责撰写评论。陈开始使用“畏垒”笔名，一如既往直刺时弊。

1923年曹锟贿选，《商报》明揭反对旗帜，在第一版全版大号铅字排印，下印曹锟照片，称之为“捐班总统”。1925年3月12日，孙中山先生病逝北京，《商报》著论哀悼。

1925年5月30日，上海“五卅惨案”发生。《商报》每天一评，反对帝国主义屠杀同胞，监督政府与帝国主义者进行交涉。评论号召救济罢工工人，使他们生活上不致发生困难；在交涉中主张惩办元凶，拒绝接受赔偿金，迫使交涉使许秋帆不敢接受英方7.5万元的支票。这一时期《商报》与人民群众同呼吸共战斗，充分地发挥了报纸舆论监督和鼓舞奋争的作用。当时中共中央的《向导》周刊也曾转载《商报》评论，并加以评注。中国共产党人肖楚女起而投函《商报》，赞扬畏垒的革命精神。

当陈布雷作为上海舆论界的一颗“新星”引起人们关注时，正在广州的蒋介石则作为国民党军事和政治上的一颗“新星”冉冉升起。

二、拒绝入幕的正直书生

陈布雷在上海舆论界的活动，不仅引起了中共的注意，而且也引起了国民党元老张静江和戴季陶的注意。作为蒋介石的“导师”，张静江一再提醒蒋介石：要想做出一番事业，除了靠枪杆子外，还要靠笔杆子。随着蒋介石在国民党中政治和军事地位的上升，张静江积极为蒋介石寻找可靠的“笔杆子”。

蒋介石何尝不知道“笔杆子”的重要性？蒋介石迫切需要人才，尤其是需要一个有才华但不傲慢、有主见但不倔犟、善于出谋划策而又能体会心意、工作肯干卖力而又能毫无怨言的人，出任自己的私人秘书。

蒋介石出任北伐军总司令后，迫切需要有一幕僚长，会动笔头，会出主意，又要有文采。陈布雷族兄陈屺怀为蒋介石慕重，曾聘为私人秘书。国民党元老张静江和戴季陶素知陈布雷才华出众，品行端正，毫无野心，政治上比较中立，便向蒋介石做了正面推荐。

当张静江和戴季陶极力向蒋介石推荐既倾向革命又文采飞扬的陈布雷时，蒋介石便有意识地向陈布雷表示了敬慕之意，寻找时机将他纳入幕中。

北伐战争开始后不久，邵力子奉蒋介石之命自广州到上海，宴请上海报界，说明北伐形势，并特地给陈布雷带来一张蒋介石的戎装照片，上附蒋介石亲笔签名：“赠陈布雷先生，弟蒋中正。”

蒋介石以这种形式表达了自己对陈布雷的仰慕之情。

陈布雷对北伐义师统帅蒋介石，当然颇具好感。收到蒋介石的照片后，他不由得对这位北伐军的总司令肃然起敬，心向往之。

1926年底，从广州刚到南昌的张静江便向蒋介石建议：“老三，我们今天都不是常人了，你当了总司令，我也当了什么主席（中常会主席）。总司令指挥三军，克长沙，下武汉，占南昌，击败不可一世的吴佩孚，兵锋直指京沪，孙传芳的末日恐怕也快到了。可是，你要知道，你的枪杆子很硬，而笔杆子太软啊！”

蒋介石连忙点头回答：“北伐出师以来，尽管军事上取得了胜利，但却没有发表一篇像样的好文章，我身边都是些指挥打仗的参谋副官，缺乏有文采的笔杆子。”

“介石老弟，古往今来，得天下者，要动刀枪，还要动笔杆子！你现在是有枪无笔啊。我在广东都替你担忧。”张静江严肃地说。

“愿听教诲！”蒋介石急忙站了起来。

张静江说：“为今之计，总司令急需一位能下笔千言、依马可待的大文士、大手笔。我思考再三，觉得陈布雷是最佳人选。”

陈布雷（左二）与张静江（左一）等人合影

蒋介石一听是陈布雷，立即兴奋地表示：“布雷先生文笔犀利，析理畅达，当今海内实无出其右者。我对他敬慕已久，去年曾托邵力子到上海转达敬意，只是不好意思骤然约请。”

蒋介石深知，一位合适的私人秘书是非常重要的。秘书可以把自己的点滴见解变成一个有声有色的计划；把片言只语变成一篇切合时宜、富有鼓动性的讲稿；把零散文字变成一篇高水准的文章。蒋介石挑中陈布雷，之所以这样选择，反映出蒋对陈的偏爱。陈布雷当编辑多年，顺从不盲从，早已习惯于领会上峰的意图，也知道如何把上司的意图创造性地编织成上司所喜欢的文章；再则，他又是能干、会干、生活检点之人。蒋介石实际上早已看中了他，只是一直没有机会将他招入幕中。

“今日的北伐是我国的伟大革命事业，据我所知，布雷先生对国民革命向往已久，也敬慕总司令的威名。现在去请他来南昌，我相信他一定不会拒绝的。如果能将这样一位大手笔请来，枪杆子加上笔杆子，还愁不能得天下?!”

听了张静江的一席话，蒋介石勇气倍增，立即表示：“我明天就派侍从秘书邓文仪带着我的亲笔信，专程到上海去请布雷先生。”

张静江满意地点点头，说：“好！事不宜迟。只是今后你一定要善待布雷先生，要注意礼贤下士。他可是一个知恩图报的大文士。我也写封信劝劝他，让他速来南昌。”

就这样，蒋介石决定将陈布雷召到南昌面晤。

1927年2月1日，陈布雷与潘公展来到南昌。他们先去拜见代理国民党中央主席的张静江。因为都是老朋友，陈向张静江问候说："北伐军进展神速，底定长江中下游，张主席劳苦功高……"

不等陈说完，张挥了挥手，半开玩笑地说："劳苦功高的是草头蒋，不是我跷脚张。嘿嘿，现在是军权高于一切。我不过是傀儡而已。"

陈布雷呆了一呆，便问："张主席，蒋总司令说要见我，我……"

瘫坐在藤椅上的张静江告诉陈："老三到牯岭去了，明天才能回来。"他倚老卖老，说，"布雷呀，你要好好给老三当当参谋喽！老三这个人呀，当年在上海向我领津贴和活动费，我是知道的，确实需要有一个秀才参赞和帮忙。"

第二天，陈布雷往见蒋介石。陈尊敬地说："蒋总司令领导北伐，劳苦功高。日前蒙赠玉照，真是三生有幸，深为惶恐。"

对于陈布雷和潘公展的到来，蒋介石非常高兴。他热情欢迎陈到南昌来访问，也非常客气地对陈说："以后陈君不必称我为总司令，随便些好了。因为总司令是军队的职务，陈君并非军人。"

"蒋先生能否详细介绍当前局势，阐明现阶段革命方略？"陈布雷像一个记者采访那样向蒋介石提出了问题。

"当然可以。"蒋介石看了一眼陈、潘，说，"武汉、南昌已定，现在是要克服上海，这样长江中下游可告底定，然后挥师北伐，直捣平津……"

蒋介石的远见卓识与谦恭礼让，给陈布雷留下了良好印象。

两天后，蒋介石再约陈布雷谈话。他说："希望陈、潘两君加入我国民党，为共同事业而奋斗。"

陈颇感突然，连忙说："我深领蒋先生盛情。但国民党的主义与政策尚有未尽明了之处，愿指教之。"接着，陈布雷就国民党政府与三民主义等有关问题，提请蒋介石指教。蒋介石均一一解答。

蒋介石大概也猜到对方缺乏思想准备，便解释道："你们两位（包括潘公展）在精神上早为本党同志，入党与否，本无关系。然国民救国，为人生天职，加入以后则力量更有发挥之处也。"

陈和潘感激蒋介石的信赖："容我们考虑考虑。"

又过了两天，经蒋介石、陈果夫介绍，陈布雷、潘公展同时加入中国国民党。蒋介石对陈果夫说："陈、潘两同志可隶属中央组织部之直属区分部。"

潘公展在南昌住了十多天后先期返沪。蒋介石将陈布雷留住，迁入总司令部西花厅居住，与张群、黄郛为邻。

蒋介石虽然公务繁忙，仍然每隔几天就找陈谈话。

一天，蒋介石急得在屋里踱来踱去，非常焦虑。躺在藤椅上闭目思考问题的张静江问道：“老三，有什么心事？”

“想发表一篇文章。”

“什么文章居然将你急成这样？”

蒋介石面有难色地说：“北伐以来，黄埔学生带兵打仗，战功卓著，但派系纷争，山头林立，居功自满，有的甚至不服从统一指挥，对革命事业有百害而无一利。我想写一篇《告黄埔同学书》，要动之以情，晓之以理，要情文并茂……”

“叫布雷试一试吧！”张静江果断地说。

“好，好！”蒋介石对陈布雷说，“布雷先生，你就照我讲的意思写份《告黄埔同学书》，这篇文章要得很急。”

陈布雷勉为其难地说：“恭敬不如从命，请蒋公指示要点。”

陈布雷知道，这不过是张静江和蒋介石要考考他而已。于是，他立意要一显身手，在蒋介石的办公室内，凝思默想，研墨展纸，染笔挥毫，一气呵成。陈布雷一边写，蒋介石一边看，连声称赞：“好，好！委婉酣畅，文采斐然，不愧高手。”

蒋介石把文章交给副官说：“立刻去排印。”停了片刻，他问陈布雷，“布雷先生愿意留在总部工作吗？”

“蒋先生，我仍想回沪当记者，办报纸。”

蒋虽感意外，但也不勉强：“很好，很好。我们后会有期。”他心中真的好奇怪：这个书生居然不愿当官？

经过介绍入党、留居幕府、代拟文字，蒋介石对陈布雷的学识、人品、文字均有了初步了解。真是百闻不如一见。这个书生虽然有些执拗，却是理想的人选。他是志在必得，但也知道此事不能着急，所谓欲速则不达。

陈布雷对此行也甚感满意。“蒋公”服膺总理，胸襟远大，礼贤下士，尊重文人，使陈布雷受宠若惊，有知遇之感。

三、官运亨通的笔杆子

陈布雷辞别了蒋介石后回到上海。上海的几家报纸虽都来请他去主笔，但他却都辞谢了。后来，浙江省主席张静江请他去省府任秘书长，他对做官实在不感兴趣，只去了两个月。到当年的5月下旬，蒋介石又请他去南京国民党中央党部任书记长，碍于面子，他没办法，只好来到南京。

但在中央党部书记长的任上，他内心却十分苦恼："一为个性与任务格格不入；二是理想与现实颇多矛盾，平昔期待于革命者至深，今以事实与理想相印证，乃觉党内意见分歧。"这一时期他更"念国势之危殆，忧革命之多艰，忽忽不乐。"

8月初的一次中央党部会议上，因蒋介石指挥徐州战役失利，孙传芳在张宗昌支持下卷土重来，李宗仁、白崇禧、何应钦均对蒋产生不满。加之国民党内固有派系纷争，孙科、白崇禧等人连连发难，逼蒋出国"休息"。蒋介石不得不下台赴日"考察"。

陈布雷亲历此一幕，更觉这种人事纠纷难以适应。

会后，他低声对蒋介石说："蒋先生如下野，我也想辞职回乡。"

"布雷先生，"蒋介石大为感动，"你对党国确实忠心耿耿。"

陈布雷替蒋介石起草了一个下野宣言，述其反共经过及宁汉合流、并力北伐、彻底"清共"三点愿望。随后，便借机辞职回了慈溪老家。

然而，蒋介石的这次下野，仅仅三个月时间而已。他只不过为自己与继配夫人陈洁如离婚、与宋美龄结婚请了个"长假"。1928年1月，蒋介石复职北伐。他当然没忘记陈布雷，又将他约来南京，有意任他为北伐军司令部秘书长。

蒋介石知道陈布雷对当官兴趣不大，怕贸然任命会引起陈布雷不快，便让陈立夫代自己向陈布雷征求意见。

但陈布雷还是婉言辞谢了。

陈立夫汇报蒋："陈布雷一介书生，公务繁集，怕不能胜任，就不必勉强他担任这种要职了吧！"

蒋介石见陈拒绝，哪里甘心？他索性直接征询："愿任何种职务，可由自

己选择。”

陈布雷只得和盘托出：“我之初愿在以办报为终身职业，若不可得，则只愿任先生之私人秘书，位不必高，禄不必厚，但求能有涓滴之助。机关重职，实非所胜。”

蒋介石笑了笑，说：“怎么可以屈你做我的私人秘书呢？布雷先生，你是否愿意任《中央日报》主笔？”

“蒋先生，听说《中央日报》已有彭学沛主持编辑，成绩甚佳，我怎能取代？我还是回沪上，《时事新报》曾约过我。”

见陈布雷态度坚决，蒋介石无奈，只好放其回沪。他有点恋恋不舍地说：“这样也好，你有什么困难，以后尽管来找我。我将出发到徐州去，有什么事可以电告我。”

自此，陈布雷似乎放下了一颗怕做官的心。但是不仅蒋介石从来没有忘掉他，就连“党国元老”们也都在打他的主意。

1929年夏，自北平南返过南京时，蒋介石召见陈布雷说：“张静江先生向中央提请以布雷先生为浙江省政府委员兼教育厅长，你意下如何？”

陈布雷感到很突然，说：“蒋先生，我不谙教育，且愿在新闻界久于其业。自信以过去之成就，若继续努力，可为本党培养一点宣传力量，较之从政，功效必远过之。”

“那我再向中政会提一提，你看怎么样？”

蒋介石向中政会提出了陈布雷的辞呈，但不蒙许可，陈布雷只好回到上海，准备赖着不去。

有一天，张静江的汽车开到了陈布雷的家门口，四个人把张抬了出来，陈布雷有点慌张。张静江说：“布雷，你愿不愿跟我到浙江省去当教育厅长？”

“人杰先生，不是我不去，实在是我不懂教育，不愿从政。”

“好，以后再说。”张静江被人抬着走了。

但过了一天，张静江又来了，仍然是四个人抬着进来的。张静江说：“瘫痪之身，两次相访，难道你还不愿意屈就吗？”

陈布雷有点感到对不住这位“党国元老”了。

张静江继续说：“蒋梦麟先生调任教育部长，浙江大学之教育行政事务归还省府，我与吴稚晖、蔡元培诸先生商量，只有你去省教育厅长最合适。布雷呀，你性情温和，且得人望，吾浙省府正欲得一味甘草，以调和党政之间关系，为桑梓计，你也不可推辞呀！布雷，令兄主持杭州市，我也征询过他的意见。布雷，我们在杭州举办了一个西湖博览会，6月6日开幕，人山人海，你也正好去看一看呀！”

没有办法了，陈布雷遂向《时事新报》辞职，8月中旬到杭州就任浙江教育厅长。

谁知陈布雷越是害怕黏在政界，越是官运亨通。1930年10月，“国府”教育部长蒋梦麟、次长刘大白与国民党内李石曾、蔡元培等人因派系摩擦，双双辞职。无奈，蒋介石以行政院长自兼教育部长。在考虑次长人选时，蒋介石又想到了陈布雷。

浙江省教育厅全体同仁留别陈布雷

蒋介石深知陈布雷不愿“高就”，恐其再辞，便只通知他来南京，并未告诉具体内容。陈还以为要他去写什么文章，便匆匆赴宁。

蒋介石自牯岭发电，吩咐陈布雷跟陈立夫、吴稚晖一起到庐山一谈。蒋介石请陈的调子早已定好，故一见面，他便对陈布雷说：“你要早日到教育部接事，这是帮我的忙。”陈不好再辞，但脸上仍是很不高兴，表示：“教育行政素非所习，难以胜任，且派系之争，非余所能解决者。”

蒋介石见陈布雷没有拒绝，便笑着说：“教育为革命建国要计，凡事可请教于吴稚老、李石曾、蔡元培诸先生，但不要堕入派别之见。宜以大公至诚之心，斩绝一切葛藤，而某所以整顿风气。至于政府及前教部所行整顿大学教育与整肃学风之政策，则须排除万难以贯彻之，不以人事关系而稍为迁就也。”

蒋介石又是介绍教育部内情，又是指点如何处理与诸元老关系，哄着陈布雷接了任。

陈任教育部次长期间，蒋介石为了扩大政府权力，甩开不大听话的党内元老的制约，便想通过“约法”以扩大他已经掌握的政治权力，此事在国民党统治集团内一时政潮迭起，其中以胡汉民到处演说反对，最后辞去立法院长走向高潮。

陈布雷对蒋介石说："余目睹其事，深为本党前途担忧，更感到党人意气之盛，执政当局负责之难，政治这事余更视为畏途。"

他再次提出辞职："我每思引退，重做记者，或去教书。"

蒋介石连连劝阻："布雷先生，你真是书生十足，政治这东西，就是要运用权术，不可退避。你一定要帮忙帮到底。"

1931 年 6 月，国民党中央全会决议，中宣部长由刘庐隐担任，陈布雷任副部长；但刘在广州，实际上中宣部由陈布雷主持。蒋介石让陈身兼党政两职。他想跳出政治圈，根本跳不出去了。

岂料"九一八"事变发生，却给陈布雷"解官"又一次提供了机会。

"九一八"前，国民党中粤派元老胡汉民、汪精卫、孙科等人正在与蒋大闹摩擦。此时，沈阳沦陷，变起非常。全国民意激昂，社会群情惶惑。蒋介石意求国联诉之国际公论，而国联对日本侵华又态度暧昧、行动迟缓，日本愈加嚣张。蒋介石无计可施，只好派出蔡元培、陈铭枢、张继对粤方中委进行斡旋，请胡汉民、汪精卫、孙科等中委到南京开会。而胡汉民则公开提出："只有蒋介石先辞去职务，我等才去南京。"

蒋介石无奈，只得向国民党中常委正式提出辞呈，将国民政府主席、行政院长、陆海空军司令本兼各职一并辞去。中常会接受辞呈，推林森代理国民政府主席，陈铭枢代行政院长。

陈布雷又一次卸职有隙，他一举双关，向蒋表示："蒋先生下野，余亦决心共退。"

蒋介石非常感动："行政院最后一次会议发表你兼任浙江省教育厅长，你可退浙。"

"蒋先生，我还是重返报界吧！"陈布雷坚持重退报界。

12 月 20 日夜，陈布雷打点行装返回了上海。

在回沪的列车上，陈布雷思绪万千。从去年 12 月 22 日接任教育部次长到今日，正好满一年。6 月间，他曾在南京鸡鸣寺求签，问何日辞官归里。签语有"一朝丹篆下阶除，珠玉丰余满载归"之句，签解是"官非宜解"。当时，他认为"解官"无望。如今，他才恍然大悟：是满一年许我归哉！而"官非宜解"若读成："官，非，宜解"呢？

陈布雷真是如释重负，每天吃牛肉，喝白玫瑰酒，与其妻王允默一起散步，意态闲适，乐得逍遥。

但命运总喜欢跟陈布雷开玩笑，他越是不喜欢做官，他越是逃不脱做官的命运。据说，陈布雷自杀前仍然自责："不该从政，应是从事新闻事业。"假如，他真的从此再未从政，那么他的一生肯定是另一番景况。

四、击节叫绝的现代"陈情表"

1928年5月中旬，北伐军光复保定，张作霖率奉军放弃北平向山海关外撤退。蒋介石请李济深、吴稚晖、戴季陶、李烈钧、张静江、张群等随同北上。此时，孙中山灵柩还寄存在北平香山碧云寺内，各方政要都要求祭告孙总理。蒋介石此行的目的，就是有意借此机会以中山先生继承人的正统身份，发表祭文，以"统一党人精神"，以告革命于彻底成功。

这样，蒋介石自然请来了当时还是客卿的陈布雷。

这篇祭文非同一般。蒋介石向陈布雷提出了严格的要求："一定要写得有声有色，有情有义。要使人动心。当然，要把中正这几年的苦心表达出来。"

对于蒋介石给他的这个任务，陈布雷倒是十分乐于完成的。因为他对孙中山是敬仰的。虽然没有直接聆听过教诲，但对中山先生伟大人格及其主义十分景仰。他按蒋介石的意思写道：

"维中华民国十七年七月六日，国民革命军既奠北平，弟子蒋中正谨旨香山碧云寺，致祭我总理孙先生之灵曰：'溯自我总理之溘逝，于今已三年矣。中正昔侍总理，亲承提命之殷，寄以非常之任……三年之间，本党基础濒于危亡者，先后五次；革命势力几于覆没者，凡十五次……'"

蒋介石看了开头，连声称赞："好，好！如读《陈情表》，令人悲痛。"

但下文如何续写，陈布雷却很踌躇："蒋先生，孙总理提倡联俄、联共、扶助农工三大政策，而我们现在清共，这该怎样告之于中山先生？"

"中共背弃服从三民主义之誓言，压迫我党，恣意捣乱，故有清共之举。"蒋介石指示说。

对于幕主之嘱，陈布雷内心十分矛盾，但又不能违背蒋之意图。只得在文字上多下工夫。他继续写道：

"我总理昔日为集中革命势力而容共，为联合平等待我之民族而联俄，乃自总理逝世，中国共产党背弃服从三民主义之前言，压迫本党，恣行捣乱，破坏革命，加害民生。我同志为保持国民革命之目的，于是有去年清共之举……

凡此政策之变更，皆经同志反复考虑，认为无背于总理之遗教。”

写到这里，陈布雷觉得连自己也难以信服。因为除了听到湖南“痞子运动”过火外，中共在其他方面并没有什么捣乱之举。

他几次搁笔，托腮思考良久。只有文字斟酌属于他自己的“范围”，无奈又只好加些无关紧要的话，以便敷衍，以慰己心。

蒋介石让陈布雷撰写该文的重要目的，是要在北伐之后大规模地裁减冯玉祥、阎锡山等人的军队。他对陈布雷说：“有一点要特别强调，就是要裁兵，国家养不起这么多兵。现在军事时期过去了，要大大裁兵，削弱‘诸侯’！”

正因如此，陈布雷在祭文中写道：

“我总理昔当军阀未除，尚以实行裁兵，望国内军阀之觉悟，所定化兵为工之政策，博大仁慈，昭垂天下。今北伐完成……确定兵额，分别裁留……此实千载一时之良机也。”

陈布雷担心，北伐刚结束，便要解除冯、阎武装，恐怕会引起不必要的误会。

蒋介石看到陈布雷流畅的文笔，高兴不已：这才是祭文的点睛之笔！

这篇祭文仅写了 2500 余字，却绞尽了陈布雷的脑汁。

对蒋介石来说，这篇祭文实在帮了大忙。这篇祭文，不独蒋介石击节赞赏，更在祭告宣读时令那些国民党政要们禁不住泪涕横流：蒋介石抚棺痛哭，李宗仁、戴季陶大哭不止，吴稚晖则号啕顿足，冯玉祥等人频频拭泪。

陈布雷所写的《祭告总理文》，有声有色，有情有义，真如当年李密的《陈情表》，深深地感动了国民党军政要员们。

更重要的是，蒋介石通过这篇祭文，不仅向冯、阎、桂等派系表明自己是中山先生事业的正统继承者，而且在北伐之后，接着要打着孙中山的旗号，向手握重兵的冯、阎、桂开刀了。

五、领袖“文胆”不好当

1932 年 1 月，陈布雷奉蒋介石之命重任浙江省教育厅长。不久，蒋介石再次上台，任国民政府军事委员会委员长。这一次，蒋介石更没有忘记陈布雷，任命他为军委会秘书长。因陈布雷一再推辞，只好暂由李仲公代理。

1934年2月，陈布雷赴南昌参加十省行政人员会议。虽然有病在身，仍三次拜见蒋介石，最后一次，蒋介石对他说："行营诸务繁集，政事有杨永泰，军事有熊天羽，唯文字撰拟，迄今没有得力的佐助之人，实需如君者在余之左右。浙省教育厅事，如可兼任名义，以秘书代行则更佳，否则可另保一人。总之，盼能来此相助，然亦不必着急，俟学年结束后再来亦可。"

蒋介石说："布雷先生，前次未请你来军委会专任秘书长，因时局不定，党内派系纷争未息，今行营诸务繁集，文字撰拟，迄无佐助之人，实需如君者在余之左右。"

"蒋先生，杨秘书长畅卿文笔不是很好吗？"陈布雷连忙推辞说。

"唉！"蒋介石皱皱眉头，"文才可用，心术不正。布雷，我无可托心腹之人哪！"

这不是明摆着讲杨永泰这个江西才子野心很大吗？陈布雷讷讷地说："那浙省教育厅事……"

"浙省教育厅事，如可兼名义，以秘书代行则更佳，否则可另保一人代之。总之，盼能来此相助，然亦不必着急，俟学年结束，暑假后再来亦可。"蒋介石回答。

陈布雷点点头说："蒋先生，我必来赣服务，但不愿居任何名义。有4个人选可任教育厅长，余井塘、叶溯中、许绍棣、程天放，请择定其一。"

"那就叶溯中吧！"蒋介石说，"你回去等我的电报再来。"

4月，陈布雷交接完浙江教育厅的事务，到南京见教育部长王世杰，提出辞呈和继任者。5月，应蒋介石之召再赴南昌。从此，陈布雷正式跟了蒋介石，真可谓朝夕相处，如鱼得水。

陈布雷到了南昌，蒋介石颇为高兴，说："布雷，你来了，总不能没有一个名义。我准备在行营成立一个设计委员会，主要做研究、设计、审议、调查等工作。设计委员会要网罗国内外留学生之青年有志者，加以训练，以期成才。这个委员会很重要，委屈你任主任委员吧。"

在1932年到1934年的两年多里，陈布雷曾多次奉召，奔波于杭州与南京、南昌之间，十分困乏。有人这样说：陈布雷在杭州浙江省教育厅任内，蒋委员长要发表文告，一个电话或电报，布雷先生就拎着一个布包，带着他自个用的文房四宝到南京来了，写好了文章，他就悄然回杭州。蒋委员长发表大文章，多数是布雷先生执笔的，却极少人知道。陈布雷再任浙江省教育厅长本来就无长期准备，甚至可以说是"身在曹营心在汉"。

直到此时，陈布雷才结束了这种奔波不宁的奉召生活，来到蒋介石身边，充当了国民党政府“领袖文胆”的重要角色。

陈布雷刚到蒋介石身边，便身不由己地炮制了一篇受到国人责骂的文章。

陈布雷（前排左四）与蒋介石（前排左五）总司令部人员合影

1934 年 9 月，日本侵略野心毕露，全国各界抗日热情高涨。蒋介石处境非常尴尬，他“亟思设法打开僵局，以此为中日两国朝野作最后之忠告，期其警觉，克免同归于尽之浩劫”。于是，在陈布雷正式成为蒋介石的幕僚长后，蒋介石便提出了一个文章的题目《敌乎，友乎?》，令陈布雷起草。

陈布雷深知：日本是敌是友谁不清楚！何况全国群情激昂，在这种时候抛出这样一篇文章，定遭各界非议。

于是，陈布雷小心进言：“蒋先生，此文之作，盖欲暗示日本以中国决不可屈服，日本决不可不认识东亚安危之计。同时痛斥其野心军阀之无知。即或未能打消其侵略之妄念，也可望稍缓其逼我的气势。不过这篇文章，不能以你的名义发表……”

“对，对，”蒋介石在病床上屈起身子说，“不能用我的名义，也不能用你的名义。我思之再三，用你的名义，人家也知道是我授意的。”

陈布雷听到这里，心里一块石头放下了。他问：“委座，那么以谁的名义发表好呢？还有，发表在哪一个报刊上好呢?”

“这个，”蒋介石思考了一会儿，说，“还是以徐道邻名义发表为好，论职位，他不大不小。登载在 10 月号的《外交评论》上，你看怎么样?”

徐道邻是北洋军阀徐树铮的儿子，在侍从室工作过，陈布雷是认识的。他点头赞同说：“蒋先生，这样处置好，徐道邻，名字也不错，慢慢与邻邦道来嘛。”

陈布雷在奉化溪口的小洋房内绞了十多天脑汁，共写了 8 个部分。

他写道："世上论述中日问题的论文，已经很多……凡一般所忽略或有所避忌不言的，此文将倾量尽述而无所隐饰。知我罪我，听者读者。首先，我敢说，一般有理解的中国人都知道日本人终究不能做我们的敌人，我们中国终究须有日本携手之必要……"

写到这里，陈布雷自己也感到无法说服自己。他知道，现在讲"日本人终究不能做我们的敌人"，很可能会被爱国青年骂作汉奸。陈布雷非常清楚地记得，中央大学学生拥到外交部长王正廷办公室，一时火起，把红、蓝墨水当做武器，弄得王正廷下不了台的情景。

但此时的陈布雷没有别的办法，只得硬着头皮写完了它的全部。

在《结论》部分，他写道：

"中国古语说：'解铃还须系铃人'，所以打开僵局的责任，毕竟还须日本来承当。总而言之，中日两国在历史上、地理上、民族的关系上，无论哪一方面来说，其关系应在唇齿辅车以上，实在是生则俱生，死者俱死，共存共亡的民族。究竟是相互为敌，以同归于尽呢，还是恢复友好，以共负时代的使命呢？这就要看两国，尤其是日本国民与当局有没有直认事实、悬崖勒马的勇气，与廓清障蔽、谋及久远的和平。"

这篇文章以军阀徐树铮的儿子徐道邻的名义发表后，日本军阀不仅不听，而且更加快了侵华的步伐。气得蒋介石于 1935 年 1 月 27 日对日本记者说：中国不愿世界有战争，解决中日问题，应以道德与信义为基础；可日本方面根本不理睬中国方面的表示，反而在华北不断扰乱，制造事件！

这篇文章，也同样受到了社会各界的抨击，鲁迅先生当时骂得最切中要害："他竟连日本是友是敌都怀疑起来了。怀疑的结果，才决定是'友'。将来恐怕还会有一篇'友乎，主乎？'要登出来。"

然而，陈布雷并非不知道此文发表的后果，也并非心甘情愿去为蒋捉刀，写下这篇"汉奸文章"。但既然为幕主代刀，这支笔就由不得自己了。

1936 年 12 月，陈布雷随蒋介石在洛阳巡视。身体衰弱的他因劳累过度，患了肠炎，被迫乘车先回南京医治，没有随蒋介石到西安。可他万万没有想到，正是由于疾病，使他没有与蒋介石一起为张学良和杨虎城扣押。

西安事变后，陈布雷心急如焚。当听说宋美龄亲自去西安营救后，立即写了一短柬给蒋介石：

"委座钧鉴：此次职未及随侍，疚戾实深，昨日闻悉后，遥念钧座起居，

西安事变前夕的蒋介石（左）与张学良（右）

寝食难安。职恐前来不便，暂留京。如有钧命，乞略示数言。草草乞恕，敬候钧安。”表达了对蒋介石生命安危担忧的急切心情。

西安事变和平解决后，蒋介石一回到南京，就立即命令陈布雷捉笔，写了《对张杨之训词》，内称：“余生平做事，唯以国家之存亡，与革命之成败为前提，绝不计及个人之恩怨，更无任何生死利害得失之心。”

陈布雷将蒋介石打扮成心灵纯洁、人格高尚者，而将事变的和平解决归功于张、杨受蒋介石“精神之感召”，试图挽回“领袖”的面子。

1937 年 1 月 12 日，陈布雷随蒋介石回浙江奉化。

一天，蒋介石将陈布雷叫到病床前，说：“布雷先生，回南京以后，许多中外人士常询问蒙难经过，你能否费心代劳?”

不等陈布雷回答，蒋介石继续说：“布雷先生，你给我写一篇《西安半月记》，把事变经过写清楚，要使世人知道张、杨的狼子野心，犯上篡权；还要使世人知道我是怎样度过事变的。是我对张、杨喻以大义，他们终于悔过输诚了；还要讲明我如何在上帝的庇护下，化险为夷的。我每天念圣经，圣经上也写着，上帝将派一位女人来救人。果不其然，夫人冒险飞来西安……”

其实，陈布雷十分清楚西安事变的全部经过及张、杨举措的动因，他早对张、杨为抗日兵谏，并无“弑君”企图，特别对张学良又送蒋回京的磊落态度表示钦佩，更对审判张学良感到“很不是滋味”。

现在，蒋介石又要他按自己的意思编造什么半月记，他感到很为难，婉言谢绝说：“我没有去过西安，对事变经过不很清楚，恐怕难孚领袖重望。”

“这没有关系，你就照我说的写好了!”蒋介石的口气非常坚决，陈布雷哪里还敢推辞。

尽管陈布雷很不情愿接受这项任务，但他仍不敢不编造。他写道：

“中正于二次入陕之先，即已察知东北军剿匪部队思想庞杂，言动歧异，且有勾通匪部、自由退却等种种离杂复奇之报告，甚至谓将有非常之密谋与变乱者。……东北军痛心国难，处境特殊，悲愤所激，故不免有越轨之言论。……”

因系纯属杜撰，陈布雷刚写到这里，便难以为继了。

“布雷先生，你写得怎样了？”一天，蒋介石问道。

“蒋先生，这里近来人太多，太热闹，我心静不下来。”

“这样吧，你到杭州去，在西湖新新旅馆开一房间，安安静静地写吧！”

这样，陈布雷便离开溪口，到了杭州。此时的陈布雷心烦意乱，他把写满了的稿纸揉成一团。

一向温文尔雅的陈布雷，一反常态，把狼毫笔在笔盒里乱戳，一连戳断了两支笔头，最后竟掷笔长叹。夫人王允默婉言相劝，叫他慢慢写，可陈布雷却突然大声说：“你不懂，你不懂，叫我完全编造，怎么写得出？”

王允默无奈，只得找来陈布雷的妹妹陈若希一起来劝慰：“二哥，你坐下来，喝口茶，心静下来，或者出去散散心。”

但是，陈布雷仍然非常暴怒：“你们不懂，写文章当然有难易，但叫我全部说谎话，怎么不动肝火?!”

生气归生气，写作归写作，陈布雷在杭州新新旅馆内折腾了十余天，还是把《西安半月记》炮制出来了。

此时，陈布雷真正体会到代人捉刀的难处，他在日记中写了这样一段话：“余今日之言论思想，不能自作主张。躯壳和灵魂，已渐为他人一体。人生皆有本能，孰能甘于此哉！”

他深深地体会到：领袖“文胆”真不好当！

六、超脱于派系之外的嫡系

陈布雷跟随蒋介石22年，前期基本上属于客卿身份。自从到了侍从室后，他才直接随侍蒋介石左右，秉承蒋的旨意办事。

蒋介石侍从室这一机构非常引人注目。首先，它是蒋介石身边的一个机要部门，得悉最高机密与内幕；其次，它直接秉承蒋介石意旨办事，权力很大，可以说是一人之下，万人之上。凡是下属要呈报情况，打通关节，最便利的捷

径便是通过侍从室。而从侍从室放出去的人员，也大多在国民党军、政界担任要职。

1932年，蒋介石担任国民政府军事委员会委员长，在汉口成立了鄂、豫、皖三省“剿共”总司令部，在南昌成立了行营，他时常出发到鄂赣亲自督战，随身带着几个秘书、副官、参谋人员。当时杨永泰建议，把这些跟从他的亲信组成一个侍从室，列入南昌行营的编制之内，这便是最初的侍从室的由来。

1935年10月，中央红军退出中央苏区后，为“围剿”红军特设的南昌行营已无存在的必要。行营撤销后，蒋介石觉得由侍从室主任统一领导身边的工作人员非常方便，效率也很高，就保留了侍从室，改为直隶国民政府军事委员会编制。这样，陈布雷领导的南昌行营设计委员会便原封不动地搬到了南京。1936年1月，委员长侍从室改组，设一、二两个处。一处主任是原侍从室主任晏道刚，设总务、参谋、警卫三个组；二处主任为陈布雷，设秘书、研究两个组。

抗战开始后，侍从室不断扩大，从原来的两个处扩为三个处。陈布雷自1934年就任二处主任，一直到1945年11月底侍从室撤销，分别编入“国民政府”（后改为“总统府”）参军、文官二处机构内，成立了军务、政务两个局。陈布雷开始任国民党中央委员会副秘书长、“国府”委员、“总统府”国策顾问。

侍从室各处内部机构设置及主要职责是：

第一处下设三个组，第一组（简称侍一组）主管经理、会计、医疗卫生、生活福利（包括对蒋个人和住宅的生活安排）和交际接待来宾等事务。人员有：组长侍从副官、侍从医生、科员、司书以及蒋介石住宅的看护、厨师、工役等。

侍二组主管军事参谋业务，从作战指挥、部队训练、国防装备到交通运输、后勤补给及人事考核等。

侍三组主要任务是保卫蒋介石的安全，由侍卫长直接领导和指挥。

侍一处主任共换了7次，依次是晏道刚、钱大钧、林蔚、张治中、贺耀祖、钱大钧、商震。

第二处主任一直由陈布雷担任。下辖由四、五、六三个组。侍四组与侍二组同属整个侍从室核心。主管政治、经济和党务，也包括蒋介石急办的其他机密要件，组长是赫赫有名的江西才子陈方。

侍五组是蒋介石专为储备一批行政人员而设。组内无一定名额，亦无固定工作。人员一律按上校衔待遇。组长先后由汪日章、李惟果担任。1942 年陶希圣从香港回到重庆后，蒋介石指派陶任侍五组组长。

侍六组主管情报业务，唐纵任组长。军统和中统的密报文件，凡中统的用徐恩曾名义直接封送侍二处第四组，而军统的则送侍一处第二组，其他情报则由戴笠先送侍二处，经陈布雷、陈方阅后，会同侍一处二组研究处理。抗战后期还成立了一个机要组。由蒋介石直接掌握，受侍二处主任陈布雷的指导，专门处理蒋介石来往电报，由蒋介石同乡毛庆祥任组长。

侍从室第三处，是 1939 年到重庆后才建立的，下辖第七、八、九三个组，专门办理人事。存有国民党政府党政军机关科长以上人员简历名册和全国简任以上主管人员名册，由陈果夫主持。

"侍从二处"是蒋介石的秘书班子，陈布雷则为秘书头子。陈布雷的秘书蒋君章曾把"侍二处"比作清王朝的"军机处"，是很有道理的。"侍二处"的服务对象只有蒋介石一人；凡是有关党政机构向蒋介石提出的报告和请示，包括政治情报在内，都由第二处先加整理并附上处理意见后再送蒋介石；蒋介石下发的指令、电报、批示，一般也由第二处起草。

这样，陈布雷便由蒋介石的"笔杆子"，实际上变成了国民党的"印把子"；他不再是仅为蒋介石起草文稿的"文章机器"，还开始掌握巨大的权力。他尽管不能代替蒋介石决策，但是可以帮助思考，评议国事，代替蒋介石的大脑；尽管没有蒋介石的首肯，陈布雷无所作为，但陈布雷可以影响蒋介石观点的形成、左右蒋介石最后下决心。

陈布雷（左）与吴稚晖（右）等在昆明

处于这样一个一人之下、万人之上的显赫位置，陈布雷成为既神圣不可犯，又神秘不可测，谁也不敢惹的关键人物。

在国民党官场中，黑暗腐朽，互相推诿，不负责任，互拆墙脚为常事。即使是挂着蒋介石的名字由侍从室批下来的"圣旨"，也常落得有始无终、虎头蛇尾的下场。然而，署名"蒋介石"加署"侍秘二"，即陈布雷下发的公文，在国民党军政大员们看来，则是非办不可的！谁也不敢稍微怠慢。

国民党的“财神”孔祥熙曾对拿着蒋介石署名的电报来要钱的人说：“你晓得委员长名字底下，还有一串字咧！‘侍秘二’是最有效的。”

像孔祥熙这样的人，对陈布雷也如此敬畏，可见“侍二处”和陈布雷的位置真是不一般。在陈布雷的“侍二处”向上或向下起草文件时，多一句或少一句，对下面却往往起到不平常的作用。国民党内中、上层官员谁都明白这个奥秘，故谁敢得罪陈布雷呢？

陈布雷跟随蒋介石 22 年，其中 17 年是在侍从室二处主任职位上。他对蒋介石一片忠心、绝无旁骛；他自己言行谨慎，持身谦勉，尽职效劳。正因如此，他不仅令国民党上层敬畏和尊重，而且深得蒋介石的敬重和赏识。

陈布雷力图保持不党的形象，不卷入国民党内部的派系争斗。据他的弟弟陈训慈回忆：

在抗日战争前的三四年，有一天，陈立夫用自己的小汽车邀约陈布雷，说要到近郊小游，陈布雷同意了。汽车开出后，便在一条偏僻的街巷中的楼房前停下。正当陈布雷纳闷时，陈立夫对他说：“这是好友的家，咱们进去休息一会儿。”

不料一上楼，便出现了一间供设着香烛的昏暗的中厅，陈布雷顿感诧异。陈立夫说：“布雷先生，领袖依先生为辅弼，我辈对先生的道德文章更是敬佩之至。我们党内的热血同志为了拥护领袖，组织了一个小团体，素来景仰先生，今天特请先生填表参加我们这个小团体。”说着，陈立夫给了他一张加入 CC 的表格。

直到此时，陈布雷才知道陈立夫将他单独拉到这里的用意：想拉拢自己参加 CC。

看着陈布雷犹豫不决的神态，陈立夫说：“布雷先生很忙，就不要照表格中的项目去逐项填写了，只要布雷先生签上名，别的项目就照先生的履历表由秘书去填了。”

陈布雷一听，马上虎着脸说：“立夫，我们党内不能再有小党的，你们就是给我填了表也不能算数，这名我也不能签，并且我还要把这件事报告委员长。”

“委员长是知道的，先生参加了，委座是不会责备你的。今天无论如何要请你入盟。”陈立夫笑着说。

在多人强制下，陈布雷被迫答应。一回到自己寓所，他气愤地说：“立夫，这样做不行！我马上报告委员长，全不算数！”

于是，他当天就见到蒋介石，面陈了一切。

谁料想，蒋介石却笑着说：“立夫几个人组织团体的事，我知道，你能参加也好。”

陈布雷着急地说：“我在你左右担任这样重大的职责，必须不偏不倚，才可做事。立夫这样逼我的做法，我不承认！”

蒋介石立即同意，批评了陈立夫，对陈布雷更加信任。

陈布雷在抗战期间赞机务，颇得蒋介石倚重。抗战胜利后蒋介石任他“国府”委员，中央政治委员会秘书长。但仍然让他随侍左右，继续留任“总统府”国策顾问。

一次，重庆《新民报》采访主任蒲熙修访问陈布雷，冒失地问：“布雷先生属国民党中何种派系？”

陈心里颇不高兴，有意答以“无可奉告”，怕对方下不了台，转而答曰：“这个问题，好比待字闺中的少女，有人问她：‘你的爱人是谁？’她势必难以答复。我告诉你，国民党中我的好朋友甚多，如张群先生，吴铁城先生，陈果夫、陈立夫先生，陈诚先生，朱家骅先生等都是。”

他这样说，无意否定国民党有派系，因为这是事实；只是说明自己超脱于派系斗争之外，他从来就反对“互哄”。

陈布雷自己位居中委，在国民党内也无派、无系，既不附CC系，也不依附政学系，不靠孔祥熙、宋子文，也不投戴笠、郑介民。他只效忠蒋介石一人。

七、脍炙人口的千秋妙笔

陈布雷前后跟蒋22年，向以“领袖文胆”著称于世。陈布雷曾经写过无数效忠蒋氏王朝、党同伐异、反共反人民的电文电稿，写过许多“代人捉刀”的违心之论。然而，当中华民族生死存亡的历史关头，他也曾写过鼓舞全国军民抗敌御侮、讨伐日寇侵略暴行、抨击汪伪投降卖国的战斗檄文，这些文章，不仅使陈布雷顿时找到了当年为革命而呼号的激情，而且为蒋介石赢得了“抗日领袖”的金字招牌。

陈布雷有着“士为知己者死”的封建观念，但也有着民族主义者的根本立场和强烈的爱国热情。当卢沟桥的枪声响起后，他便以自己的生花之笔，写出了一篇篇令敌寇心惊胆战的檄文。

1937 年 7 月 17 日，蒋介石在庐山发表了一篇著名的谈话。这篇谈话以“如果战端一开，那就地无分南北，人无分老幼；无论何人皆有守土抗战之责任”一句最著名。由陈布雷起草的这个谈话稿，是陈布雷引以为傲的抗战名篇。这句脍炙人口的名言，曾如“抗战宣言”一般，被全国 4 亿同胞所传诵，激励了全国军民万众一心团结御侮的抗战决心。

这篇谈话，自然也替蒋介石成为“抗战领袖”提供了一块金字招牌。

蒋介石在庐山发表著名的庐山谈话

在这篇谈话中，蒋介石第一次公开自己的抗日决心，承认卢沟桥事变“并非偶然”，是“人为刀俎，我为鱼肉”，“人家处心积虑谋我益亟。”

继而，他慷慨激昂地说：

“我们的东北四省失陷已有六年之久，继之以塘沽协定。现在冲突点已到了北平门口的卢沟桥。如卢沟桥可以受人压迫强占，我们五千年故都北平就要变成沈阳第二。今日的北平若变成昔日的沈阳，今日冀察亦将变成昔日的东北四省，北平若变成沈阳，南京又何尝不可能变成北平……如果放弃尺寸土地与主权，便是中华民族的千古罪人，那时候只有拼民族的性命，求最后的胜利……”

庐山谈话后，蒋介石中止参加庐山学术谈话会，立即赶回南京。不久，“八一三”淞沪抗战爆发。9 月，中共中央发表《共赴国难宣言》，蒋介石立即请陈布雷也再拟一讲话。

陈布雷此时虽抱病在身，但仍以顽强的精神奋笔疾书：

“宣言（中共中央宣言）中所举诸项……皆为集中力量救亡御侮之必要条件，且均与本党三中全会之宣言之决议案相合；而且宣称愿为实现三民主义而奋斗，更是证明中国今日只能有一个努力之方向。余以为吾人革命，所争者不在个人之意气与私见，而为三民主义之实行。在存亡危急之秋，更不应计较过去之一切，而当使全国国民彻底更始，力图团结，以共保国家之生命与生存……”

陈布雷此时之作用，已非仅仅刀笔工具。他参加国防最高会议，参与最高决策，对促成国共合作、推动蒋介石认真抗战，起过不可替代的作用。

陈布雷所撰“名篇”，大多集中在抗战前后。其中以《八一三告沦陷区民众书》、卢沟桥事变蒋介石的《庐山谈话》、《告入缅将士电稿》、《驳斥近卫东亚新秩序》、《告空军将士书》以及《抗战周年纪念告全国军民书》最为著名。

这些文章，昂扬振奋，酣畅淋漓，以国民党政府和蒋介石的名义发表，在当时起了动员全国军民同仇敌忾，御侮抗敌，推动抗战局势发展的重要作用。

而此一时期也是陈布雷精神最振奋，心境最好，工作最有生气的时期。

这些名篇也都是他呕心沥血的得意之作。因为不管是蒋介石受历史时势的框定，还是受人民抗日要求的推动，抑或是做做表面文章，但毕竟陈布雷有了他“文胆生涯”中少有的借自己的笔“挽狂澜于既倒，救民族于危难”的报国机会。

陈布雷的抗战名篇，当首推《抗战周年纪念告全国军民书》。它曾与张子缨的《抗战周年纪念告友邦人士书》和郭沫若的《抗战周年纪念告日本国民书》一起，被时人称为抗战前途光明象征的“三联璧”。

陈布雷在自己的回忆中曾说：“余为蒋公所撰《抗战周年纪念告全国军民书》，被张季鸾君评为：‘淋漓酣畅，在统率昭告全国之书告中当不能更详尽于此，篇幅虽长乃不觉其冗，气势旺盛通体不懈，是抗战前途光明之象征也。’”陈布雷如此赞美自己的文章是极少见的。

这实在是他的得意之作。

据他的回忆：“这篇文章确实倾注了全副身心。日机轰炸，天气酷热，余挥汗如雨，振笔疾书，文思泉涌，仿佛在向全国人民讲话。”

这篇文告6000多字。开头叙述抗战以来日寇暴行和军民奋战形势：

“壮丁青年惨遭杀戮，多数同胞流离痛苦，至于老弱妇女受到敌军兽行惨不胜闻的凌辱屠杀，尤为历史上未有惨毒。但是从抗战开始到如今，我们的民心士气越打越团结，越战越坚强，前线将士英勇的牺牲，后方民众热烈奋斗，举国同胞民族意识的发扬，已经使国际上观感完全改变，把中华民族的荣誉地位极大提高，使暴戾骄横的敌寇惶惶无措，进退失据。”

进而他又写道：

“要达到抗战胜利，摧毁敌寇暴力，协同作战和团结精神，更是十二万分重要……一切言论动作，完全以国家至上、民族至上为前提，以‘军事第一’、‘胜利第一’为目标，除开国家民族的利益外，不夹杂丝毫渣滓。我们同是炎黄子孙，当前的命运只有一个，不奋斗，即灭亡，能团结，即有前途；生死利害是绝对共同，还有什么不可以牺牲？……想一想，被敌军占领了7年的东北三省，有我们三千万同胞，所过的又是怎样一种生活？……我们同是中国的国民，黄帝的子孙，稍有天良，如何不能引为此身的耻辱？如何不能急起直追，援救那些告诉无门的同胞们，使重复自由，再见天日？……我们中华民族，决不会被敌军凶暴所威慑，而且敌人越凶暴，我们越能坚忍。我们自信中国五千年的历史，凡是中华民族的敌人，自古以来没有不被我中华民族消灭的。……就是一兵一弹，也要与敌人拼命决斗到底，而且必能取得最后胜利。”

写这篇文告时，敌机多次飞临武汉上空盘旋、轰炸，他常常晨往珞珈山暂息，晚归胭脂坪办公处，他几乎是在敌机狂轰滥炸下咬牙切齿挥笔写成的：

“……若我们在目前情形下求和平，某结果无非使子子孙孙永远为牛马，为奴隶。就是保存了国家的形式与名义，其祸害比亡国还要惨酷。我们今天所受痛苦，残杀的灾祸，就是甲午以来自亡清皇室以至袁世凯畏敌苟安，不顾民族百年福祸所留的遗毒，前人所种的恶因，到我们这一代受到了这种惨毒的恶果。如果我们今天还不下拼民族的生命来争民族的生存的决心，还要蹈从前以苟安心理以鼓励侵略疯狂的覆辙……”

这篇文告由广播电台向国内外以中外五种语言广播。海内外各报，一致放在头版头条刊出，连海外侨胞也无不感奋。据说，日本收听后也感觉到蒋介石的抗战决心，由此加紧了对武汉的轰炸，企图以炸迫降。

后来，陈布雷按蒋介石的吩咐赶写《八一三告沦陷区民众书》时，经常要躲入防空洞。其中一次刚刚进入防空洞，他的办公室即被震落了窗户，震毁了屋瓦。蒋介石多次派人询问，劝他小心，但他概以“公务在身不可避”而谢绝。

1938年，汪精卫、周佛海跑到越南河内，公开发表响应近卫声明的“艳电”，宣布投降日本。消息传开，举国上下，同声斥责。陈布雷更是气愤至极。蒋介石嘱陈布雷写一篇驳斥近卫的所谓“建立东亚新秩序”的声明，陈当然乐于接受，他回到美专街办公室，激动得不能自已，舒展稿纸，文思泉涌：

“日本不过是要以共同防共的名义，首先控制我国，我们宁可举国牺牲抗战，如果这个共同防共的要求可以应允，还待今日吗？”

陈布雷以一日时间草成，十分兴奋，他自己更称为抗战期间有力文字之

妙笔生花的"领袖文胆"陈布雷

一。这篇声明比汪精卫的响应近卫声明的"艳电"还早一天公之于世，向国人揭露了日本识防共引诱"国民政府"达到全面控制、侵略中国的险恶用心，更给汪精卫等汉奸以响应防共为幌子投降卖国的无耻丑行有力的回击。

陈布雷为蒋介石撰写抗敌御侮的文章，真可谓得心应手，痛快流畅，慷慨激昂之至。他仿佛又回到了意气风发的青年时期。其中值得一提的还有《告入缅将士电稿》。这篇电稿不仅内容使全国人民热血沸腾，而且文情并茂，俨然如当年诸葛亮的《出师表》，字里行间更溢出陈布雷的拳拳爱国心。陈布雷写道：

"我国军此次奉命开赴缅甸，协同友军扫除敌寇，此实我中华民族近世未有之大事，亦为我国军队与盟邦在伺一地区并肩作战之开始，我将士躬膺此救人生神圣伟大一役，宜引为人生无上光荣。"

陈布雷再也不像起草与中共闹摩擦的文电那样冥思苦想，绞尽脑汁。他思如泉涌，信笔挥洒：

"惟是军行所至，加洽为先。……中缅本属兄弟，情谊犹若一家，在反侵略共同目标下……必须亲爱相处……艰险不辞。我国军出国御敌，此后实为嚆矢，成败荣辱，关系匪浅。务望振励奋发，矢敬矢慎，以建协同一致杀敌致果之殊勋，造成反侵略战争之胜利是所厚望。"

一篇《告入缅将士电稿》，虽只为入缅将士所写，但公开发表后，也曾激动多少人的心，振奋几亿人的抗敌救国士气，与陈布雷其他文章一起成为抗战时期为人传诵的抗战檄文。

1944年底，日寇又在中国战场上发动一次进攻，直下广西，逼近独山，贵阳告急。蒋介石在重庆提出了"十万青年十万军，一寸山河一寸血"的号召，宣布要建一个用美式装备的青年军，陈布雷侄儿陈追首先响应报名。

陈布雷得悉，立即提笔为侄儿题字勉励：

“你是我家第一个请缨入伍的志愿兵，门楣有光，我祖我父亦将含笑。长风万里，壮哉之行！练得好身手，学得好技术，报效国家，复仇雪耻。我以满腔热烈的情绪期待你胜利凯旋。”

接着陈布雷三子陈适（同济大学已毕业）、四子陈迈（仍在上海交通大学读书）分别依所学专业报名参加了炮兵。陈布雷大加赞许：“爸爸虽然告诫你们不要卷入政治，但是爱国大业，匹夫有责，你们青年投笔从戎，理所当然耳。”

陈布雷鼓励子侄参军抗日，报效国家，其行可敬。一篇《送儿参军诗》更是令人回肠荡气，热血沸腾。

陈布雷跟随蒋介石 22 年，他把自己和一支笔缚在“领袖”的幕帷之中。举国上下，一会儿把他比作“领袖文胆”，一会儿又把他誉为“总裁智囊”。蒋介石的重要言论、文章，确实原原本本都在陈布雷的笔下写了出来。

八、拉住蒋介石这台“火车头”的“刹车”

在国民党上层，几乎人人都曾抱怨蒋介石对他们的分内之事横加干涉，挑剔更为常见。而陈布雷替蒋介石写的文章、起草的文件，深受蒋的喜爱，更无挑剌一说，真可谓“一字千金”。其奥秘在哪里？

陈布雷办事，蒋介石放心！

平时蒋介石见到比自己小 4 岁的陈布雷时，都得客气地称一声“布雷先生”，可见两人关系之密切。其他大员见到陈有如此绝招，不无他意地称他为“大手笔”。

陈布雷的绝招，是“绝”在正到火候上。替蒋介石写文章，实属不容易。比蒋自己写得差，蒋不高兴，反映不出“才华”；比蒋自己写得好，蒋也不喜欢，一国之君是最聪明的，手下臣民岂能超过主子，不是有意贬蒋、压蒋、笑蒋无能吗？照搬蒋的原意不行，这样会枯燥无味；发挥过多也不行，这样会偏离朕意，皆会引起不满。一句话，文章要写得好，还要让蒋介石看不出来。

陈布雷就有这般功夫：替蒋所写的文章，主题是蒋介石预先定夺的，但有发挥；套路是蒋预先设计的，但有新感；格式是蒋所喜欢的，但有新招；见解是蒋原有的，但更完美些；言语是蒋常说的，但有新意。这样照搬不失提高，提高不失原意。出来的成品，比蒋介石原来设想的要好，似乎比蒋原有的又好不到哪里。难就难在对蒋某人的内心，要能够完整不漏地揣摩出来，再巧妙合理地加以阐述，恰如其分地表达出来。做出来的文章，符合蒋介石的水平和风格，看不出刀笔吏的成分，这是陈布雷的独家功夫。

蒋介石的其他秘书就远远不及。只要陈布雷一请假休息，那剩下的秘书们就“苦”了：一篇文稿不来回折腾数次，蒋介石那里是通不过的。

陈布雷（左三）与总司令部同仁合影

陈布雷在国民党统治集团里起着不可低估的作用。对此，有人曾经问过陈布雷：你对蒋介石的贡献究竟在哪里？

陈布雷稍加思考后答道：“蒋介石为火车头，有时拉着国民党的火车，在不平的路基上跑得太快，左右摇摆太大时，我的作用等于‘刹车’。必要时可使速度稍减，保持平稳，这就是我一点微小的贡献。”

他这样比喻其与蒋介石的关系，是十分恰当的。事实上，国民党这列火车，在蒋介石的控制下，不但没有平稳，最终还是颠覆了。

他曾对人说：“我接近委座，愧无积极贡献；仅在消极方面，曾作善良之建议而已！”

在三民主义青年团成立之初，原拟蒋介石为领袖，但陈布雷认为这样不妥，便在蒋介石上台演讲前几分钟，悄悄呈上一张便条，上写：“在家为家长，在团为团长，不无当也。”

蒋介石见后，立即改变了原来的想法，在成立大会上宣布：“以后我就是三青团的团长。”

1938 年冬，陈布雷随蒋介石巡视桂林，接到孔祥熙密报，称汪精卫与日本人接触频繁。蒋介石闻听，立即将陈布雷叫来，告诉他说：“布雷先生，庸之刚才派人送信来，他的秘书乔辅三有消息，说汪先生正与日本人有勾搭。我们要立即飞回重庆去。你是不是先到汪先生那里去试探一下虚实？”

陈布雷从桂林飞到重庆，立即驱车拜访汪精卫。汪大吃一惊，故作镇静，问道："布雷先生一路辛苦，深夜驾临，不知有何指教？"

"汪先生，日军进逼，战局危艰，布雷请副总裁赐教。"陈将皮球又踢给了汪。

"战局嘛，我看敌我两国各有难处。"汪精卫不置可否地说。

"日前，"陈布雷抽了口烟问，"日本近卫首相发表一项声明，声称'国民政府，只要全部放弃以往的政策，更换人事制度，取得新生的成果，参加新秩序的建设，我方并不拒之门外'。未知副总裁对此作何评论？"

早有防备的汪精卫哪里敢公开发表自己的真实看法，他反问说："兆铭正想请教委员长对此作何评论。布雷先生作为委员长的秘书长，一定很了解委员长的胸中韬略吧？"

"委员长的见解嘛，可谓是一如既往……"陈布雷毕竟不是汪精卫的对手，还是先发表了自己的看法。

陈布雷突然从桂林回来，并来拜会自己，说明蒋介石对汪精卫已经不放心。故汪精卫试探地问："蒋先生为何未与布雷先生同机飞返？"

"今天桂林天气恶劣，能见度差，蒋先生决定缓飞。如果天气转好，明天返回。"他如实回答。

他望着神色骤变的汪精卫，加重语气说："我今晚来拜访，是转达蒋先生的意思：请汪先生等他到来，有重要国事相商。"

陈布雷的一席话，使汪精卫的情绪受到极大刺激。

难道蒋介石发现了自己出逃的计划？明日蒋介石就回重庆，原定的12月8日出走的计划肯定无法实施。

12月8日，蒋介石回到重庆，听了陈布雷的汇报后，立即作出两点决定：一、由陈布雷发电，命留居昆明的周佛海返渝；二、由自己出面，召开临时行政会议，讨论今后抗战问题，以试探汪精卫的政治态度。

次日，蒋介石与汪精卫、孔祥熙等人召开会议。蒋介石盯着汪问："不论国际形势如何，我国必须作自力更生、独立奋斗之准备，请问汪先生如何看法？"

汪精卫知道这是蒋在试探自己的态度，便装着一副镇静的样子说："敌国之困难在于结束战争，而我国之困难在于如何支持战争。"

蒋介石与陈布雷交换了一下眼色：汪精卫还是不肯公然摊牌。

由于缺乏真凭实据，蒋介石也对汪无可奈何。

12月18日，汪逃出重庆，第二天飞往河内，公开叛国投敌。

早就预料到有这一日的陈布雷，立即替蒋介石起草了《驳斥近卫东亚新秩序》一文，严厉指出："日本不过是要以共同防共的名义，首先控制我国，我们宁可举国牺牲抗战，如果这个共同防共的要求可以应允，还待今日吗？"

这篇文章抢在汪精卫响应近卫声明的"艳电"前一天发表，替蒋介石赢得了政治上的主动。对于这篇驳斥汉奸的文章，陈布雷非常满意，他在日记中写道："此文以一日之时间草成，为余抗战期间第一篇有力之文字。"

蒋介石在作出决定后，陈布雷总是从各方面加以权衡，加以完善，贯彻下去。如果他感到决策有误，便会利用蒋介石对他的高度信任，使偏离正常轨道的"火车"尽量矫正过来。

1945年底，昆明西南联大的学生，掀起制止内战、实现和平、成立民主联合政府的爱国民主运动。蒋介石倒行逆施，下令解散学校、遣返学生回家。

陈布雷并没有奉谕照了事。他心里明白，此令一下无疑是火上浇油，学潮更烈。故他先劝蒋介石收回成命；再派人拉拢学校的教授和职员，暗中分化学生队伍；并让学生家长召回子女，离开学校；最后一招是命令昆明驻军做好接管学校的准备。

他的招数不露锋芒，更有欺骗性，也达到了镇压学生的目的。

陈布雷（左）与戴季陶（右）

如果你认为陈布雷仅仅是代替蒋介石拟定文告之类的文字工作，那就大错特错了。蒋介石对陈布雷是非常信任的，在作出重大决策之前，总要听取陈布雷的意见，并且进行一番讨论，再由陈起草最后的决策条文。可以毫不夸张地说：陈布雷不仅是蒋介石的"文胆"，而且是蒋介石的决策顾问。

1937年卢沟桥事变发生后，陈布雷与蒋介石曾就中日战局进行了研究。陈布雷对蒋介石说："蒋先生，这次卢案恐怕是中国抗战的开端了。"蒋介石表示同意，并请陈布雷撰写了《庐山谈话》的文稿，发表了著名的《庐山谈话》。

但蒋介石却对中国抗战的前途表示担忧，问陈布雷："布雷先生，现在抗战，国际形势对我们很不利啊！英法在欧洲自顾不暇，美国是孤立主义，德国的商人为了赚钱，现在卖军火给我们。德国和英法是死对头，我们只能与英法在一边，万不能和德国在一边。可是现在国际上谁个能援助我们呢？"

陈布雷知道蒋介石话里有话，就一语道破："有！就看先生能不能捐弃前嫌了！"

蒋介石自然也明白陈布雷指的是什么，就说："布雷先生，你看派谁到那边去好呢？"

"当然孙哲老（孙科）是最合适的人选了。"陈布雷不假思索地说。

蒋介石采纳了陈布雷的建议，决定派孙科赴苏联寻求援助。"八一三"上海抗战以后不久，中苏很快便订立了友好同盟条约，苏联的援华军用物资源源不断地运到中国。

再有一例，更能说明陈布雷对蒋介石决策中的重要影响。

1948 年 6 月，蒋介石决定成立国民党行宪后的第一届内阁，行政院长一职原定是不久前为成立新内阁作准备而辞职的张群。由于国民党内有不少人提出此职应由"没有派系倾向的专家担任"，蒋介石颇为犹豫。

在此关键时刻，陈布雷向蒋介石着力推荐改用翁文灏。翁是留欧的地质学博士，在学术界有着很高的声望；同时，他从政多年，任过资源委员会主任委员、经济部长、战时生产局局长，也有着干练的行政能力和经验，没有任何派系背景，无疑是行政院长的最好人选之一。但张群与蒋介石的关系之密切更是有目共睹的，要说服蒋介石临阵"撤张换翁"，并不是一件容易的事。但就是凭着对领袖的一片"忠心"和反复说明利害，陈布雷居然真的让蒋介石接受了"换马"建议。

正因如此，许多人曾感叹：在最关键时刻还能够拉住蒋介石这个"火车头"、使之不至于"出轨"的人，除了陈布雷，恐怕在国民党中再也找不到第二人！

九、从一而终以报"皇恩浩荡"

国民党迁都重庆后，陈布雷的侍从室二处都是在重庆美专街的两所小楼里办公的。

小楼内设备简陋，使用拥挤。1 号楼下，一边是饭厅，一边是办公室。几个职员就在楼内办公。楼上大房间是陈布雷的办公室兼卧室。楼下楼梯旁有一个亭子间，是翁祖望秘书的办公室兼卧室。楼房阶梯左侧另有狭窄的小房间是叶实之秘书的兄弟住宅；陈布雷这个侍从二处，可谓人员精干，设备简陋。他始终不肯扩大编制，也不肯多花钞票，讲究排场。

在工作纪律上，陈布雷要求严格。他带头不与各机关私人交际，甚至亲朋好友也不来往。每一个职员分的工作由自己处理，决不许告诉同事，同室人员不许交头接耳，更不得对蒋的行动探问传言。

陈布雷白天处理公事，参加会议，晚饭后与各组长讨论，提出报告，以陈方领导的第四组为中心，秉公处理。如有重要文告，陈布雷就要通宵工作，常常等到清晨发抄，才上床略微休息。不熬夜的时候，也常在11点钟，先吃两片安眠药，精神反觉旺盛，再办公事。至就寝时，加吃两片或三片，才睡两小时复又起来，翁秘书一接到蒋介石官邸电话，陈布雷即使入睡也要起来赶至蒋处接受传见。叶秘书送来中央党部文件凡应请示的，陈布雷也需即刻亲自进呈核示。

陈布雷的最大任务是为蒋介石起草文告，到了侍从室后，除非他生病休养，一应重要文告几乎都是陈布雷起草的。陈布雷后来以撰写文告知名于世，而世人却很少知道他撰写文告的呕心沥血。蒋介石对于一篇文告非常认真，常常是修改再修改，至少两三次易稿，多则竟有18次易稿。陈布雷为了保密，为了一气呵成，往往一日三餐都不下楼。

由于陈布雷一直跟随蒋介石，非常熟悉蒋的意图，对蒋的心理状态考察极为周密。蒋介石在重大问题上的决策也让陈参与，并颇倚重。遇有重大事情，蒋时常召陈密谈，有时谈至深夜。每次发表有关方针政策的重要决定，事先总要同陈商量，斟酌拟定提纲。蒋在讲话时，不习惯照念讲稿，速记人员照录原话后，还要送陈审阅，经文字加工后再送蒋核定发表。

陈布雷还要亲自编制有关蒋介石的日常生活起居和行动的记录。无论是蒋在驻留期间或出发到各地去，规定由值日侍卫官负责记录，填写日报，交给蒋的官邸侍从秘书汪日章和俞国华，再汇送陈布雷，按年月编制《实录》。陈布雷把这个“皇帝”“起居注”办得也非常认真。

日夜操劳，严重地损害了陈布雷的身体。据陈自己在《回忆录》中所述：11岁作课时间太长，常患头痛发热；20岁患痢甚剧，愈后形锁骨立；37岁患伤寒；46岁体力心交瘁，积劳之余，几乎神经错乱。

陈布雷夫人王允默也对人说：“先夫子一生，诚可谓历尽艰辛，但日趋衰病，实因强烈执著之责任观念，盖以此为自身责任所在，不容趋避，虽因此牺牲一己之精力事业，亦无所惜。”

这种没日没夜为蒋介石服务的精神，确实令蒋介石和宋美龄十分感动。

蒋介石夫妇对陈布雷抱病工作也颇体恤关怀。蒋介石见面必问陈布雷身体近况，每见陈精神欠佳，便亲自督责他疗养休息。陈布雷在抗战胜利后的两次庐山疗养、一次重庆北陪疗养，都是蒋介石亲自安排的，而且休养费用、交通工具往往由宋美龄一应关照。

主人愈是恩宠，陈布雷愈是惶恐。

1939 年 4 月以后，陈布雷体力不支，精神疲惫，但工作繁忙，未便请假。蒋介石夫妇察觉后，又是写信，又是苦劝，硬是将陈布雷送到了重庆北陪休养。陈布雷感激涕零之余，在休养中，仍然为蒋介石补遗民国十六年以来各年之日记。

陈布雷对蒋介石一片忠心，蒋介石对陈布雷“礼贤”之周也可谓苦心孤诣。

蒋介石对陈布雷多次嘉勉，并经常体恤垂询陈的健康。宋美龄知道陈布雷嗜烟如命，并且偏好美国三五烟，便想尽办法，从印度空运三五牌香烟、美国奶粉，按时送给陈布雷。这样，即使在抗战最艰苦的时候，陈布雷还能享受到抽三五牌香烟的特殊待遇。

蒋介石夫妇对这位老夫子的特殊礼遇，能不让陈布雷感恩戴德吗？

1939 年 12 月 26 日，陈布雷 50 岁生日，他不愿祝寿，提前两天躲进了重庆领事巷康心之公馆。但在两天后他回到美专街 1 号时，秘书双手递呈他两封军委会大信封，告诉他：“委员长亲笔贺词。”

陈布雷拿着信封的手激动得直抖。他打开信封，是两张军委会公文信笺，蒋介石亲笔手书：

布雷吾兄五十诞辰

宁静致远淡泊明志

蒋中正敬书

另一张纸上写着：

布雷吾兄：战时无以祝嘏，特书联语以赠，略表向慕之意也。

顺颂

时祉

中正手启十二月二十四日

陈布雷双手捧着贺词，喃喃自语："蒋公勖勉期许之意溢于言表，真不知何以报其惠也！"

他又说："知我者，蒋公也！"

蒋介石用诸葛亮的八个字来表彰陈布雷，使陈布雷诚惶诚恐。对于蒋介石的"知遇之恩"，自己将如何以报？

陈布雷常言："蒋先生给我这八个字，使我特别感奋！淡泊为立身之本，宁静为出世要着。淡泊则与世无争，宁静则坚忍不拔，和我平日所自勉正直平凡二字相表里，能守正，则不致为环境所左右，他物所引诱，自然宁静；甘平凡，则透彻了解本身之能力志趣，以谋对国家社会作适当的贡献。"

蒋介石投其所好，以一纸贺词就使陈布雷认为蒋氏"知其最深"，"勖勉期许之意溢于言表，真不知何以报其惠也！"

"滴水之恩，当涌泉相报！"

蒋介石将陈布雷当做自己一刻也离不开的心腹，陈布雷也决心从一而终，以报蒋介石的"浩荡皇恩"。

蒋介石对陈布雷的"知遇之恩"，不仅仅在于选他做秘书，做幕僚长，参与高层决策与机要，还在于蒋介石把他看做嫡系中的嫡系，亲信中的亲信。

1940年初，蒋介石对封疆大吏和军队中的高级将领不放心，想利用经济情报来观察这些属下动向。这些封疆大吏和政军宪警的高级官员，可以说绝大部分是蒋的嫡系。而要对这些嫡系进行监视，派谁好呢？

蒋介石首先选中了陈布雷。

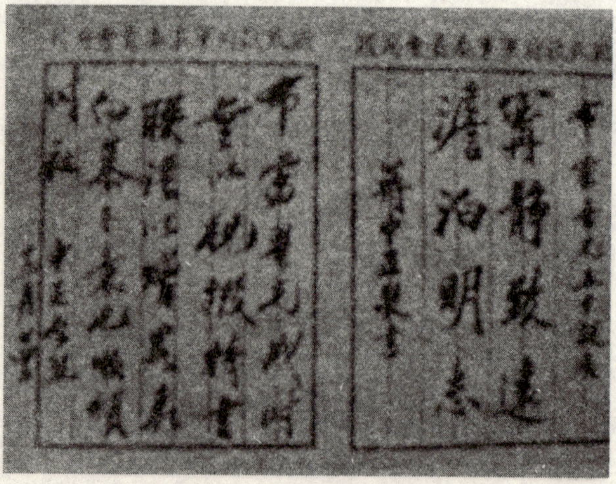

蒋介石赠送陈布雷五十大寿的联语

"布雷先生，我想在侍从室第二处第四组内成立一个'经济情报组'，由你负责。"蒋介石将陈布雷召到自己的官邸，开门见山地说。

受宠若惊的陈布雷非常感激蒋介石的信任。如此秘密和重要的事由他负责，这不是对他的高度信任吗？他只有唯唯领命，但这个经济情报组的使命

究竟是什么呢？

“有些封疆大吏，远离中枢，你可以派专人专门搜集他们在经济上的开支，钱用到哪里去了？从中分析他们的政治态度。”蒋介石继续说。

“蒋先生，布雷遵命，只是还不明白应该怎样做。”

“这样吧，具体可以由第四组组长陈方负责，其中一般性经济资料，可由第四组一两人负责整理，较为重要的经济情报，则可由陈方、李惟果，加上军需署署长陈良会同进行分析、判断，最后交给你。”蒋介石作了进一步的指示。

“你还可以在每一个高级军政官员身边找一些人，要可靠一些的，叫他提供经济情报，逢年过节也可以发一些津贴给他们。比如对张治中，也要派人监视他的经济开支。你看派谁好呢？”蒋介石一口气将自己的想法都说了出来。

陈布雷一听，立即觉得有点为难了。他做梦也没有想到，蒋介石点名予以监视的封疆大吏中，竟有他的挚友张治中！

张治中也是蒋介石颇为信任的人，曾当过侍从室主任。但张治中政治态度比较开明，思想也较进步，同中共领导人较为接近。这使蒋介石对他有些不放心。要对他的经济支出动向和政治动向进行监视。

尽管陈布雷与张治中关系很好，但朋友义气毕竟没有胜过他对主人的忠诚。陈布雷在张治中的身旁工作人员中暗中委派了一个叫魏锡熙的人担任了经济情报员，认真地对张治中进行了 6 年的秘密监视。

魏锡熙迅速将张治中发展三青团组织、建立各地青年馆等经费预算、开支情况汇报陈布雷，供蒋介石作为把握张治中政治动向的依据。

抗战胜利后，魏锡熙又先后将张治中统一新疆币制，为解决邮电、公路、交通而拨给三区的经费，三区民族军粮饷，召开新疆参议会经费、张治中视察伊犁与南疆开支，新疆军垦计划及经费预算，修筑迪哈公路、飞机场经费，张治中赠送民族头目犒赏费、机密费等详细情报，源源不断地密报了陈布雷。

1946 年 12 月底，蒋介石又指示陈布雷：有关张治中在新疆的政治活动也要密报。

1947 年 3 月中旬，魏锡熙从航空班中寄一封密件给陈布雷。他拆开一看，魏写的完全是政治情报：“今日，张在迪化新大楼西北行营召开会议，到会的有新疆警备司令宋希濂，西北行营秘书长刘孟纯，新疆外交特派员刘泽荣，新疆省民政厅长王曾荣，迪化市长屈武等，密商与三区决裂后新疆局势。”

陈布雷立即将这份情报交给蒋介石。谁知蒋却点头说：“张文白采取强硬态度对付三区，能贯彻中央意图，我看，叫姓魏的停止监视吧！”

陈布雷由此才如释重负，长吁了一口气。让他对挚友进行监视，真是一桩苦差事。

陈布雷对蒋介石的忠诚还不仅仅是“可靠”、“绝对可以信任”，更表现为违心与尽忠发生矛盾时可以违心尽忠。

1942年10月，重庆发生了孔祥熙鲸吞美元公债案。监察院长于右任和一些参政员要求召开国民参政会，弹劾孔祥熙。主持侍从二处的陈布雷，对有关举报内容十分清楚，也十分愤慨，他也曾要蒋“公开触动”孔祥熙。

他对蒋介石说：“庸之先生鲸吞美元公债一事，据我所查，证据确凿，这样恐怕对庸之先生大大不利。布雷想，当此国难时期，庸之先生趁火打劫，置国计民生于不顾，实在太失公职人员体统，着实应该给以适当惩戒。”

蒋介石叹了口气，说：“布雷先生，这事很糟糕，庸之只好辞职，所吞美券只好分期吐出。但是还是不宜在参政会公开提出，一列入提案，对友邦将造成极坏影响，对我们抗战将不予继续支持。我看你是不是以新闻界前辈身份跟参政员说一说这种利害关系，就将提案改为书面检讨，送给我办好了。”

命运就是这样喜欢捉弄他。蒋介石不仅不愿严惩孔祥熙，而且还让陈布雷出面，到国民参政会为孔祥熙贪污案向参政会做说客！

尽管他感到无法接受，但既然蒋介石已经决定不愿公开惩处孔祥熙，自己只好尽“忠”了。

陈布雷以一个老报人的身份，找到参政员陈赓雅，带着肯定的口吻说：“这提案资料的搜集，可谓煞费苦心，准备在大会上提出讨论，当然也有价值。不过，有个投鼠忌器问题。”

“敢问布雷先生，何以见得？”陈赓雅不解地问。

“就怕一经大会讨论，公诸社会，美英苏等友邦更会认为我们是一个贪污舞弊的国家，对抗战不予以继续支持，那么后果之大，将不堪设想。”陈布雷将蒋介石的意思表达了出来。

“不至于吧？”陈赓雅半信半疑地说。

“此前不久，政府决定黄金加价，被财政部高秉坊泄露，掀起轩然大波，友邦朝野人士，啧有烦言。现在不幸又有一空前大舞弊案发生，必然会引起友邦的更大失望与不满。为抗战招致‘失道寡助’的后果，想来也不是大家所愿意的。”陈布雷解释说。

陈赓雅知道这决不是陈布雷个人的意见，便问：“布雷先生，尊意以为如何办理？难道眼看着这些人大发国难财？”

“我想可以将议案改为书面检举，由主席团负责人亲交蒋主席查办。我相信蒋主席定会严办的，这样既可达到惩办的目的，也可照顾到友邦的影响。”陈布雷依照蒋介石的意思提出了解决方案。

但那些群情激昂的参政员们仍不肯罢休。当行政院长张群在参政会上作工作报告时，他们联合提出一个轰动了整个大会的“质询案”，对孔祥熙贪污案提出了尖锐的质询。

陈布雷闻讯，只得立即派人以“蒋主席要看”为借口，将质询案提去。大会秘书处无从印文件，加之新闻封锁，案情便没有在社会上公开。

历时一个月的国民参政会闭幕后，《中央日报》发表了一则消息：“中央银行总裁孔祥熙及国库局长吕咸辞职获准。”

一场重大贪污案便不了了之。

陈布雷又一次违心地，但也是圆满地完成了“明主”交给他的重要任务。

陈布雷的尽心尽忠，蒋介石时刻记在心上。1943 年 10 月，蒋介石就任国民政府主席时，便想让陈布雷出任国民政府文官长的高官。连宋美龄也出面相劝，陈布雷就是推辞不就。宋美龄生气地说：“布雷先生太固执了！”

陈布雷则诚惶诚恐地说：“像我这样一个人，矮小，瘦弱，站也站不直，摆在礼堂上也不太像样子。”

看到陈布雷坚决的态度，蒋介石夫妇只好作罢。

陈布雷对蒋介石忠诚的最高境界还表现为敢于向蒋进忠谏，甚至敢于涉及皇亲国戚。而蒋对陈布雷的关系也越发由“君臣”发展到了倾心知己。

1947 年，魏德迈发出访华声明之后，陈与蒋有这样一幕：

陈布雷就魏德迈声明向蒋介石进言：“蒋先生，你大概也注意到了吧，魏德迈这个声明是代表美国最高当局的意思的。”

“那还用说。”蒋介石一脸愁容。

“先生，胜利以后，我军党政大员大发接收财，风气败坏，布雷早对先生陈言。但这不是蒋先生的责任啊！可魏德迈居然把全部责任推到你身上，未免欺人太甚。以个人来说，君子不食嗟来之食；以国家来说，中国不该是人家属国；以本党来说，这无异在促成我党分裂……”陈布雷声泪俱下、言不成声。

蒋介石也颇激动地连声说：“请布雷先生说下去……”

“不管人家怎么说，对贪污之风，确须整顿，但是不能只打苍蝇，不打老虎！”

蒋介石一惊：“你是说孔、宋……”

陈布雷（前排左二）及其子女合影

"不，不，布雷的意思是，庸之先生最好离开中国，对国家不要介入，免得蒋先生为难。"

"我知道你的意思。"蒋介石握住陈布雷枯瘦的胳膊，凄然说，"布雷先生，你对我是一片忠心……"

陈布雷又说："蒋先生，最近我寝食不安，精神衰弱，恐怕……"

蒋介石心头一酸，劝慰道："你身体不好，休息几天，休息几天，回头我叫人送你回家。"

说到这里，蒋介石又叹了口气道："家家都有一本难念的经呀！"

陈布雷一惊："蒋先生……"

"你的小女儿，在北平贝满女中教书，参加了共产党……"

陈布雷满头大汗："蒋先生，我真不知道，不过听说她激进过。"

"你不要紧张。"蒋介石亲切地对陈布雷说，"保密局给我报告不止一次了，但我是相信你的，你女儿的事与北平地下共党电台一事有牵连，与你无关。你应该叫她读一些曾文正公家书。"

陈布雷涕泪俱下："蒋先生，布雷一定遵命。"

十、油尽灯枯的"当代完人"

抗战胜利后，国民政府军事委员长侍从室取消，并入国民政府文官处。陈布雷先后任国民党中央委员会副秘书长、"国府"委员兼"总统府"国策顾问。

陈布雷虽对国民党现状不满，并力图革除，但对蒋介石却始终是忠心耿耿的，甚至竭力为蒋介石辩护，维护蒋介石的形象和地位。

国共谈判期间，中共和各民主党派要求国民党实行宪政，真正开放政权。陈布雷却到处说："现在要实行宪政未免过早。委座性格，负责太过，只看事实，不问形式。我恐怕宪法颁布后，人家会以法律条文来拘束委座。委座受不了。不但委座如此，其他的老先生也不愿受文字的羁绊。将来因此发生问题，自不能免。"

1946年11月15日，蒋介石排斥中共，召开了所谓"国民大会"；12月25日，又通过了违背政协决议原则的"宪法"。陈布雷又到处鼓吹蒋介石"非常伟大"，"有深心救国"。他说："蒋先生过去为了打倒军阀，有时与军阀妥协；为了打倒帝国主义，有时与帝国主义妥协，然而全国骚然，均不加谅。而今此种理想则完全实现矣！"

他又为蒋介石辩解说："过去皆因时机未成熟，不能不耐心以求之耳。安见民权、民生两主义，无实现之一日？"

在他看来，"国民大会"通过"宪法"，中国即将走上民主的道路，孙中山的三民主义即将在蒋介石的领导下实现，这难道不值得高兴吗？为什么还要对国民政府和蒋介石进行批评和攻击呢？

中共的攻击，显然是一种"叛逆"行为，必须加以讨伐！

陈布雷利用自己独特的地位和影响，极力拉拢一些民主人士为蒋介石捧场。有的民主人士拒绝，他就嘲笑说："这些人是老处女，要他们出嫁，是会有些扭扭捏捏的。现在国民党当权，有些人不愿加入，主要是怕人诋为投机吧！"

蒋介石气势汹汹地发起全面内战后，在军事上一度取得了很大优势，夺得了解放区的一些城市。陈布雷又对他的属下说："委座对军事方面极有把握，必须使共产党的武力不敢阻挠国家的建设，此为国家根本需要，此点必须坚持。"

陈布雷还借马歇尔的嘴说："委座制宪成功，马歇尔表示钦佩，说够坚强，并够伟大。"

1947年4月，蒋介石宣布改组国民政府，陈布雷受命为"国府"委员。陈布雷对下属讲了一段很长的话，对蒋介石大加称赞。

他说："自从政府改组以来，我对国家前途抱有希望。先总理所说训政结束以后，是否还有各党各派问题，民国十六年以后不久，我早就问过胡汉民先生，胡先生答：'依总理遗教所言，不应有各党各派。'我又问吴稚晖先生，则答：'此问题甚重要，但尚未深思，暂不能作答。'问蒋先生，则答：'此问题极好，唯在未提出此问题之前，实从未想过。不过，以我看法，中国国情不同，不应取人家一党专政的办法。顶好将来要各党各派共同负起建国的责任。'我觉得蒋先生的看法，胸襟远大，于国家有利，故从那时就死心塌地为他服务。过去对此问题不敢谈，现在既已成事实，而无敢再怀疑者，此系国家一大进步。"

除了吹捧蒋介石外，他还自命不凡地吹嘘说："像我这样的人，也不能推卸责任。我敢说，本党如果再有两打陈布雷，中国当更有办法。"

面对国民党的腐败更加严重的现实，愤激的陈布雷忍无可忍，终于直接向蒋介石敞开了心扉：

"布雷一介书生，从政素非本愿，且以生性不近，时作摆脱之想。故先前历任政府职务，仅自赁旅舍以居，从不携眷。盖每以为不数日即可辞归也。及中日战起，感到国多艰难，正需群策群力，凡有所效命，固当万死不辞，此时告退，何异放弃责任；譬如舟行逆流，胡敢轻弃帆楫？乃排除他想，一意任享，以报总统知遇之恩。"

说到这里，他话锋一转，竟至激昂："至抗战胜利，大敌已去，而国人醉生梦死者多，因循苟安，不知利用此千载一时机会，以图国家民族前途之光明。布雷触目伤心，心中抑郁，不能自解。"

这是陈布雷第一次向蒋介石开放他的内心世界，也是他的精神矛盾到了忍耐的极限。

但蒋介石几句好言抚慰，陈布雷还得硬着头皮上阵。

1947年4月，蒋介石针对中共的政治、军事、宣传攻势，决定成立中央宣传小组，小组成员由蒋介石指定，阵容庞大。国民党组织部长陈立夫、行政院新闻局长董显光、中央文化运动委员会主任委员张道藩、蒋介石的英文秘书沈昌焕等参加了这个小组，由陈布雷总负责。

陈布雷召开历次宣传会议，凡党管通讯社、报社、杂志社、书局、出版社、广播电台、电影厂等负责人悉数参加。每次会议，与会者莫不心情沉重，大发牢骚。

"中央社追求企业化、出售密电码，无力付款的报社遂抄收外国广播，甚至抄新华社电讯，改头换面，其中霉素，均散布于不知不觉中，大局日非，情势恶化，岂宣传所能为力？"

"胡政之携政府津贴30万美元而去，王芸生却为共方宣传。"

“去年，《新华日报》将派赴各地接收人员的新闻，编为一条，冠以‘飞来飞去人物’标题，继之以‘五子登科’、‘劫收大员’加诸他们头上，影响极大。”

“抗战胜利之时，共党夺取政权企图已昭然若揭，又得苏共支持，军事力量发展之速，一日千里……各地部队将领，人人自危，以致军心涣散，相继变节投共。”

陈布雷身处对共“宣传作战的前沿”，对国民党政权的腐败及民众对政府的不满，了解更多，所以，他主持宣传小组工作反而感到无从下手。

一次，蒋介石亲临宣传小组例会，训话异常激愤：“共党发动的耳语运动最恶毒。他们有计划地制造谣言，往往恶意中伤政府及负责官员。什么‘四大家族’、‘五大家族’，不知就里的报纸杂志也信以为真加以转载，以讹传讹……而中央文化宣传机关不识敌人宣传伎俩，若干年轻同志也有中毒。宣传小组要制定原则，建立社会声誉，坚定同志信心，巩固党和国家政府的地位。”

陈布雷听后，竟忍不住对蒋介石直言：“实际情形与宣传不应有很大距离，竭诚盼望许多实际问题应有改善，宣传自易取信于人；否则，徒责宣传之不能尽责，而诿过于宣传，似不公平。”

蒋介石对陈布雷此一段话着实非常吃惊。因为陈布雷跟随自己20年来绝无此类前例。

但蒋介石素知陈布雷对党国忠心，又觉得陈布雷的话也有道理，只得鼓励陈布雷献策改观。

1947年6月，陈布雷在南京召见上海《文汇报》总编辑徐铸成，又吹嘘国民党国运长久：“我们国民党的举措的确是不能尽如人意的，但是，再腐败，我看至少20年天下总可以维持的。”

可出乎他意料的是，仅仅两年后，国民党在大陆的统治便无法维持了！

其实，陈布雷并非对三民主义没有深入研究，也并非不知道何为进步，何为反动。但他总是喜欢把蒋介石的反动举措硬往好处解释，只为报蒋的“知遇之恩”。

陈布雷深知蒋氏政权在军事上、政治上都已临近末日，绝非虚假宣传所能挽救。但蒋介石自己的宣传竟然还在吹大话，撒大谎。

1948年11月11日，也就是陈布雷自杀的前两天，蒋介石在中央党部举行总理纪念周，对军事、政治、经济进行动员时，仍振振有词：

“最近东北重要据点锦州、长春、沈阳相继沦陷，加以共党到处造谣，人民心理为之动荡不安。……大家还记得当‘九一八’发生，东北三省沦陷之时，不仅全国人心惶惶，即全世界各国亦莫不为之震惊，现在东北军事遭受严重损失，当然要使全国同胞发生‘九一八’那时的同样心理……我们前线指挥官，廖司令官耀湘以下各级官兵，终于全军殉职，壮烈成仁……各位可以相信，我一定有转危为安的把握，务必坚定确立自信。”

陈布雷把报纸扔在桌上，不禁仰头苦笑。

在这种时候还要靠说谎过日子，怎么能不垮台呢？

陈布雷最了解这些战报的内情，什么壮烈成仁，往往这里追悼表彰死者，那边实际上早已投诚起义。

陈布雷更笑蒋介石那些令人费解的话，这怎么能跟“九一八”相比呢？那是日本入侵啊！可现在到底是内战嘛！

其实到了这个时候，陈布雷深知，他的主人——蒋介石已不像抗战胜利初期那样被人民看做“抗战功臣”了。人们不但冠他以“四大家族”、“独夫民贼”之类恶名，而且指责为“内战罪魁”。最可怕的是，美国人也把他的主人视为腐朽的代表，威望日下。

难道“国民政府”真的应该换换班底了？

1948年8月19日，蒋介石为挽救经济危机，决定发行金圆券。

陈布雷虽然对通货膨胀、物价飞涨、经济面临崩溃边缘深有所感，但还是想为挽救经济危机的“金圆券”献身。

他主持的中央宣传小组，奉拨法币100亿元。部下有人建议换存黄金或美钞以免贬值。但他坚决不允，以免与法令抵触，还是将它存入了中央银行。

回到家里，陈布雷又让夫人王允默将家里的金器、银圆整理出来，去兑换金圆券。

看来，他要亲自带头支持国民政府挽救经济危机的措施了。

然而，金圆券发行未及半月，物价直线上升，汉口物价上涨21%，重庆上涨40%，广州上涨83%。陈布雷私人金器、银圆兑换的金圆券几乎成了一把废纸；中央宣传小组的公款100亿法币，也只剩几千元的金圆券的价值。

陈布雷不禁愕然，继而愤怒了：“我们为了守法，牺牲了国家利益，牺牲了个人利益，却便宜了金融家！”

然而，此时国民党军政大员们仍在续演“五子登科”大发国难财。陈布雷对此更是深恶痛绝。

他常常对属下说：“我们都是淡泊，不像人家可以接收房屋、接收机器。”

甚至对陈立夫、陈果夫二人也有意见："我过去还相信陈氏兄弟在金钱上还比较清白，不会贪污。今天一看，他们和孔、宋一样，在捡肉骨头。他们也接收，他们也争。也办起什么银行和经济事业来了。过去他们骂孔、宋，今天唯恐学不到孔、宋。他们办合作金库，叫我当监事，我不接受。他们要我去开会，我怎么能去！"

陈布雷当然由此看出蒋氏政权的"前景"。前一年时，他还曾跟徐铸成说过：国民党尽管腐败，但20年总还能维持。

但到了现在，他不得不承认一年前说的话过了头。

怀着对蒋介石失望的心情，陈布雷出席了11月8日蒋介石主持的中央委员、立法委员、监察委员联席会议。蒋介石在会上作了"破釜沉舟"的讲话，其中提到"抗战八年，'剿匪'也要八年"。

陈布雷想这简直是迷信，难道一定是八年才能获胜？公布出去岂不招人耻笑？所以，在整理蒋的讲话记录时，陈布雷将它删除了。

1948年11月11日夜，陈布雷晋见蒋介石。

"布雷先生，对当前时局有何高见？"蒋介石开口问道。

"依卑职之见，这个仗不能再打下去了。"陈布雷壮着胆说。

蒋介石一惊，看着坐在面前的慢声细语说话的瘦弱的书生，他感到陌生、震怒，便厉声地说："依你之见，不就是要与共党握手言和吗？"

陈布雷躲开蒋介石咄咄逼人的目光，回答说："目前形势不同于北伐，将骄兵逸，人人厌战；物价飞涨，民不聊生。若保得半壁江山，将来还可重振旗鼓，统一全国。"

"自古以来，没有平分天下而能持久者。非战即和，你死我活。我就是瞧不起一打就倒、不打自垮的软骨头。先生什么时候同那些失败主义者走到一起去了？"蒋介石按捺不住性子训斥道。

跟随蒋介石20多年，陈布雷还从来没受过这样的轻慢与侮辱。他被气得一时连话都说不出来。

宋美龄见此情形，忙过来圆场："他近来身心欠佳，多有得罪，还望布雷先生谅解。"

蒋介石也察觉自己有些言重了："布雷先生，我知道你是一片好意，但你太悲观了。战局虽然不利，我们可能被打败，但是决不会被消灭。和谈也保不住半壁江山。如今，只有背水一战，成败在天了。"

宋美龄和蔼地问："布雷先生失眠症见轻了吗？"

“不见轻，每况愈下。”陈布雷据实答道。

蒋介石接着说：“你该休息了。”

陈布雷起身告辞，蒋介石送到门口时，再一次叮嘱：“你该休息了！”

回到寓所，王允默发现陈布雷脸色十分难看，口中念念有词：“成败在天，我该休息。”“我该休息，成败在天。”

问他什么意思，却仿佛根本没有听见，王允默心里明白，这决不是好兆头，不免悲不自禁。

1948年11月11日上午，也就是自杀前陈布雷参加的最后一次中央政治委员会的临时会议。有人记下这样一段文字：

陈布雷散会回来，脸色雪白。蒋君章呆呆地看了他一会儿问：“陈先生，会开得怎么这么晚？”

陈答非所问：“我的脸色如何？”

“陈先生是否身体不适？”

陈点点头，坐下吃饭。他一改过去谨慎小心的样子，郑重其事地谈了以下一段话。

“任何一个政治家和军事家，首要的是审时度势。北伐时期，国民革命军在数量上并不占优势，可是胜券却操在北伐军手里，得能底定天下，势也。抗战以来，将骄兵逸，8月军事会议之后，蒋公对宋希濂、杜聿明、黄维等高级将领都有安排，可他们还是偕妻携子到杭州旅行。”

陈布雷一吐为快地说：

“蒋公派立夫到美国，以参加世界道德重整大会为名去进行活动。立夫曾来电说，若杜威当选美国总统，对于以军事援助中国，将采取一种非常的办法。但事出意料，杜鲁门连任总统。蒋公让我起草一信致杜鲁门，提出支持我国民政府作战目标的美国政策如能见诸一篇坚决的宣言，将可维持军队的士气与人民的信心，因而加强中国政府的地位，以从事于正在北方与华中展开的大战。可立夫来电，杜鲁门拒绝了，说再援助也无补于事……”

说到这里，他气喘吁吁地说：“我需要休息了。”说罢径自上楼。晚上写下了杂记，又写下了给蒋介石的上书。

11月13日，陈布雷就服药自杀了。

有人说，陈布雷自杀与这次中政会上他向蒋介石进忠谏、蒋大发脾气，使陈感到羞愧难当有关。其实，真正自杀原因还是陈布雷看到了蒋氏政权确已日薄西山，大势已去了。即使蒋介石按陈布雷的“方略”办，也无力回天了。而陈布雷“忠臣不事二主”、“烈女不嫁二夫”的封建观念又早已根深蒂固，论说只有“死节”“殉主”了。

自杀前，陈布雷仍然忘不了给蒋介石写下遗言，再表忠心：

蒋介石为陈布雷敬送花圈

“介石总裁钧鉴：布雷追随二十年，受知深切，任何痛苦，均应承当，以期无负教诲。但今春以来，目睹耳闻，饱受刺激，入夏秋后，病象日增，神经极度衰弱，实已不堪勉强支持。值此党国最艰危之时期，而自验近来身心已毫无可以效命之能力，与其偷生尸位，使公误计以为尚有一可供驱使之部下，因而贻误公务，何如坦白承认自身已无能为役，而结束其无价值一生。凡此狂愚之思想，宛系心理之失常。读公昔在黄埔斥责自杀之训词，深感此举为万万不可谅恕之罪恶，实无面目再求宥谅，纵有百功，亦不能掩此一疵，况自问平生实无丝毫贡献可言乎。天佑中国，必能转危为安，唯公善保政躬，颐养天和，以保障三民主义之成功，而庇护我四亿五千万之同胞。回忆许身麾下，本置生死于度外，岂料今日，乃以毕生尽瘁之初衷，而蹈此极不负责之结局，书生无用，负国负公，真不知何词以解释也。夫人前并致敬意。部属布雷负罪谨上。”

陈布雷对蒋介石忠贞不渝 22 年，蒋介石对陈布雷也做到了“善始善终”。接到陈的死讯，蒋介石即刻赶赴遗体吊唁，面对这个追随自己 20 余年的部下，不禁百感交集。

像陈布雷这样有才华的文人，是不可多得的。

像陈布雷这样有高尚人品的幕僚，更是不可多得的。

蒋介石决定给陈布雷以国葬的礼遇，让宋美龄转致陈布雷夫人王允默。

但陈布雷夫人王允默却拒绝了。她对宋美龄说：“布雷生前曾说：衷心唯以国家人民为念，尤为崇俭朴淡泊，故丧葬诸事，深望能体其遗志，力求节约。”

蒋介石知道王允默的态度后，不禁提起了发抖的手，战战兢兢地写了一幅横匾：“当代完人。”

陈布雷墓

杭州西子湖畔，九溪十八涧旁，竖起了一块孤零零的墓碑。一个才华横溢、品质高洁的江南才子，尽管接受的是三民主义而不是共产主义，但如果没有“士为知己者死”的陈腐观念的羁绊，及早脱离国民党阵营，也未必就是那样可悲的结局。

陈布雷之死，诚如其夫人所言：“谓非时代之牺牲者，抑何可得？”

第八章 “八大总管”——陈方

他能书善画，文字功力深厚，他的表陈屡屡得蒋青睐；他处理文书敏捷周到，更得蒋的欢心与宠信。他是蒋介石的心腹干将，执掌着权重一时的“国府军机处”。

一、痛斥蒋氏卖国的"江西才子"

如果说杨永泰是通过黄郛、熊式辉结识蒋介石并受其重用的话，陈方则是通过杨永泰认识蒋介石并为蒋介石所器重的。

陈方，号芷町，出生于1897年4月6日，生于江西石城屏山一个家境清贫的家庭。其父陈善吾是清末秀才，以教书为生。自幼聪颖的陈方，很小便随父课读《四书五经》，成绩优良，打下了深厚的国学功底。12岁那年，他毕业于石城琴高等次学校，考入江西省立模范中学，以善于作文而名声大噪，成为远近闻名的"江西才子"。

中学毕业后，先回屏山高等小学任教，随后辞去教职，囊笔远游，由沪入京，寻找机会大显身手。民国初年，北京政府财政极度紊乱，陈方认真研究后，曾撰文提出建议，要求政府进行改良。

一个20多岁小青年的建议，自然不会得到北京政府的采纳。但他的文章，却被时任北京众议院议员兼财政经济委员会委员长的"广东才子"杨永泰看到了。杨永泰极为赏识陈方的文才，立即将他延揽门下，聘为自己的秘书。后因袁世凯解散国会，陈方便跟随杨永泰回到上海。经杨永泰推荐，在上海招商局任秘书。

由于杨永泰怀才不遇，未得重用，追随杨永泰的陈方自然也没有施展才华之处。

俗话说，"三十而立"，1926年陈方正届30岁，可事业上仍一无所成。他感慨万千，撰写了一首"三十述怀"长诗，大发愤世嫉俗、怀才不遇之慨。

但怨闷归怨闷，他仍然没有出头的机会。

1932年初，日寇制造"一·二八"事变后，十九路军进行淞沪抗战，震惊世界。蒋介石却顽固坚持"攘外必先安内"的国策，与日寇妥协，签订了屈辱的《淞沪停战协定》。激于民族大义的陈方，慷慨陈词，责骂蒋介石卖国媚日，并写了一首长诗登在上海《新闻报》上。该诗情文并茂，传诵一时。

陈方由此在上海滩上渐得文名，也引起了蒋介石的注意。

在自己的身边，竟然还有这样杰出的文士，为什么不加以笼络，招至幕下？

他问时任南昌行营秘书长的杨永泰："你可曾听说过陈芷町其人？"

杨永泰早就想推荐陈方作为自己的助手，但怕蒋介石怀疑自己结党营私，故一直没敢提出。此时见蒋介石主动提了出来，认为这是将陈方招到身边的绝好良机，便对蒋介石说："自民国初建，芷町便跟随我左右，与我感情甚深。此人少年时就有'江西才子'之誉，颇有文才。同时待人忠厚，可堪大用。"

蒋介石立即命杨永泰将陈方调到南昌，任上校秘书。

当陈方来到南昌就职后，非常感激蒋介石和杨永泰。他做梦也没有想到，自己抒长诗痛斥蒋介石卖国，蒋介石不仅没有责怪自己，还将自己招到身边，任上校秘书。他由衷地敬佩蒋介石的"宽宏大量"，决心忠心报效有知遇之恩的蒋委员长。

此后，南昌行营在建立专员制度、保甲制度、保安制度、保学制度时，大都由陈方拟具初步意见，经杨永泰修改后，送请蒋介石亲批，深得蒋介石器重。

国民党围剿苏区修筑的碉堡

1932年春，陈方为呈递公文事，被蒋介石没头没脑地批评两次。完后，陈方深思如何处理得更完整，让蒋介石满意。晚间，和杨永泰商议，杨永泰告诉他："近日蒋介石苦心思索'剿共'大事，苦无良策，故对公文没有兴趣。再有诸多公文，让人看起来也确实眼花缭乱。我们应当想个确实可行的办法来处理公文，一来分担蒋公重负，二来简便易行，行之有效。"

陈方思索了一阵，对杨永泰说："公文上呈之前，最好你先阅览一遍，就文中主要内容写个提要，这样蒋公不就好批阅了吗？"

"此招真妙，正合我之心意。"杨永泰点头称赞。

这样，每有公文，陈方便呈送杨永泰，由杨永泰写出一个几十字的提要，同时拟定上、中、下三种解决办法附于公文封面之上，一块儿上呈蒋介石。

蒋介石看后，一目了然，方便了许多。乐得他称赞杨永泰说："杨畅卿真我膀臂也！"

杨永泰听后，却谦虚地说："为蒋公效劳，是我分内的事，区区小事，何足挂齿?”

蒋介石当然不知道，是陈方在暗中为杨永泰出的这个高明的主意。

杨永泰在南昌行营敢作敢为，特别是提出并实施党政军一体化，军政长官负责当地党务，极大地削弱了CC系在国民党内的势力，引起了陈果夫、陈立夫兄弟的不满。二陈使出种种手段，与杨永泰“斗法”，力图巩固CC系对党务的垄断权。面对二陈的咄咄攻势，陈方为杨永泰担忧。1934年3月，陈方向杨永泰谈了自己对CC系把持国民党党务的看法，提醒杨永泰对于二陈要多加留神。杨永泰听后，诚恳地告诉陈方：“此等事你千万不要介入，介入则会后患无穷。常言道，伴君如伴虎，蒋公为人，久历江湖，精明不可测，你只要好好服侍蒋公就是了，千万不要插手别的。我的事你更不要管。”

陈方点头称是。他虽不十分理解杨永泰的用意，但还是听从杨永泰的告诫，只忠实于杨永泰和蒋介石，并不介入杨永泰与CC系的派系斗争。

在江西时，国民党“围剿”中国工农红军，屡遭败绩。蒋介石每每火冒三丈，气急败坏。他一般不反思自己的责任，而是严格追查部下，往往将失败的责任推给部将承担。“退五十步者”遭训斥处分，“退一百步者”被置之死地。

陈方知道蒋介石的这个脾气，但却不敢流露，只好请杨永泰出面劝解。

杨永泰对蒋介石说：“三军易得，一将难求，部队将领发展到团职以上已经很不容易，望蒋公冷静些，勿为怒而损自己将才。”

但蒋介石听后仍然固执地说：“此等无能之辈，留之何用?”

“那样一来，岂不自乱阵营，中了‘共匪’奸计?”杨永泰继续开导说。

蒋介石知道杨永泰说得有理，当火气平息后，对杨说：“我有时实在无法控制自己的情绪，还望你以后多劝着我点。”

聪明的杨永泰除了劝说以外，采取了更绝的一招：私自扣下蒋介石处死战败将领的“手令”，待蒋介石怒消后再想办法解决问题。尽管如此，不少受害者仍怀疑是杨永泰在蒋介石面前进谗。

对这些内幕非常了解的陈方，听到外界的一些议论后，忍不住为杨永泰抱不平，对方不信，陈方只得出示蒋介石“手令”以证明原委。

杨永泰知道陈方的所作所为后，严厉批评说：“你不该管这些事，我跟你说过，希望你不要管这类事情。”

“我听他们胡说八道，我心里难过。我向他们解释又怎么啦!”陈方不服气地说。

看着陈方受委屈的样子，杨永泰也就软了下来，慢慢解释道：“你阅历不深，对于官场上的有些事情还不完全明白。你年轻，我希望你努力任事，不要管我的事，这对你以后有好处。怨恨我的人，就让他们怨恨我好了。”

“那岂不是让你替别人背黑锅?”陈方仍愤愤地说。

杨永泰推心置腹地说：“中国没有我杨永泰毫无关系，但不能没有委员长。他是全国领袖，威望不可损伤，做幕僚长就是要替长官任劳任怨，而不能功则自居，过则推诿。”

杨永泰一席话，使陈方看到了杨永泰对蒋介石的忠诚，同时也感激杨永泰对自己的信赖。

1935年冬，国民党五全大会后，南京政府实行改组，蒋介石兼任行政院长，杨永泰调任湖北省主席。陈方在杨永泰临走时，就提出跟杨永泰去湖北。

陈方跟随蒋介石（前排右一）检阅庐山军官训练团

“你还年轻，先在蒋公身边任事，你会前途无量的。”杨永泰劝告说。

陈方坚持要随杨永泰去湖北。

杨永泰生气地说：“还是先留下吧！不要跟我去蹚那池浑水！”

陈方明白杨永泰的心意，便继续留在蒋介石的侍从室任事。

1936年初，蒋介石回到南京，感到旧时行营体制、侍从室体制、南京国民政府体制有些重叠，便决定加以合并与精简。陈方看到这种局势后，趁机向蒋介石提出到湖北杨永泰手下任事。

蒋介石思考了片刻，答应说：“你去吧，日后有机会再回来。去后好好帮助畅卿，他伤人太多，多提醒他注意点。”

陈方千恩万谢，离开了南京，到武汉任职。

听说蒋介石专门派陈方来协助自己，杨永泰自然高兴。杨永泰任命陈方为湖北省主席办公室秘书，并任汉口禁烟督察处会计长，将起草省政府的各种公文的事项，均交给陈方办理，自己则放手在外面主政，两人配合得十分默契。

1936年冬，杨永泰遇刺身亡。陈方痛苦万分，为失掉自己的靠山而终日惶惶。时值西安事变发生，蒋介石被张学良等人扣押在西安，湖北在杨永泰死后，重新成为CC系的天下，陈方无立足之地，处境困难。

陈方知道杨永泰与张群同是政学系的首领，两人关系一直很好，便到南京投奔了张群。张群见到陈方后，想到了杨永泰，心情都很不好。两人沉默了一阵，张群先打破肃杀的气氛："他已经去了，我们继续好好干吧！你来南京先在我手下任事，过一段时间我再推荐你，如何？"

陈方十分感谢："愿听从岳公安排。"

张群也知道陈方有才华，看在旧友的情面上，他决不能袖手旁观。

1937年初，蒋介石任命张群为国民党中政委秘书长。张群趁机向蒋介石建议将陈方调到南京任职，得到蒋介石的同意。通过一系列复杂的组织程序，1937年初夏，陈方从武汉调回南京，任军委秘书厅机要组长。

二、深得领袖栽培的后起之秀

1932年，蒋介石在汉口成立了鄂、豫、皖三省"剿共"总司令部，在南昌成立了军事委员会南昌行营。杨永泰建议，把蒋介石身边的几个秘书、副官、参谋人员组成一个侍从室。1936年1月，军事委员会委员长侍从室改组，设立一、二两个处。一处主任由晏道刚担任，设总务、参谋、警卫三个组：二处主任为陈布雷，设秘书、研究两个组。

原侍从室第四组，刚开始仅负责收发往来公文，后来政事越来越多，可组长毛庆祥、汪日章对处理公文却是外行。1935年以后，蒋介石兼职越来越多，各种公文萃集，尤其是抗战以后，国民党党政方面请求裁决之文件殊多，可没有人擅长处理，且又文辞漂亮。故弄得陈布雷事事亲理，既烦恼又误事。

正当此时，陈布雷遇上了陈方。

在南昌行营时，陈布雷就与陈方非常熟悉，并非常敬佩陈方的文才。1937年夏天庐山谈话会上，陈布雷遇到了陈方，两人进行了几次长谈。

陈方先开言："布雷兄，别后一年多，身体无恙？"

"我很好，你呢？"陈布雷反问了一句。

"一言难尽啊。自从畅卿遇刺，我便到处流浪，多亏岳公在患难中相救。"陈方感慨地说。

提起杨永泰，陈布雷的神情也有点悲愁。两人共同回忆起在南昌与杨永泰一起共事的情景，不禁感慨万千。陈方悲愤地说："畅卿真乃当世奇才，自此之后，不会再出现如杨永泰者了。”

杨永泰生前与陈布雷长期共事，关系甚笃，而杨永泰经常跟陈布雷提起陈方，故其对陈方印象深刻，颇有好感，便问陈方说：“我处现在缺一位像你这么精明能干的人。现在你既调来南京，军委会也已改组，来侍从室工作如何？”

陈方当下答应：“愿与先生共事，昔日杨先生称陈先生才华卓群，且为人诚挚，愿先生为我通融。”

会后，陈布雷多次向蒋介石请示。

“我知陈方能干，但需要妥善处理一下原第四组组长汪日章。”蒋介石同意了。

当时，有人向陈布雷建议，陈方是杨永泰一手提拔之人，恐有派别之见。陈布雷听到此种话，迅即回答：“陈方为人耿直，虽为杨永泰一手栽培之人，但未坠入派别之见。且陈方才思敏捷，任事勇于负责，对统帅特别忠诚，感激图报，于南昌、武汉、重庆行营时，领袖即深知此人，今为领袖允许、首肯，来侍从室任职，我想别人该没啥说了吧！”

一些有异议的人见陈布雷如此坚信陈方，也只好作罢。

原侍从室第五组诸位秘书，大多不明白自己职务的性质，常常越位言事，发表一些与事实、法令不符的意见，弄得陈布雷烦躁不安。经蒋介石同意，陈布雷改组了第五组。将原来的8名秘书调出侍从室，调机要秘书李惟果任第五组秘书，把陈方调到第五组也任秘书，周佛海任第五组组长。

陈方从此进入蒋介石的侍从室。

因陈方处理公文、为人处世都很精明，蒋介石对他印象很好。1938年春，侍从室第四组组长汪日章调任行政院秘书，经陈布雷举荐，陈方调任第四组组长。

陈方当了第四组组长后，经过一段艰苦努力，将许多难以处理的公文整理出了头绪，而且井井有条。蒋介石多次夸奖说：“还是陈方能干。”

陈方立即回答：“领袖过奖了，全凭领袖教诲栽培！”

这样的回答，令蒋介石非常满意。他感到陈方谦虚诚恳、踏实能干，人缘很好，不像杨永泰那样恃才傲物，盛气凌人。

从此以后，蒋介石真的开始重用起陈方来。

1938年10月，武汉吃紧，侍从室奉命从武汉撤退。10月23日，陈布雷与陈方、李惟果、翁祖望等一行人离开武汉，前往湖南。第一日遇日军空袭，众人险些遇难。月底，抵南岳。11月中旬，陈布雷与陈方、李惟果、翁祖望等由衡山起程赴桂林。历三周，各处电文全靠陈方处理。12月上旬，抵重庆。

1939年4月以后，陈布雷积劳成疾，被迫离职养病，由陈方代理负责蒋介石各种公文、文告的起草。陈方起草的重要公文，令蒋介石很满意。

蒋介石的侍从室迁移到重庆以后，开始有了比较安定的环境，陈方领导的侍从室第四组不仅工作效率大为提高，而且逐步形成了一些工作程序。

按照蒋介石的设计，陈方领导的侍四室，主要负责起草和转批国民政府政治、经济和国民党党务等方面的公文，也包括蒋介石交办的其他机要密件。蒋介石一向习惯在上午看公文，其余时间或会客，或参加会议，或外出点名训话。晚上，除特殊情况外，多半是他私人活动的时间。据他身边的侍从副官蒋孝镇讲，蒋介石常在晚间到孔祥熙、戴季陶家里去玩。

蒋介石批阅的报表或下达的“手令”，仍然是通过侍从秘书，分别送给侍二、侍四去处理。两组根据蒋介石的批示或“手令”，用蒋介石的名义发布命令。

有的带有通令性质的蒋介石的重要文告或“指示”，往往要由陈布雷或陈方起草而以“手令”的形式发布。也有的是由蒋口述，经侍从秘书记录整理，最后再由陈布雷作文字上的修正，由侍从室秘书代书，后面由蒋介石签名，交侍从室承办。

杨永泰遇刺身亡前，非常欣赏陈方，并有意识地对他加以提携培养。这使陈方见识日广，得益颇多。数年的熏陶与潜移默化，使陈方工于心计，擅长揣摩迎合上司意图，在处理公牍方面，他敏捷周到，也非常人能比。

有一次，某工兵学校请求颁布训词。钱大钧和汪日章私拟草稿，瞒着陈布雷，呈给蒋介石。看惯了陈布雷文章的蒋介石阅后，大为恼火，提笔批示：“此等文字，尚不够中学程度，何得率为转呈！”

陈布雷得知后，更叹这些人趾高气扬，不自量力。反观陈方，不仅文字功夫深厚，而且待人谦虚。在处理公文方面，他有自己的独到之处，为其他各组组长所不能比。正因如此，陈布雷视其为自己的得力助手，委之以重任。

陈方对陈布雷的厚爱心领神会，更加竭尽职责，帮助陈布雷解决案牍公文的繁重事务，显得驾轻就熟，得心应手。

三、巧妙的进谏之道

作为侍从室的幕僚，他们不能吃闲饭混日子，即使能够，他们也不甘如此。因之都挖空心思献计献策，以盼受到赏识和重用。受过杨永泰和陈布雷亲

自指点的陈方，自有他向蒋介石表呈的一套路数。加之陈方头脑灵活，善于思考，给蒋介石出谋划策，往往被蒋采纳。

陈方表陈屡得重视的奥秘大致有三：一、陈方对蒋介石的意旨了解得比一般人透彻，所设计方案接近于蒋的思路，而使蒋感到，倘若实施，也简便易行；二、陈方的文学功底深厚，尤其从文字上，确实言简意赅，透彻明白；三、他将可能出现的意外情况和问题，也加以通盘的缜密分析和考虑，说明并提出应变对策。如此周到、少有漏洞的陈表，确实减少了蒋的许多顾虑。因此，蒋阅后常常很是高兴满意，欣然提笔批阅实行。

陈方的才华，很快便为蒋介石赏识，也引起了早日蒋幕的亲信唐纵的敬佩。

1940 年 1 月 16 日，唐纵在自己的日记中说："芷町所呈委座之意见具申述申，我承认有见解，但是有些地方觉得还有斟酌之处。呈上之后，委座非常重视。而我前此所呈之报告，并不得委座若是之重视，何故？此中必有两个原因：一、芷町了解委座意旨更深切，所拟之办法更易接近委座之思路，与推行容易；二、他的文字确比我好，写得更透彻明了，更能将顾虑之处，一一预为说明，使上面容易采纳。"

陈方在这方面的才华，最典型地反映在向蒋介石提出平抑物价方法这一重大建议上。

1940 年 12 月 21 日，据国民党官方调查统计，重庆市零售物价指数，五金电料已涨至战前 24 倍，衣料涨至 16 倍，食料涨至 6 倍，燃料涨至 15 倍。面对如此严重的经济问题，陈方绞尽脑汁，苦思计策。他认为，一定要把整个物价加以有力的统制，如有可能，利用民众的力量推动更好。但面对国民党腐败的现实，他感到人轻言微，自己贸然向蒋介石提出建议，未必会被固执的蒋介石采纳。

况且，早在 1940 年 9 月，侍六组组长唐纵就向蒋介石提出过一个平抑物价的建议，蒋介石并未给予答复。

但陈方转念又想，纵然政治上的问题不能得到彻底解决，倘若在某一方面下工夫，虽然杯水车薪，也定会有胜于无，而于事有所补救。况且，现在的物价形势非三个月前可比，已经到了再不解决就不行了的地步。

于是，陈方耗用了一个多月的时间，就国统区的物价问题进行了全面的调查、分析和研究，初步形成了解决物价问题的方案。

1940 年 11 月 21 日，陈方与唐纵对平抑物价问题进行了商谈。他说："对于物价问题，我已经想出了根本办法。"

"什么办法?"唐纵赶忙问。

"要把整个物价加以有力的统制，利用民众的力量来推动。"陈方简短地说。

唐纵想了想，摇了摇头说："这办法甚佳，如能说动委座采纳并能使现时干部执行，厥功甚伟。但以我所见，委座未必会采纳。"

12月19日，陈方对自己的平抑物价方案作了修改后，再次与唐纵就物价问题交换意见。关于当时的情况，唐纵在日记中记载："陈芷町告我，彼对于粮食物价问题，日在研究建议中。他以为政治上问题不能解决，仅在技术上用工夫，终无效果可言。芷町称，政治上无办法，岂非坐以待毙?我云，到了紧迫关头，当然有办法。芷町称，这太危险!他主张大的办不通，先从小的下手。但我最后还是鼓励他。"

很显然，唐纵断定蒋介石不会接受陈方的建议。

然而，当陈方将这套平抑物价的方案呈给蒋介石后，蒋介石却采纳了。

蒋介石阅后，对陈方大加夸奖："好!芷町，你的建议甚好，很有采纳并实施之必要。可惜国民党内部，像芷町如此效力之人，太少啦!"

蒋介石的一番赞誉之词，使陈方感激涕零："为委员长和党国尽忠效力乃我夙愿，也为我应尽之天职，责无旁贷。委员长过奖了!"

"不!芷町，你的表现比很多人都强，你提出了许多可行的建议。芷町，我对你很满意，适当的时候，我要嘉奖你!"蒋介石简直不知道如何表达自己的兴奋之情了。

不久，蒋介石指示行政院副院长孔祥熙：实施平抑物价方案。

然而，孔祥熙并不想将这套方案付诸实施。他婉转地告诉蒋介石：陈方这套办法，太严谨繁难。

其实，孔祥熙的心思路人皆知：因为与孔本人的直接利害有冲突的缘故。正因如此，他就不会痛痛快快地照蒋介石的意思来办。

在呈复蒋介石的公文中，孔祥熙避重就轻，敷衍塞责，并未将陈方的那套方案付诸实施。

孔祥熙的敷衍塞责，导致了国统区更加严重的物价飞涨狂潮，也使国民党内部的腐败现象日益严重。在许多地方，甚至在平价购销处，也屡屡发生营私舞弊现象。

为此，蒋介石把行政院秘书长魏道明召来，当着陈方的面说："你们副院长、各部部长，以为我不懂经济，其实我何尝懂军事懂外交!我的军事是苦干成的，今日外交的形势也是我们苦干的结果。如果你们懂经济，拿出办法来，否则，就应听我的话，照我的意见办。”

显然，蒋介石采纳了陈方的建议，其用意在让魏捎话给孔祥熙，好让他心里有个谱，别假装糊涂。

据唐纵记载，1940 年 12 月 25 日，“陈芷町所拟平抑物价办法，已为委座完全采纳，并令孔副院长主持。但孔并不赞成，在孔看来太严谨繁难。这是于孔本身利益不利之故。”

连唐纵也不得不哀叹说：“现在还在资本家官僚者把持得势之时，凡是违背他们利益时，任你主张意见，统统是无法实施的。”

面对投机的囤积的严重危机和飞涨的物价，蒋介石宣称：“我们一定惩处这些自私有钱人……不论他们怎样分散囤积物资，我都会把他们的底细弄清楚。如果他们不拿出存粮……就应该受到严厉惩罚。”

为了实践这一诺言，蒋介石下令逮捕了囤积居奇的成都市市长，并于 1944 年底将其枪决。

蒋介石越来越意识到经济危机的日趋严重性。

抗战时期的蒋介石夫妇

1942 年 9 月，蒋介石命令陈方，以蒋介石的名义给孔祥熙下“手谕”，指出财政经济政策与实施办法：（一）平抑物价；（二）公务员发给实物，定量分配；（三）大都市实行凭证购物；（四）控制商人抢物资；（五）充实县乡合作社，依据户口人数分配粮食。

然而，国民党的极端腐败积重难返，一纸空文已难以奏效。

看到陈方的建议为蒋介石接受，唐纵内心颇不平静：自己曾经给蒋介石提过很多建议，蒋介石都没有接受，更何况关于平抑物价问题，自己在 1940 年 9 月 5 日曾向蒋提出过类似建议，为何蒋完全接受了陈方的建议，而对自己的建议断然否定呢？

唐纵左思右想，终于找到了陈方高于自己的精到之处：善于把握时机。

对此，他在 1941 年 2 月 5 日的日记中总结说：

"由政府规定法价以为平抑物价之基础，我于去年九月五日即已向委座建议并蒙批交卢总局长研究。陈芷町亦根据此一原则提出建议，现在行政院之经济会议秘书处即系由此产生。何以芷町之建议能如此更进一步推动？其中有两个原因：一为时机问题。物价之严重，到十月以后更形尖锐，故在十二月间，非有解决之办法不可，此时机之成熟者一也。二为技术问题。我之建议仅条举原则，并无详细办法，不易引起重大之注意与决心。芷町所写者甚为详尽，能获得上面赞赏而立下决心。此技术上之成就也，故曰说难。"

对于陈方的过人之处，他不能不暗暗佩服。

四、大胆妄为的"马尾法"

1940 年，蒋介石为削弱共产党及其领导的军队，密谋发动新的反共高潮。为了周密保险起见，蒋介石召见了陈方。

"芷町，我交你一项任务。你善动脑子、文笔好，我派你去协助何总长、白副总长，主要是起草文电。我知道你会把这些事办得很好的。"蒋介石开门见山地说。

这样，陈方直接参与了蒋介石策划的"皖南事变"，替何应钦和白崇禧起草文稿和电文。1940 年 10 月，何、白联名发表的"皓电"，就是陈方的得意之笔。

关于这一点，只要翻开唐纵 1940 年 12 月 3 日的日记，便会清清楚楚：

"自从朱德等佳电发出后，中央限期于 12 月底，新四军调集河北完毕。现叶挺又来电补呈困难，意在缓行。朱德亦来电，苏北韩部与陕北各军如何如何，皆为共党预备之计划，为战争辩护之手段。对于朱德之佳电，由何总长、白副总长名义驳复，电文为芷町起稿，理直气壮，不失为一重要文献。"

然而，陈方纵使有生花妙笔，也难以掩盖铁一般的事实。

震惊中外的皖南事变发生后，中共中央与蒋介石为首的国民党反动派进行了针锋相对的斗争，重组新四军军部。毛泽东并严正警告国民党：

"要悬崖勒马。希望那班玩火的人，不要过于冲昏头脑，放谨慎一些吧。这种火不是好玩的，仔细你们头上的脑袋，我们让步的阶段已经结束了。如他们怙恶不悛，继续胡闹，那时，全国人民忍无可忍，把他们抛到茅厕里去，那就后悔莫及了。"

由于中国共产党的坚决斗争和社会上的强烈反对，蒋介石反动派完全陷入孤立被动局面：在5月1日的第二届国民参政会上，他不得不出面表示：以后绝无“剿共”的军事，这是本人可负责声明而向贵会保证的。

陈方是蒋介石的得力助手，反动统治集团的积极拥护者。他虽然效忠蒋介石，但对蒋介石寡头的独裁做法是不赞成的，并且常常表露出不满情绪。

抗日战争中期，陈方在重庆曾向蒋介石建议改善领导方法，提出了所谓的“马尾法”。他暗示蒋介石的领导方法像马尾法一样“一把抓”，这是非常不科学的，甚至是危险的。他引经据典，借古讽今，认为项羽以拔山盖世之雄，连一范增都不能用；刘邦起家泗上亭长，以“三不如”终能胜楚的历史，讽示蒋介石不善用人。

陈方真担心蒋介石这样做，会断送国民党的江山。

倘若是他人，依蒋介石独断专行的性格，盛怒之下，也许就首身离异了。可这是“江西才子”陈方的上奏，是出于对蒋介石的一片忠心而提出的肺腑之言，是一个忠实能干的笔杆子的忠贞表白，蒋介石对他能如何呢？

结果，蒋介石一阅了之，不仅没有责怪他，没有追究其罪责，反而更加信任他，重用他。陈方如此会讨蒋介石的欢心，蒋介石如此信任陈方，令其他幕僚们赞叹不已。

1941年冬的一天，唐纵向陈方透露：“张公权的交通部在香港存有很多车辆材料，不设法运到内地支援抗战，反而想卖给他人牟取暴利。可惜现在港英当局欲征用这批车辆材料，交通部无计可施，使国家财产受到不必要的损失。如此贪污误事，居然久居要害部门，并且也无人过问，真是天下少有的怪事！”

陈方对此深表同感，但又能如何？

“我们真是无用武之地！假如我能外放主持一个部门，定会痛加改良！”唐纵愤激地说。

陈方也愤慨地说：“现时政治，真到了非革新不可的地步！自己不做事，又不愿旁人做，误事误国，令人窝火。这样的政治非革命不可，但从何处下手是好，滔滔者天下皆是，就是撒手不问，也无可以生存之处，贪污的大的无人敢过问，小的做了替死鬼。这样下去怎么能行？”

1941年12月，国统区学潮越闹越厉害，蒋介石十分震怒，曾派康泽赴昆明调查。

原来11月，以西南联大为首的反孔示威游行发生后，学生矛头直指行政院副院长孔祥熙。蒋介石认为这是国社党罗隆基在背后指使。实际上并非如此，蒋介石也就罢了。

可树欲静而风不止。出乎蒋介石的预料，1月27日，受到学生及社会各界攻击的孔祥熙登报声明：孔院长病愈视事。

孔祥熙的这一声明，无疑刺激了青年学生对他的极大不满，大后方各界立即又掀起了“倒孔”风潮，使蒋介石处于非常尴尬的境地。蒋介石很不满意孔的所作所为，决心免去孔的行政院副院长职务。

就在蒋介石要下手之际，孔祥熙的夫人宋霭龄求助于蒋夫人宋美龄，希望蒋介石打消这个念头。可蒋介石并没有听从宋美龄的劝说，执意要撤换孔祥熙，气得宋美龄一怒之下跑到孔府居住。蒋介石多次请其回来，都遭到拒绝。

作为蒋介石的贴身幕僚，陈方与唐纵积极为蒋介石出谋划策，商讨解决问题的办法。他认为：昆明等地的学潮，主要是为了“倒孔”而起，直接压抑，不会有何结果，因为孔之为人莫不痛恨，为孔辩护者，均将遭受责难。

布雷先生表示异议：“大凡一种运动，无不假用美名，如以其号召为有理由而不取缔，则误矣。”

唐纵则干脆说：“目前处理此事最有效之方法，莫若孔氏表示辞职。”

陈布雷气哼哼地说：“真要是那样就好了！他不但不辞职，而且要登报，表示病愈视事。你看得出有一点要辞职的意思吗？”

陈方素来不满孔祥熙，也气愤地说：“无论对朋友、对领袖，还是对亲戚，孔副院长都不应该做出这样愚蠢的举动。这个孔副院长，真能给委座找麻烦。”

可蒋介石毕竟是国民党的总裁、战时最高军事统帅，在陈布雷、陈方等人的策划下，孔祥熙不得不向蒋介石低头。

五、胆小如鼠的“名士”风范

蒋介石的侍从室，聚集着蒋介石从各地延揽来的能人才子，各有其专长和绝技。他们凭着各自的优势，时常会自以为是，瞧不起他人。而如何处理好侍从室内部诸同僚的关系、组与处的关系、处与处的关系、上下级的关系，是很复杂微妙的。

作为侍从室核心的侍四组，组长陈方的为人处世、言行举止，有着非同一般的作用。而陈方对于各种人际关系的处理，却是相当成功的。他牢记着杨永泰生前的嘱咐，并从杨永泰身上吸取教训，坚决不搞钩心斗角、拉帮结派那一套，无论处长，还是一般组员，他都能与之和睦相处。

对于陈方的为人处世，陈布雷曾下过一段结论性的评语：

“芷町才思敏捷，且亦勇于负责，而其信仰统帅，感激图报，则在行营时已有甚深之关系，故一般同志以其从杨畅卿共事，而疑其或有派别作用者，余则深知其空洞而平直也。”

陈布雷这段话，的确道出了陈方为人的特点：以本职工作为首要任务，只效忠蒋介石一人，决不参与派系争斗。

陈方的长处在于很少搞小动作，有问题采取私下告诉对方的方式，更使对方信任自己。

一般人都知道，侍从室的保密制度是非常严格的，尤其是第二处的工作，不仅是应守秘密，甚至不敢不守秘密。因为一旦泄露秘密，就意味着掉脑袋，蹲监狱，起码也会削职处分。

而陈方所做的一件事，令唐纵感激，从此也树立起他在唐纵心目中的威信。

有一次，陈方偶然发现唐纵的一个秘书在抄录蒋介石的“手令”，这是严重违反保密纪律的事，陈方不禁大吃一惊。而那个秘书当时就吓傻了。他知道，只要陈方将此事向蒋介石一报，自己的脑袋就要搬家，组长唐纵也会因渎职而受到蒋介石的严惩。

但陈方并没有对外声张。事后，他主动找到唐纵，陈明其中的利害，并好言相劝。最后又嘱咐说：“唐贤弟，这可是制度上不允许的，你我身为组长，为保险起见，以后多留心为好。”

唐纵点头称是，感激陈方的指点。从此便引以为戒，而且对陈方更加佩服了。

这件事吓出了唐纵一身冷汗。唐纵在日记中感激地说：“芷町要我不能把委座手令让司书抄录，以保守秘密。”

陈方擅长诗词书画，并且造诣很高，连写一手好字的陈布雷，也常虚心求教于他。他在绘画上，尤工兰竹，下笔迅速，各具情态，令人叹为观止。

然而，熟悉人情世故的陈方并不表现得高人一等，当别人向他索要字画时，他总是措辞谦和，热情相送，敬请对方批评指教，使要画之人，颇有好感。这样既交了朋友，又扩大了影响。

既然陈方有这样一技之长，蒋介石也毫不客气，只要对外有应酬文字，多由陈方代表。甚至他赠人的一些诗词，也常请陈方代笔书于立轴之上。

熟悉陈方的人都知道，陈方是有名的“胆小鬼”。

1938 年 10 月，陈方、李惟果等随陈布雷撤离汉口乘船西行，遭到日机空袭，李惟果的鞋子被打穿，陈方吓得大叫：“吾老母将奈何？”众人听了，也不由生出凄凉之情。事后，李惟果向唐纵谈起此事，很显从容，而陈方经过这次空袭，受惊不小，确实有点谈虎色变。

在当年11月9日的唐纵日记中，有一段很有趣的记述，由此可见陈方的“胆小”性格：

“陈主任与陈芷町因前次遭受空袭，惊骇过度，以至杯弓蛇影，一遇警报，战栗无以自持。陈方已成惊弓之鸟，自称惶惑不安，拟求离开磨镜台，自寻安全之道。上午在地下室时，夫人、女打字员，带狗来来去去，陈方不安，叹曰：‘何以人而不如狗乎？’”

就是这样一个“胆小如鼠”之辈，却颇有点“名士”风范。在酒后耳热之际，也会大发牢骚，令人刮目相看。

1940年春的一天，陈方在四川有名的酒家菇菇宴大请宾客。席间谈起了孔祥熙的丑闻，他取笑说：“那孔夫人有一姘夫，而她那姘夫的老婆又倾心于孔之公子。”

唐纵听后，大发感叹：“恶恶相报，丑孰甚焉？”

陈方几杯酒下肚，说话也放开了：“诸位，你们是有所不知啊，那孔家二小姐外面还拉女人呢。别人以为她们是在搞同性恋。其实呀，根本不是那么回事，她是在找女人贡献其父孔副院长，目的是操纵中央银行！”

众人听后，感到很惊讶：“芷町兄，你所言之事，不是笑话吧？”

陈方幽默地回答：“来源可靠，绝无半句谎言！”

人们从陈方无所畏惧的神态中，看到了蒋介石这位高级幕僚具有“名士”风范的一面。

六、一人之下的党国“军机大臣”

抗日战争结束后，蒋介石不惜牺牲和出卖中国的主权，以获取美国的援助，举行反共反人民的内战。既然得到美国的“军事援助”，便不能不俯首听命于美国政府的指示。在美国军事顾问团的支配下，蒋介石不得不改组他的军事官僚机构——“国民政府军事委员会”，并准备召集“国大”，制定宪法，以期早日遂其“总统”美梦。这样，其下属的“国民政府军事委员长侍从室”，自然在裁撤之列。

侍从室名义上撤销之后，以原侍二组和侍四组为基础，改组成为军务局和政务局，分别隶属于“国民政府”（以后称“总统府”）参军、文官两处，原侍三处的业务也并入政务局，原侍一组全部转移到参军处的编制内，成立了总务局，原侍卫处及其警卫组组织仍旧保留原状，并入国民党政府，归蒋介石管辖。

1945 年 12 月底，国民政府组织机构进行重新调整。在国民政府之下，设参军、文官和主计三处，由参军长、文官长和主计长分别主持。他们是平行的相当于部长级的特任官，都直接对蒋介石负责。调整后以商震为参军长，吴鼎昌为文官长，陈其才为主计长。

参军处设总务局、军务局和典礼局。陈希曾为总务局长，俞济时为军务局长，吴思豫任典礼局长。

文官处设文官局、政务局和印铸局。军务局和政务局成立后，代替了原侍从室的全部工作。虽然在形式上，参军、文官两长接替了过去两处主任的职位，但在实质上，蒋介石却只是看重并抓了军务和政务两局，而且赋予俞济时和陈方更大的权力，允许他们越过参军、文官两长向蒋直接请示汇报。很显然，参军、文官两长只不过是对外的一副招牌而已。

这样一来，文官处政务局长，成为非常显赫而有实权的职位。

由于陈方深谙权术之道，不结怨，不树敌，能以诚相待，不使冷枪暗箭，而以恪尽职守为第一要务；由于他工作出色，聪敏机智，很得同僚的认可和赞同，蒋介石在侍从室名义撤销后，任命陈方为政务局长，掌握实权。

蒋介石规定，全国各省、市政府和中央各部院，凡有请示蒋介石亲批的文件，均须交政务局，由陈方签拟办法，转送文官长吴鼎昌核转蒋介石亲批，再交回政务局办稿批复。当时政务局的职责，如清廷的军机处一样，直接对帝王负责，权势显赫。

从此，陈方的权力便愈显重要，这种特殊的地位和优势，使其比别人了解更多的内幕，有时，还能起到一定的操纵作用。

以陈方为局长的政务局，设三个科，包括原来的侍四组负责的政治和党务；侍五组负责的外交；侍六组负责的有关“中统局”的情报业务；原侍三处有关人事考核和“中训团”毕业学员通信、组织、领导等业务。

政务局成立后，陈方按照蒋介石的旨意，将政务局变成了新的“军机处”，权力更为集中，地位更加特殊，几乎凌驾于行政院之上。

作为政务局的局长，陈方无疑地成为同僚们注目的人物，他的权力炙手可热。

这时的陈方，已不再是谨小慎微的陈方，而他对行政院的许多主要机关职能的包揽，引起行政院要员的极为不满。1947 年，行政院秘书长张群对陈方为局长的政务局的越俎代庖，干涉行政事务的行为，向蒋介石面呈利害，甚至提出抗议，蒋介石却置之不理。

由于蒋介石的庇护，陈方感觉有恃无恐，胆子也大起来，就在此期，他也得罪了国民党的许多党政要员。

但这些国民党军政大员们也奈何不得他，因为陈方手中有一把蒋介石赐予的“上方宝剑”：处理蒋批阅的报表和下达“手令”，再根据蒋的意图，用蒋介石的名义发布命令。

蒋介石发出的“手令”，仅从数量上看，多得惊人。从 1936 年到 1948 年 4 月为止，12 年的时间内，侍从室及其后来的军务、政务两局，积累收藏的蒋介石的“手令”达 120 多箱。

这些“手令”，多由陈布雷、陈方等人草拟，经蒋介石同意后以蒋介石名义发出的。陈方有了以蒋介石名义发“手谕”的大权，各地的军政大员们的生死沉浮，无疑都操纵在陈方那支“御笔”手中。

面对这样一位大权在握的“军机大臣”，国民党军政大员们能不俯首帖耳?

蒋介石在批阅公文时，有时故弄玄虚地批上各式各样的“阅”字。有的弯弯曲曲像个小蚯蚓，有的像小钩子，有时还用各种颜色，潦潦草草，让人看了莫名其妙。但看惯了蒋介石手谕的陈方，早已练就了一副锐利的“鉴赏”眼光，只需看一眼，便知道蒋介石各种字样代表的不同含义。

蒋介石发动的反共内战，虽有美国支持，但仍然节节败退。身为蒋介石“军机大臣”的陈方也觉得无能为力。1948 年 11 月 13 日，蒋介石的“文胆”陈布雷绝望自杀，极大震动了国民党朝野。陈方也急迫地预感到：蒋家王朝的末日到来了，自己的“军机大臣”也当到头了。

一个月后，随着蒋介石的嫡系部队在淮海战役中被消灭，蒋介石在桂系李宗仁、白崇禧的逼迫下不得不准备下野了。

1949 年元旦，蒋介石发表洋洋千言的《元旦文告》。这篇文告声称：

“只有和议无害于国家的独立完整，而有助于人民的休养生息；只要神圣的宪法不由我而违反，民主宪政不因此而破坏，中华民国的国体能够确保，中华民国的法统不至于中断，军队有确实的保障，人民能够维持完成自由生活方式与目前最低生活水准，则我个人无复他求。……中正毕生革命，早置生死于度外，只要和平能实现，则个人的进退出处，决不萦怀，而一唯国民的公意是从。”

这篇文告，一方面重新玩弄“引咎自责”与“和谈”骗局，另一方面又顽固地提出反动的五项条件，如果共产党“无和平诚意”，蒋介石还要“与共产党周旋到底”。

这篇人所共知的文告，正是国民党总统府政务局局长陈方代蒋介石捉刀的。

引退后自行复职的蒋介石

尽管《元旦文告》是陈方一生中非常得意的一篇精彩文字，但却无法挽回国民党在大陆的彻底失败，无法替抚慰蒋介石因嫡系部队被歼、桂系“逼宫”而造成的伤痛。

1949 年 1 月 14 日，中共中央主席毛泽东发表声明，严正提出和平谈判的八项条件，戳穿了《元旦文告》的和谈骗局。

蒋介石只有下野一途了。1 月 21 日，蒋介石发表了陈方起草的引退声明后，便匆匆离开了南京。

为报蒋介石“知遇之恩”的陈方，决心与领袖共进退。在写完总统引退声明后，他也匆匆离京，飞向他乡。

1953 年，陈方由香港去孤岛台湾，被蒋介石任命为“总统府国策顾问”。1962 年，陈方病逝于台湾。

是蒋介石把他从一个普通的侍从秘书提拔为“总统府”政务局局长，是蒋介石把这个“江西才子”变成了党国“军机大臣”。为了回报蒋介石的“知遇之恩”，他为蒋介石捉刀代笔十多年，竭尽忠诚，最后，还伴随着蒋介石在这块孤岛上走完了人生的最后历程。

这是“士为知己者死”，还是封建意识的“愚忠愚孝”？

主要参考书目

《陈布雷传记资料》，台湾天一出版社，1979 年 11 月版
《戴季陶传记资料》，台湾天一出版社，1979 年 11 月版
《吴稚晖传记资料》，台湾天一出版社，1985 年版
《吴铁城传记资料》，台湾天一出版社，1979 年 11 月版
《黄埔军校史料》，广东人民出版社，1985 年版
《西安事变资料》，人民出版社，1980 年版
《从名记者到幕僚长——陈布雷》，浙江人民出版社，1988 年 8 月版
中国第二历史档案馆编：《蒋介石与国民政府》，香港商务印书馆，1994 年 8 月版
董显光：《蒋总统传》（3 册），台北中华文化出版社，1960 年版
王冠英：《蒋总统与中国》，台湾华南书局，1966 年版
王泰栋：《蒋介石的国策顾问——陈布雷外史》，中国文史出版社，1987 年 7 月版
杨睿熙：《杨永泰先生言论集》，台湾文海出版社，1973 年版
赵政民编：《中原大战内幕》，山西人民出版社，1994 年 4 月版
吴福章编：《西安事变亲历记》，中国文史出版社，1986 年 12 月版
陈约文：《澹泊宁静——陈布雷传》，台湾近代中国出版社，1987 年 4 月版
沈云龙：《黄膺白先生年谱长编》，台湾经联出版公司，1976 年版
杨恺龄：《民国张静江先生人杰年谱》，台湾商务印书馆，1981 年版
汤承业：《吴敬恒述传》（1～6 册），台湾世界书局，1987 年 3 月版
万仁元等：《蒋介石年谱初稿》，中国档案出版社，1992 年 12 月版
沈亦云：《亦云回忆》（上、下），台湾传记文学出版社，1971 年 2 月版
陈香梅执笔：《张岳公闲话往事》，台湾传记文学出版社，1978 年 7 月版
陈布雷：《陈布雷回忆录》，台湾传记文学出版社，1967 年版
黄绍宏：《黄绍宏回忆录》，广西人民出版社，1991 年 5 月版

李宗仁自述、唐德刚撰：《李宗仁回忆录》，广西人民出版社，1988年版
张治中：《张治中回忆录》，文史资料出版社，1985年版
白崇禧：《白崇禧回忆录》，解放军出版社，1987年5月版
徐铸成：《报海旧闻》，上海人民出版社，1981年版
沈醉：《军统内幕》，文史资料出版社，1984年2月版
张文等：《中统内幕》，江苏古籍出版社，1987年8月版
蒋经国：《危机存亡之秋》，台湾正中书局，1988年1月版
蒋经国：《风雨中的宁静》，台湾黎明文化公司，1971年版
吴铁城：《吴铁城回忆录》，台湾三民书局，1971年2月版
唐纵：《在蒋介石身边八年》，群众出版社，1991年8月版
张令澳：《我在蒋介石侍从室的日子》，周知文化事业股份有限公司，1995年7月版
陈公博：《苦笑录——陈公博回忆》，香港大学亚洲研究中心，1979年版
何廉：《何廉回忆录》，中国文史出版社，1988年版
邵元冲：《邵元冲日记》，上海人民出版社，1990年版
居亦侨：《跟随蒋介石二十年》，湖南人民出版社，1988年版
杨天石：《海外访史录》，社会科学文献出版社，1998年9月版
杨跃进：《蒋介石的幕僚》，中国社会科学出版社，1997年3月版
刘红：《蒋介石的幕僚们》，武汉出版社，1992年8月版
董长贵等：《蒋介石与他的把兄弟》，吉林人民出版社，1994年11月版
张希贤等：《蒋介石和他的六个秘书》，新疆人民出版社，1994年版
王维礼等：《蒋介石的文臣武将》，河南人民出版社，1989年2月版
程舒伟等：《蒋介石的人际世界》，吉林人民出版社，1994年11月版
张道熔等：《民国十大幕僚》，内蒙古人民出版社，1998年1月版
谭慧生：《民国伟人传记·张人杰》，台湾高雄百成书店，1976年6月版
吴相湘：《最有担当的政治家黄郛》，《传记文学》（台湾）第8卷第1期
吴相湘：《疏财仗义的张人杰》，《传记文学》（台湾）第6卷第2期
秋宗鼎：《蒋介石的侍从室纪实》，《文史资料选辑》第81辑，中国文史出版社，1986年版
徐泳平：《陈果夫传》，台湾正中书局，1978年版
朱顺佐：《邵力子》，花山文艺出版社，1997年3月版
王学庆：《蒋介石和陈立夫、陈果夫》，吉林文史出版社，1994年8月版

严如平等:《蒋介石传稿》，中华书局，1992年12月版
方知今:《黄埔名将——陈诚》，作家出版社，1993年12月版
王学庆、赵洪昌:《蒋介石和陈诚》，吉林文史出版社，1996年6月版
杨者圣:《国民党教父陈果夫》，四川人民出版社，1996年1月版
孙宅巍:《蒋介石的宠将陈诚》，河南人民出版社，1990年10月版
范小方:《二陈和CC》，河南人民出版社，1993年7月版
黄美真等:《汪精卫集团叛国投敌记》，河南人民出版社，1987年版
范小方等:《国民党理论家戴季陶》，河南人民出版社，1992年5月版
赵淑敏:《永远与自然同在——吴稚晖传》，台湾近代中国出版社，1980年6月版
杨仲揆:《中国现代化先驱——朱家骅传》，台湾近代中国出版社，1984年11月版
王朝柱:《汪精卫与蒋介石》，中国青年出版社，1993年10月版
陈瑞云:《蒋介石和汪精卫》，吉林文史出版社，1994年3月版
陈天锡:《戴季陶（传贤）先生编年传记》，台湾文海出版社
罗炯光:《蒋介石的首席秘书陈布雷》，吉林文史出版社，1994年3月版
张英:《蒋介石“清党”内幕》，国防大学出版社，1992年12月版
李云汉:《从容共到清党》，台湾中国学术著作奖励委员会，1973年版
张同新:《蒋汪合作的国民政府》，黑龙江人民出版社，1988年版
孙彩霞:《新旧政学系》，华夏文化出版社，1997年6月版
江绍贞:《长城抗战》，河南人民出版社，1995年6月版
李海生等:《夫人政治》，上海人民出版社，1992年5月版
李海生等:《幕僚政治》，上海人民出版社，1993年9月版
茅家琦:《台湾三十年（1949—1979）》，河南人民出版社，1987年版
泰栋等:《魂断武岭——蒋介石在大陆的最后日子》，黄河文艺出版社，1985年5月版
柯伟林著:《蒋介石政府与纳粹德国》，陈谦平等译，中国青年出版社，1994年9月版
帕克斯·小科布尔著:《江浙财团与国民政府》，蔡静仪译，南开大学出版社，1987年版
古屋奎二:《蒋总统秘录——中日关系八十年之证言》，台湾中央日报出版部译印，1974—1978年版